家系圖發展先驅 & 權威

莫妮卡‧麥戈德里克 MONICA MCGOLDRICK——著

楊東蓉——譯

家庭評估與會談案例

The Genogram Casebook

A Clinical Companion to Genograms
Assessment and Intervention

家系圖實務操作必備指南

致莫瑞‧鮑文（Murray Bowen），

他的想法教會了我如何去愛我的家人，

以及如何讓自己的生命活出我最重要的價值觀。

各界讚譽

家系圖猶如強大的Google Map，它帶領著無論是專業人員或是一般人士，從錯綜複雜的家庭關係脈絡中，找回個人自己心靈的家。如果您想知道：我現在卡在一段關係裡，我該怎麼辦？我現在被問題困住了，我該如何面對？打開這本書，它會幫助您找到答案。

——莫茲婷，格瑞思心理諮商所所長

在這個極度強調「我」的時代，臨床工作者在會談室內發現的，往往是一個相反的事實：人是關係的存有，不僅渴望著與他人的連結，其所思、所行、所苦，在根本之處總是與他人緊密糾纏。家系圖是臨床工作者熟悉的工具，然而能夠有效地發揮其潛能的人並不多見。我相信，《家庭評估與會談案例》在臨床工作者學習進行系統思考的過程中，會是一本助益良多的案頭書。

——彭榮邦，慈濟大學人類發展與心理學系助理教授

這本書清楚、深入和切中核心地呈現，讓我們能夠知道如何運用家系圖來接觸個案、面對抗拒、修復破碎的關係，以及幫助我們的個案（和我們自己）解決問題、向前邁進。書中包含的理論知識和實務執行建議是如此豐富，讓我一讀完又重新再讀一次。

——哈里特・勒納博士（Harriet Leaner）
臨床心理學家、人際關係專家

莫妮卡‧麥戈德里克一直是發展、完善和運用家系圖的先驅領導者，讓我們在理解和面對複雜及困難家庭關係議題上有個實用的工作。隨著期待已久的《家庭評估與會談案例》出版，她在她的專業知識和職業生涯中達到極致高峰。

這是一本非常詳盡、具豐富實務案例的必讀教科書，教導我們如何巧妙地運用家系圖，來幫助個人、夫妻伴侶和家庭探索，並解決最困難的關係議題。本書是各層級經驗之治療師不可或缺的陪伴者、教練和智慧來源。

——**德威特‧鮑德溫二世醫師**（Dewitt Baldwin）
內華達醫學院大學精神病學與行為科學榮譽教授

閱讀本書，就像你和作者本人進行個人對話一般。隨著她呈現如何幫助個案超越其立即困境，並與更廣泛之自我的社會歷史感連結，逐漸走向目標——創造個案想在他們生命中所要的連結。這本書非常實用又充滿智慧，逐步引導讀者如何建立立基於自我負責和開放彼此相互學習之基礎上的關係。

——**努森‧馬丁博士**（Carmen Knudson-Martin），**劉易斯和克拉克學院**（Lewis & Clerk college）**婚姻、夫妻和家庭治療組教授兼主任**

今天，家系圖已經完全融入大多數家族系統模式，且是夫妻伴侶和家庭治療的重要起點。這不僅是一本關於如何使用家系圖的手冊，還是前所未見、教人如何進行家庭實務工作的最佳指南。本書豐富的案例帶領讀者踏上一趟個人／專業準備的旅程，歷經接觸和評估，到具高度處遇效能的多元模式和案例，是如何進行家族治療的經典之作。

——**詹姆斯‧羅伯特‧畢特**（James Robert Bitter）
東田納西州立大學諮商教授

Content
●●●●●●●

讓這本書成為更多人的祝福

吳方芳

　　2010年秋天，我帶著台東「家立立基金會附設哈拿之家」的工作夥伴，參訪台北救世會的嬰兒之家，因此認識了本書的譯者楊東蓉老師。

　　因為欣賞東蓉厚實的諮商輔導經歷、收出養社工的專業、使命感、對人的熱情、理性感性兼具……種種美好，我常常忍不住想著：「倘若能邀東蓉老師來台東服務，該有多好！」

　　直到這兩年，我漸漸打消之前的念頭。因為，越認識東蓉，越知道如此大器、大格局的她，不應單屬某個機構，她的長才豈能僅用於小小一方天地呢？

　　這幾年，東蓉老師不辭勞苦地奔波於全國的安置、收出養機構，在她的協助、督導之下，社福團體更能重拾初衷、更有效能、更幸福。而台東的哈拿之家、恩慈收出養媒合服務中心，更是受益受惠。我永遠難忘恩慈收出養社工們上完了東蓉老師的「家系圖」課程之後，興奮地與我爭相分享課程所得的雀躍滿足，東蓉真是國內少有的家系圖專家。

　　此外，我的大女兒是一名專事口／筆譯的翻譯工作者，我因此知曉翻譯之艱難不易。這本譯作，更增添我對東蓉的佩服。

　　這本書是進行家族治療的經典之作，對於治療師、實務工作者和相關系所的學生來說，是學習運用家系圖作為評估與會談工具的實用操作手冊，也是重要的參考資源。不但內容詳盡，知識與實務兼具，還有非常豐富的實務案例，能夠幫助家庭工作者盡快地瞭解個案的過去歷史，進行有效的評估和治療。

　　書中探討了關於評估與治療的各種議題，包括：當個案對家系圖評估產

生抗拒時該如何因應、如何克服功能不彰的關係模式、如何進行和夫妻伴侶的家庭工作、離婚和再婚議題探索、如何在家庭會談中運用家系圖和孩子工作、修復衝突和截斷的關係，並且在最後一章回過頭來探究治療師自身的家庭，因為治療師本身的經驗也對個案的治療有很大的影響。

　　甚願這本實用的家系圖專業用書，成為更多人的祝福。

（本文作者為家立立基金會執行長、一粒麥子基金會
「恩慈收出養媒合服務中心」處長）

亦步亦趨，見樹見林
——學習家庭評估工作的指引手冊

張貴傑

本書作者莫妮卡‧麥戈德里克（Monica McGoldrick, M.A., M.S.W., Ph.D.）一直是在家系圖發展上很重要的先驅，她和藍迪‧格爾森（Randy Gerson）、蘇莉‧派崔（Sueli Petry）合著的《家庭評估與會談技巧》（*Genograms: Assessment and Intervention*, 2008）是我在研究所教授「家庭評估與處遇專題」的必讀教科書之一，更是我在心理師與社工等助人專業實務工作場上推介及運用的基本教材。透過簡明清晰的家系圖，我們更能一窺服務對象及自己的家庭各種樣態。實在是實務工作者以及家庭研究者重要的參考資源之一。

而東蓉在翻譯《家庭評估與會談技巧》之後，緊接著將這本姊妹作《家庭評估與家系案例》（*The Genogram Casebook*）也翻譯出來了。這本書不只是示範了家系圖如何在會談中的使用，更將家族治療歷代發展的重要概念做了許多的實例陳述與演示，透過個案的討論與面對家庭困境的前進，家系圖不只是理論上的看見，更是對於實務工作者及學生在學習運用家系圖作為評估與會談工具的一個實用的禮物。

在台灣的助人工作領域裡，常常把家系圖放在資料的一角，作為一個可有可無的資料呈現。每每在個案研討會，或是考核的場合裡，看見專業夥伴雖然在基本資料畫上家系圖，卻無法真實地呈現專業助人者的所見所思，更無法利用家系圖去進行家庭關係及困境與解決之道上的判讀。我都覺得好可惜，也在思索大學時代的教師，是怎麼讓專業夥伴對於家系圖知識的理解停留在這樣粗淺的狀態中。

　　究其原因，大多數的專業助人者忽略家系圖本身即是一個視覺化的評估工具。透過家系圖的呈現，助人專業夥伴都可以從這樣的圖示中，看見每個家庭裡的獨特樣貌。更甚的是，家系圖是一種跨越文化知識的評估工具。即便不同國家、不同種族、不同文化，在多元文化社會下的家庭，都可以藉著這樣的圖示呈現家庭裡衝突、糾葛與截斷等等多元的樣貌。

　　在這本書裡的章節，我們可以跟著作者的思路，一步一步，將與家庭一起工作的樣態、身為助人工作者的思考途徑、在家庭中該如何發問，以及作為治療師需要注意的事情，都透過作者一再的提醒與標示，讓有興趣從事家庭工作的助人工作者，可以按圖索驥，從實務的經驗中去逐步建構專業會談的圖像。

　　本書討論了治療中的評估與接觸、家庭裡的融合與截斷、三角關係與去三角化、協助家庭哀悼失落、與伴侶、結婚、離婚、再婚家庭工作、如何運用家庭遊戲家系圖等非常實務與理論整合的章節，而在書中最後也提醒從事助人工作的治療師本身，需要關照自己的家庭經驗，在助人之餘，也別忘記這是自助最重要的途徑。

　　有幸可以先快速閱讀本書的譯稿，心中真的很高興這本書能被真切地翻譯出來。譯稿平順易讀，在原文的閱讀之外，中譯本可以流暢地強化讀者對於理論與實務知識的理解，是一本非常接近群眾的讀物。

　　真心推薦給有心想要理解家系圖作為評估工具的朋友們。

　　　　　　　（本文作者為玄奘大學社會工作學系副教授、台灣諮商心理學會監事）

| 專文推薦 |

工欲善其事，必先利其器

劉可屏

　　《家庭評估與會談案例》是美國多元文化家庭研究所（Multicultural Family Institute）的創辦人與主任、資深家族治療師莫妮卡‧麥戈德里克博士（Monica McGoldrick）繼《家庭評估與會談技巧》（*Genograms: Assessment and Intervention*）與《家系圖之旅：與你家人重新連接》（*The Genogram Joruney: Reconnecting with Your Family*）兩本書後，再為家庭工作者（泛指社會工作師、臨床心理師、諮商心理師、精神科醫師、護理師等）所寫的一本非常實用的工具書。

　　本書讓工作者更清楚：繪製家系圖不是接案或初評時，收集案家資料，填寫在紀錄表上的紙上作業，或登錄到政府相關資料系統上的行政工作，而是真真實實、可以活用於實務工作中，有效幫助案家的工作利器。

　　本書也特別指出，繪製家系圖不是工作者單方的工作，而是他們與案家合作的過程，案家在工作者的協助下，瞭解家系圖的功能，排除抗拒的心理，才會主動參與繪製，與工作者討論，才能從中發現自己生命的源頭，與家人親屬環境的關係，清楚自己所要處理的問題，以及為改變現狀需要做的努力。

　　本書是作者集結諸多家族治療先進的智慧，融合自身長年的實務經驗撰寫而成。可貴的是，書中沒有艱深的理論，而是以實際的案例，鉅細靡遺地紀錄作者如何運用家系圖思考案家的問題，如何在這樣的基礎上，決定對案家工作的重點、後續的工作方向，與實作的歷程。

　　因此，讀者可以從每個章節對工作過程的詳細描述，按部就班地看到工作者如何幫助案家在安全的氣氛下，開啟合作的大門；如何面對案家的抗

拒；如何處理案家關係中的融合與截斷、三角關係與去三角化、哀悼與失落；如何面對不同類型的婚姻關係、育兒家庭及手足議題，及如何透過自身的家系圖，瞭解自己，免去因個人經驗影響工作的困境。

　　本書最特別的一點是，在文字敘述外，作者更以網路連結的方式，讓讀者可以循著網址（http://www.psychotherapy.net/McGoldrick 和 http://www.multiculturalfamily.org）從線上直接看到莫妮卡博士與家庭的工作。雖然目前書中可以看到的影片只有五段，但對觀看的讀者而言，已經可以從莫妮卡博士與案家的對話以及對過程的說明，體會她所希望傳達的理念與技巧。

　　本書的譯者楊東蓉女士有紮實的學術背景（台灣大學心理系、加拿大McGill University 諮商研究所畢業）、豐富的國內外實務經驗，曾經擔任過國中的輔導老師、義務張老師，也做過加拿大俾斯省（Province of British Columbia）的安置社工、基督徒救世會副執行長、中華育幼機構兒童關懷協會的研發部主任，與個人、與家庭工作的實務經驗非常豐富，但最令人印象深刻的是她對助人工作的強烈使命感，總是願意將她所學、所知，透過各種途徑與方式與夥伴分享，共創更有效的服務方案。

　　數年前，東蓉曾經帶領基督徒救世會的夥伴翻譯莫妮卡博士的前作《家庭評估與會談技巧》，並且透過工作坊做現場教學，幫助許多本地家庭工作者進一步認識並熟悉家庭評估與會談技巧。此次再獨力將多達二十萬字的本書譯成流利通暢的中文，她所投入的心力，外人難以想像，背後的精神實在令人敬佩。

　　相信因為本書的中文版問世，一定可以幫助我國家庭工作者，明確瞭解家系圖在實務工作中的重要功能，確實將與案家共同繪製的家系圖應用於實務工作中。

　　當然，更希望本地的家庭工作者未來可以將實務的應用經驗整理出來，寫成一本最能切合本土文化的工具書。

（本文作者為輔仁大學社會工作系兼任副教授）

| 譯者序 |

有希望的地方，痛苦也成歡樂

青青河畔草，綿綿思親路。

路遙不可知，反轉夢見之。

心思不能言，輾轉不能寐。

秋葉知朔風，獨見松柏心。

願君雙鴻鵠，奮翅起高飛。

——林衛國，〈綿綿思親路，奮翅起高飛〉

　　從翻譯作者的上一本書《家庭評估與會談技巧》至今，匆匆五年過去。這五年間，恰巧有機會至許多公私立機構或單位，講授如何在實務工作中運用家系圖，進行家庭評估及會談；如何從系統觀看安置孩子的服務及處遇，感受孩子內心許多無法訴說的苦及傷痛；如何帶領社福機構工作人員在人的層次上和受服務對象連結，而不是角色。這些年的經驗讓我深刻地體驗到，理論若缺乏實務需求操作，終究仍是理論。故，當啟示出版的彭之琬總編輯聯繫我是否有興趣翻譯此書時，我異常地興奮和感動，於是踏上翻譯本書的旅程。

　　回顧近一年的翻譯旅程，我更深切地感受到外子當年為上一本書所寫的幾句話：「看的是雪泥鴻爪，讀的卻是生命歷程；沏的是茶，嘗的是人生轉折。」這些年，我將我的專業生命拓展到安置機構、收出養機構、個人或夫妻伴侶的諮詢服務，以及籌辦ＰＣＴ童樂匯親子教育中心，這些經驗讓我在服務他人生命時，感受我的所思所感，都不斷和受服務對象的生命交織著，我們在大系統下共同跳著屬於我們的雙人華爾滋。當我準備好自己和受服務對象產生「心」的連結時，我能夠感知到對方卡在喉嚨未能說出的語言、內

心沉痛的糾結，而當我能夠將其反應給對方時，對方的回應讓我明白，被理解的感動成就了「心」關係，亦即體驗了生命貴在過程，而非終點。

　　我認識小傑時，他六歲了，已在安置機構裡待兩年半。我為什麼會認識他？因為他出現了許多挑戰行為、情緒易高漲、刻意捉弄較小同儕、呆笑或裝傻掩飾做錯的失序行為，著實讓機構的保育人員和社工頭疼不已，於是開個案研討會議商討處遇對策。就在第三次研討小傑的會議中，我決定放棄以往解說相關理論的做法，因為小傑的家系圖已畫過不下 N 次，寫下的建議處遇方案已累積了洋洋灑灑的一大堆，但處遇成效不彰。為什麼成效不彰？N 派人馬，N 種意見，往往就落入說歸說、做歸做。有些專業認為小傑自小就沒和原生家庭生活，根本無情感連結可言，所以不用和原生家庭連結；有些人認為原生家庭是小傑的根，應該要連結；有些人認為小傑年紀小不懂，不會有什麼失落創傷，但我持不同的看法和意見。

　　所以，我思索著，不用說，那要怎麼做呢？如何將家系圖的系統觀讓大家理解呢？但開始做之前，我明白最大的障礙是我自己，我必須先做好準備，將自己的心和感知打開。於是，我說服自己去冒險，放下自己是專業督導的「偶像包袱」，放下期待他人認同的渴望，然後接觸自己，讓自己處於中心（centered），運用自我去感受、去體驗、去連結，透過系統觀的家系圖、薩提爾內在冰山和互動要素和家排的血緣排序位置與和解，請工作人員一起來體驗與經歷。

　　首先，我請工作人員分別扮演小傑、小傑母親、小傑父親和原生家庭，並雕塑出彼此關係的距離及生存姿態。工作人員扮演的「小傑」眼睛環顧「母親」、「父親」、「外婆」，竟出現了痛恨的眼神表情（瞪大的眼睛、咬緊的牙關、抽動的臉部）。我問「小傑」此刻的感受如何？他說他恨，他被遺棄的恨。但根據我過往的經驗和專業所學，我知道「恨」與「愛」就如「截斷」和「融合」關係一般，是一體的兩面。隨著我的引導帶領，「小傑」和「恨」接觸，經過一番對話後，他承認那不是恨，而是內心對愛很深的渴望，但渴望失落了，心非常痛，痛得令人喘不過氣來，難以招架，所以「小傑」決定

用拒絕和生氣來保護自己內在的脆弱。「小傑」承認的那一刻，臉柔和了下來，但他還沒有準備好放下保護自己的生氣屏障。我尊重他。

接著我邀請另兩個工作人員扮演小傑生命中的重要他人——寄養爸媽。「寄爸」、「寄媽」出現時，「小傑」的表情出現了困惑和悲傷（深鎖的眉頭、泛淚光的眼睛、緊閉的雙唇、張口又閉口）。歷史故事是小傑幾個月大時，母親無法照顧，所以小傑便被安置和寄養家庭一起生活。三年過去了，寄養爸媽是小傑認定的「爸爸媽媽」，但疼愛小傑的寄爸寄媽無法繼續照顧，寄養於是終止。年僅三歲半的小傑，突然被告知他不能再跟寄爸寄媽住了，要搬去其他的地方，他內心的恐慌可想而知。小傑大聲哭鬧、聲嘶力竭喊著：「我不要！我要爸爸媽媽。」但得到的回答是：「他們不是你的爸爸媽媽。」就這樣，小傑來到了這裡。

回到現場，此刻的「小傑」低下頭，不再和人眼神接觸。我問「小傑」此刻的感受，他答不知道。我繼續引導、鼓勵他，最後，他鼓起勇氣看著「寄爸」、「寄媽」，他說他有覺得被愛，可是跟著愛來的是被遺棄的傷痛，因為很痛，他不想去感受。站在他旁邊的我感受到自己內心的糾痛。我明白失落並不會因為不談、不說，就消失無蹤，它一直都在內心深處，如同本書所提的失落的遺毒。失落若不妥善處理，就會不斷被負面情緒滋養（其他失落的經驗），隨著時間就越變越大，最後變得無法負荷，成為興風作浪的小獸，攪亂生活。回首過往生命的「小傑」，感受到失落，但失落何嘗不是因為愛呢？感受到愛，也承認了失落，接著就認回那被遺忘的部分自我。承認不代表不痛，承認讓自己更完整。

接著，我又安排機構兩位工作人員擔任小傑在機構生活的重要他人。一看到工作人員的「小傑」，極度討好，我的直覺是，「小傑」似乎認為只有乖，才能獲得他所渴望的被關注和被愛，這個假設需要求證。但小傑畢竟是小孩，還是會出現試探或不符生活規範的行為。面對「小傑」的行為，「工作人員」開始指責，「小傑」則將頭撇開、看著地上，完全不在乎當下所發生的任何事。我問「小傑」怎麼了？「小傑」說：「反正沒人愛我，因為我

不值得被愛。」聽到此話的「工作人員」放下指責的手，說：「你值得啊！」我趁機詢問「工作人員」，你那指責的背後是什麼？她說：「要求的背後，不是不在乎。就是因為太在乎，所以期望小傑好，因為當他離開安置機構，他只能靠自己。」

「小傑」聽到工作人員的話，轉過身，看著對方。「小傑」說：「你可以管我，因為我知道那是為我好，但我要知道，當我不乖時，你依然愛我，不會不要我。」促進雙方進行多一點的對話後，結束這次的角色扮演和雕塑。

脫去扮演的角色後，我請大家分享這個歷程的感受和想法，結果出乎我的意料之外，夥伴們已清楚看到小傑短短六年的生命中所經歷的創傷和失落，他們的焦點從主訴的外顯行為問題，轉到他內在的需求和渴望；從指責轉化到他們可以再為小傑做什麼。以「人」為基礎的連接建立了，不再是建立在表象角色上的互動。我們最後的處遇是協助小傑重建他和母親、寄養家庭的連結，因為「根」很重要，看到「失落悲傷」的影響很關鍵，看到內在的脆弱，從「心」與「心」連結才是根本。幾個月後，再次造訪該機構，事實已證明小傑的內心更穩定了。

助人工作是一個以生命影響生命的歷程，身為助人者的我們，所能用的最有力工具即是自己。當我們越能往內觀、檢視自己的內在系統，我們越能和真實的自我接觸，接納自己的脆弱和不足，透過檢視自己的原生家庭，回答「我是誰」、「我生而的目的」的過程，讓我們更能體驗過往的事無法改變，但我們能改變其對我們的影響，我們能主宰自己的感受、觀點和期待，為其負責任時，我們就是更「完整的一個人」，就更能一致性地和對方互動與交流。

家系圖建構我們的系統觀，但這門知識如同駕駛飛機一般，需要不斷的模擬與練習，讓操作技巧更純熟；然又因我們所從事的關乎人的工作，加上每個人都是那麼獨一無二，所以家系圖運用無法切換成自動駕駛模式，會談歷程中需要不斷觀察、收集資料、修正評估和擬定可能處遇的做法，但最重要的是清楚接納我們也是人，也受自己原生家庭的影響。

正因如此，本書的誕生令人感動，莫妮卡帶領著我們逐步探險，充分展現出如何利用此工具為個案認回失落，重新連結生命，使受服務者的生命將因我們的付出而更加成熟與美麗。

翻譯此書，讓我重新檢視自己所走過的助人服務歷程，如何運用自我，帶到察覺、引發改變、感受希望、擬定策略、運用資源、主宰生命。我今日之所以為我，需要感謝許多的人，尤要感謝我的父母親，培育我許多內在的資源；外子衛國對我全然的接納和包容，更是我的繆思；感謝我的一雙子女，當母親的過程，我重新透過家系圖，檢視自己的生命歷程，修復過往未滿足的渴望和期待，與真實的我更貼近。

期待本書的出版，不僅協助許多助人路上的工作夥伴，不再落入理論終究仍是理論的窘境，更有實戰的工具和路徑，且更能系統化地整合自我，成為更「完整」的人。

| 作者序 |

為什麼是這本書

　　由於家系圖在社會工作、醫學、心理、護理、諮商以及許多相關領域，包括教育的培訓和實務工作上都日益普及，我們需要一本能夠準確說明如何在實務工作中使用家系圖的入門書籍。

　　本書假設讀者已經熟悉家系圖的圖示及其顯示的各種模式（見《家庭評估與會談技巧》〔Genograms: Assessment and Intervention, McGoldrick, Gerson & Petry, 2008〕），熟悉如何透過探索自己家系圖與家人重新連結的可能性（如《家系圖之旅：與你家人重新連接》〔*The Genogram Journey: Reconnecting with Your Family*, McGoldrick, 2011〕所陳述）。

　　在這裡，我們探討在治療中如何運用家系圖來與個案進行接觸和合作。這本書雖可與《家庭評估與會談技巧》及《家系圖之旅：與你家人重新連接》共同學習，但更著重於每天實務工作中的臨床議題：接觸、掌握抗拒、去三角化、處理衝突、幫助個案修復截斷關係。

　　這本書也涵蓋我所錄製的幾段影片，包括《駕馭家系圖的力量》（*Harnessing the Power of Genograms*, 2012），在這段影片中，我示範了與個案進行第一次會談，而這位個案並不認為家系圖和他的主訴問題——與太太疏離——有任何的關聯。《未解決的失落遺物：家庭系統取向》（*The Legacy of Unresolved Loss: A Family Systems Approach*, McGoldrick, 1996）則示範與一個再婚家庭進行多次會談的歷程，另一個案例則展現我如何在臨床實務工作中運用家系圖和家庭工作，尤其是這個家庭前來治療並不是為了要更瞭解家系圖，而僅想要解決他們青春期女兒的問題。事實上，家系圖在理解家庭問題、拼湊往前進之解決方法的路徑上至關重要。本書也涵蓋一部影片《家庭治療入門》（*Getting Started in Family Therapy*），其呈現了前幾次和一個拉

丁裔家庭接觸和工作的會談歷程。這些影片的摘錄在內文中均有提供，且影片可以上網取得（見網址：www.psychotherapy.com/McGoldrick）。

這本書示範了臨床實務工作如何在工作中運用家系圖，以及這些想法要如何付諸實行。本書以實用的方式，闡述如何從家庭系統架構來進行治療，而家庭系統視全人類的生活是相連和彼此牽動的，而不是區隔成一部分一部分、各自分開研究。這些想法的概念化尤其是立基於莫瑞·鮑文博士（Murray Bowen）的架構，然後結合以下這些人的想法：愛德溫·傅利曼（Edwin Friedman）、菲利普·格林（Philip Guerin）、湯姆·福加蒂（Tom Fogarty）、貝蒂·卡特（Betty Carter）、哈里特·萊納（Harriet Lerner）、卡羅琳·莫伊尼·布拉特（Carolyn Moynihan Bradt）、喬安·吉爾斯·多諾萬（Joanne Gilles Donovan）、妮蒂亞·嘉西亞·普托（Nydia Garcia Preto）、芙瑪·華許（Froma Walsh）、羅伯多·方特（Roberto Font）、約翰·雅各斯（John Jacobs）和許多其他人。這些人過去五十年一直發展這些系統化概念。這本書借鑒我自己多年的家庭系統工作，以及我從這些創意治療師的工作中所獲得的重大啟發和指導。

家系圖讓臨床實務工作者更容易記住家庭背景的複雜性，包括家族歷史、模式和事件，而這些對理解個案並幫助他們療癒或轉化他們生活具有持續性的意義。正如我們的口頭語言可以加強和組織我們的思緒過程，拼湊家庭人口統計學、功能和文化史的關係和模式的家系圖，則能幫助臨床實務工作者系統地思考個案生活中的事件和關係，又是如何和健康、疾病和復原力模式間有關聯。

收集家系圖訊息應是整合任何資訊的詳盡臨床實務評估。然而，家系圖不是食譜，能夠讓臨床實務工作者可以有定量測量表來進行臨床預測。反之，它是一個事實性和解釋性的工具，讓臨床實務工作者能夠在家庭評估中，為進一步的評估產生暫時性的假設。一般來說，我們根據第一次會談所收集的訊息來構建家系圖，並在新訊息出現時進行修訂。因此，初步評估形塑治療的基礎。當然，我們無法一刀兩斷地劃分評估和治療。臨床實務工作

者與家庭的每次互動都增加評估資訊，進而影響下一次處遇。

家系圖幫助治療師瞭解他們的個案，因此成為與家庭接觸的重要途徑，創造系統化觀點有助於在空間和時間軸上追蹤家庭議題。更甚之，家系圖能夠讓訪談者重新架構、去除毒害和常模化滿載的情感議題，同時也靈活轉變和擴大個案的世界觀。由於家系圖提供了一個可即時運用之系統性問話的工具，它也開始將個案導向到系統觀。因此，家系圖可幫助治療師和個案看到宏觀面向，也在當下和歷史的脈絡下檢視問題。關於家庭的結構、關係和功能訊息，可在家系圖上既從橫向跨越家庭當前的脈絡，亦可縱向跨世代被檢視。細述當前家庭脈絡的廣度可以讓臨床實務工作者評估家庭劇中直接參與者彼此之間，以及和更廣泛系統之間的關聯性，同時評估家庭的整體優勢、彈性和脆弱。

家系圖中包括核心和大家庭成員、重要非血緣他人和參與家庭生活的寵物，也可以注意到重大事件和議題。我們可以從不同的角度來追蹤家庭成員現狀的行為和問題。被認定的病人（也稱為案主）或具有問題或症狀的人可以在檢視多重次系統脈絡中看到，如：兄弟姊妹、三角關係、最近的壓力源、互惠關係、多代模式、生命週期階段和轉變，以及更廣大的社區、社會機構（工作、學校、法院）和更大的社會文化脈絡。

透過細看文化和歷史的家庭系統，評估前一個生命週期的過渡時期，臨床實務工作者便能將現有的議題置於隨著時間演變的家庭脈絡之中。因此，我們的家系圖中至少要包括三代家庭成員的文化和人口統計資訊，以及家庭歷史上的關鍵事件及其發生的時間點、家庭變遷（遷移、失落和生命週期）。當家庭成員質問現狀是否和前世代之主題、迷思、規條和情緒高張的議題有關時，重複模式往往會變得顯而易見。家系圖透過提議家庭事件之間的可能連結，讓「日曆說話」（let the calendar speak）。先前的疾病和早期家庭關係轉變模式造成家庭結構的改變，其他重要生命變化也能記錄於家系圖上，這些都提供了一個關於什麼正影響著當前危機的假設架構。結合家系圖，我們還創建了家庭年代表或時間表，以時間順序描繪個人和家族的歷

史，這是在家系圖中不容易呈現的另一個家庭面向。

收集家庭資訊的過程可以被視為是在一個逐漸擴大的圈中投放訊息網，以獲取有關家庭及更大脈絡的資訊。這網絡分散在不同的面向：

- 從主訴問題到問題的更大脈絡；
- 從核心家庭到大家庭和更廣大的社會系統；
- 從家庭現況到家庭歷史事件和未來動向的年代表；
- 從容易、不具威脅的探問到困難、引發焦慮的提問；
- 從判斷功能和關係的明顯事實到家庭模式的假設。

臨床實務工作用這個兼具時間、空間和歸屬脈絡的家系圖架構，作為評估和治療工作的架構。家系圖成為我們從系統層次探索人類問題的重要參考，而這個系統層次是讓我們在人所處之生命週期和關係狀態、求助當下的功能脈絡中理解每個人的經驗。本書將展現如何整合家系圖作為臨床實務工作的架構。

家系圖標準符號示意圖

性別

順性別
男　　女

變性人
男變女　　女變男

性取向
男同性戀　　女同性戀　　雙性戀

出生／年齡／死亡

出生日期
'41-
寫在符號的左上方

年齡
23
寫在符號中間

死亡
1943-2002
59
死亡日期寫在符號的右邊，壽命寫在符號中間

寵物　　機構連結　　家庭秘密

住在兩個以上的文化　　移民

地點＆年收入
波士頓
$100,000
'72
地點在出生和死亡日期之上

成癮或生理或精神疾病符號

心理或生理疾患　　酒癮或藥物濫用　　疑似酒癮或藥物濫用

嚴重的精神或生理問題和物質濫用　　生理或心理疾病復原中　　酒癮或藥物濫用復原中

物質濫用和精神或生理問題復原中

其他個別指標
過胖　O
抽煙　S
語言議題（不會說該文化的語言或有其他語言障礙）L

結婚
1990年結婚

秘密外遇
外遇

伴侶關係
2012年交往

同居承諾的關係
LT '90
LT ＝同居

婚姻中分居
88年相遇，89年同居

離婚
90年結婚95年分居97年

離婚和再婚
95～96年分居，96年離婚，97年離婚，00年再婚
03年結婚
02年再離婚
05年結婚

小孩：依出生序排列，最長的在最左邊

'04-
12
親生子女

'98　'98
死胎

'99
流產

'01
墮胎

'03-　'03
雙胞胎

'04　'04
同卵雙胞胎

'07
懷孕

'06
10
寄養子女
（同住）LW 09～11年間

'97
10
'98年收養
被收養子女

捐精者、伴侶收養

人際互動模式符號

連結　　親密　　過度緊密（融合）

身體虐待　　情緒虐待　　性虐待

親密—敵意　　疏離　　敵意

「靈性」連結　　專注在　　負向關注

照顧者　　截斷　　修復截斷

家庭成員的同住狀態，大小和位置

愛爾蘭
芝加哥

猶太人
芝加哥

手足畫得比被認定病人小及高

$70,000
1954-
62

$40,000
1953-
63

佛教徒

倫敦
$100,000
1989-
27
00年離家（LH）

芝加哥
$28,000
1992-
24
04年結婚
治療師

狗一莫夫

手足配偶畫得較小及低

一家人（household）指將同住成員圈在一起（孩子離家後，夫妻和狗同住）

臨床實務的
家系圖運用

簡單來說，家系圖（genogram）是一張「你屬於誰」的地圖。對於系統化思考的我們，家系圖是治療的地基圖，它不僅提供實務工作者一個基礎的圖像，這個圖像包括個案是誰、他們從哪裡來、誰是他們生命中的重要他人，也提供一個架構，讓你和案主在治療中瞭解目前壓力、過去掙扎和可獲得的資源。家系圖是個不可或缺且具組織力的工具，用來協助個案瞭解他們的議題和生活。沒有這個圖，幾乎不可能一直掌握個案的生活，或是協助他們看到深植的模式。

家系圖運用圖的方式，連結一個生命中血緣和法定親屬的關係網絡，以及朋友、寵物、工作連結的非正式網絡。在評估和治療中，隨著時間軸或是家庭年代表，這張圖提供了一個牢記個人經驗、人格、價值觀、網絡和複雜脈絡的重要指引。

家系圖也畫出一個人關係的演變，指出誰是過去的重要他人，哪些早期模式現今還重複發生。雖是追蹤一個人和家庭的歷史，但一般來說，我們會單獨製作家系圖訊息的時間軸，讓相關的年代表資訊更顯而易見。

家系圖也幫助我們關注個案歸屬世界的方式，這對療癒來說是重要的。我們的實務工作是透過提醒個案他們屬誰，來協助他們認識自己的優勢。人們很常在遇到困難時，覺得孤立、忘記此豐富的歸屬資源。然而，每一個人都擁有豐富的資源，即使是那些此刻覺得孤單的人。根據保羅·弗雷勒（Paolo Freire, 1994）在《希望的教育學》（*The Pedagogy of Hope*）寫到：

沒有人能獨自到任何地方……即便那些肉身獨自抵達，沒有家人、伴侶、孩子、父母或手足陪伴的人也不能。沒有落地生根，或是擁有真空靈魂的人，都無法離開他或她的世界。

我們帶著許多交織的記憶、沉浸在我們歷史的自我、我們的文化；我們兒時、青春期的街頭記憶，有時零落、有時清晰，遙遠事物的回憶突然湧現在我們之前、之間，一個害羞的姿態、敞開的手、一個微笑……一句某人曾說但被遺忘的簡單句子。（p.31）

治療目標和家系圖如何協助

莫瑞・鮑文（Murray Bowen）常說，理想的成熟連結（意指分化），是你必須和家裡的每個人都有個體對個體的關係。若我們從系統的角度來看最根本的治療目標，我們可以說是要幫助個案做出對其人生最好的選擇。而身為人的我們，為了做出最好選擇，我們需要欣賞感激、彼此相互連結，而連結的對象不僅是土地，還有彼此、我們星球的過往和未來。所以，做出最好選擇指的是，朝著和家人、朋友、社區、同事、所處的自然環境，建立正向連結的目標前進。而治療的目標，則是支持個案在他們的生活中發揮最大自我效能。

評估、接觸和治療工作的目標，都要建立在幫助個案找到因應他們難題和關係的最佳方式。家系圖是個主要的定向工具，協助個案明瞭他們在哪裡卡住了，而他們最佳的資源在哪裡。當我們能夠在脈絡裡理解個案的生命，我們就能協助他們弄清楚他們想修改的關係，以及如何幫助他們為這些努力聚集力量。

過往，人們為了能夠在他們的生命中做出最好的選擇，他們首先必須能夠清楚地思考他們此時的位置，他們的連結對他們的意義。沒有身心靈皆臻健全（centeredness），就不可能找到在生命和關係裡想要走的方向。協助個案在他們的家系圖脈絡裡檢視自己的目的，是協助他們弄清楚，他們如何能活在一個和他人、和自然的尊重關係裡、如何能適當地關心他人或被他人關心，且沒有剝削或無視我們的世界或子孫後代的狀況。

這個目的是需要個案在與他人連結的脈絡下，發展出對自身文化、屬靈和心理認同的真實感，這仰賴我們欣賞感激自己的生命總是屬更大力量的一部分，而這更大的力量是高於我們的。這意味著理解豪爾赫・路易斯・波赫士（Jorge Luis Borges, 1972）所說的，實際上，我們是「那些沒有生活在我們時代的人的體現，而其他人將是我們在這地球上的不朽」（Borges, 1972, p.21）。

　　覺察到一個人是過往和未來的一部分，似乎對一個人決定要如何過自己的生活息息相關。因此，它是治療的核心，也總是倫理和自我存在選擇的議題。

　　理解人的脈絡（圖1.1），即我們一生的歸屬脈絡，包括在我們歷史、現在和未來的縱向脈絡連結下，此時此刻我們家庭和社區的脈絡。這些從我們出生、兒童期、成人期和死亡都跟隨著我們，並定義我們為下一代留下了什麼。對於治療所提供問題解決層面來看，在脈絡裡思考自己是非常重要的。

　　除非我們納入脈絡去思考，否則我們無法真正理解到底發生了什麼。就如同聽到音樂的單一瞬間，卻沒有意識到之前所發生的或預期接下來會發生的。若沒有欣賞感激時間，音符就沒有意義。我們人類的存在也是同樣的。我們的生命總在從過去而來、往未來去的路上，也總是和其他人在這樣的脈絡下連結。

　　家系圖幫助我們在個案的脈絡下聚焦，因為隨著時間的流動，他們會知道可依靠哪些人，而從哪些人身上獲得復原力。家系圖看見那些在個案生命裡的人，以及那些曾經參與過的人。

　　當人們來接受治療，他們通常已失去方向，失去時間、空間和關係脈絡下的自我感。人們大部分會因為他們感覺（焦慮，抑鬱）的一些問題，或

圖1.1　理解人的脈絡

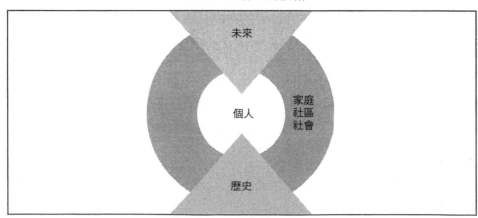

他們與其他家庭成員的關係或他們所處社區內的關係的問題而尋求協助。他們可能已經帶著失落——生病，死亡，失去關係、工作、他們孩子的功能的威脅，或是失去另一個親人。他們通常會覺得別人讓他們失望，或因他人的不感激而生氣。他們覺得別人或人生對他們不公平。他們或許會有「為什麼是我？」的感覺，或「為什麼我必須是那個負責任的人？」。或者他們覺得沒有辦法達到傳承下來的期待目標。當他們視自己是自身生命或家庭的受害者，就會覺得被困住。

　　個案來治療時，經常是抱怨某人，但一天終了，唯一能真正改變的人是自己。如同歐文‧亞隆（Irvin D. Yalom）在《愛的劊子手和其他心理治療軼事》（*Love's Executioner and Other Tales of Psychotherapy*, 2012）所寫下的：「治療中關鍵的第一步是個案承擔他或她生活困境的責任。只要一個人認為自己的問題是由一些外部力量或自身以外的個體所造成，治療是無法起作用的。」（p.xvi）治療師的工作是幫助個案穩定自己，在他們生命的脈絡裡看到自己是主角，並找出想如何前進的方法。

　　正當主導的西方治療在個人治療上主張「說出來」、強調保密重於連結時，大多數其他歷史上的文化脈絡都認為，療癒的基本要素要包括恢復社會支持和關係——事實上便是參與一個人的家系圖。一般來說，人們遇到困難，會利用音樂、藝術、歌曲、舞蹈、說故事、和他們的身體和自然連結，來作為安撫、支持和療癒的來源。而這些文化表達形式總是深植在個案的社會脈絡裡。換句話說，他們都在家系圖的脈絡中運作著。在這些脈絡中，實行療癒是有其意義的，因為他們需要這些儀式來增強歸屬於社區、歷史以及家庭和群體未來的家庭和文化的共鳴。音樂、舞蹈、藝術、說故事、與自然連結都是共享的經驗。即使我們一個人在大自然裡，當我們將注意力放在脈絡裡的自己，能夠讓我們和那些共享地球和天空的人們連結。這種分享是療癒的一部分。唯有在我們這個非常疏離和分裂的社會裡，保密的價值才會重於連結的價值。所以在家系圖的脈絡裡檢視一個人，是再自然不過的一種思索方式。

實務工作裡運用家系圖是希望能夠啟發個案，讓他們成為自己家庭歷程的研究員，系統化地開始思索他們的關係，以及注意自己在家庭模式裡的角色。所有的系統都是相互連結的。因此，當個案看到他或她自己的行為是和他人的行為有連結時，就能夠有所選擇，決定自己要如何繼續參與這每一段關係。這能夠幫助人們依據自己價值觀與他人連結，拿回自己的力量，而不是讓其他家庭成員或不接納的文化規條來定義自己。

最終，我們希望人們在沒有情感上截斷或放棄的情況下，能夠主動為自己在家系圖中與他人的關係下定義。這個目標是讓個案獲取做自己的力量，並且以一種豐厚的方式和他人連結。而這需要堅持自己價值觀的能力，即使其他人不支持他們的信念。

學習系統化思考意味著學習如何在系統裡檢視和自己相關部分的模式。幫助個案繪製家系圖則意味著幫助他們不再只專注他人的行為，而且學習將注意力放在系統中自己的部分，因此，他們能夠為自己要如何過生活做決定、負責任，而不管他人做什麼。

雖然當下的治療諮詢提供調解夫妻和家庭的衝突，但是唯有當所有人都願意在某種程度上妥協才有可能，也就是說，他們要有一個小小信念，相信就長遠來看，解決問題對他們來說是比較好的。若這樣的意願不存在，如同鮑文所提，我們建議輔導那些最有動力改變的人，離開那些沒有動力的人。當然，若家庭成員改變他們的行為，系統裡的其他人也會受到影響，他們的行為也很有可能會改變，但是改變他人的行為永遠不會是改變的起點。

當個案進入治療室，希望治療師改變家裡的某位成員——小孩、伴侶或婆婆／岳母——系統工作需要幫助他們注意自己部分的模式，而不是專注於另一個人的行為。系統裡的某人有時可能願意犧牲所有東西，來製造痛苦或忽視另一個人。在那些時刻點，系統將需要輔導個案控制他／她對另一個人的立即性反應，並且決定他／她在這種受限情況下如何往前進。這可能意指當一方家長選擇忽略或是虐待孩子，另一方則要負起照顧孩子的全責；或是手足選擇不負責任時，他／她則負起照顧自己父母的責任。

　　透過家系圖幫助個案瞭解自己，能夠促進他們決定什麼樣的改變是他們準備好要做的。意識到他們與他人的連結，通常能夠鼓勵他們採取必要措施，解決自身的議題。當人們來接受治療時，他們對改變幾乎都呈現出一定程度的矛盾，伴隨著對當前情況所感到的痛苦，以及希望事情有所不同的期待。協助他們說出自己的故事，讓他們可以將壓力放在脈絡裡，並找出可以承擔的改變。

　　例如，當一個人因疼痛去看醫生，他或許只是希望不再疼痛。他或許沒有準備好改變他的飲食習慣，或者開始運動減重或改善膽固醇。當他只想到自己，他可能不希望改變他的飲食模式，但當他開始思索這些對他太太、孩子和孫子的影響時，他或許可能會有不同的想法、做出不同的決定。更甚至，比方說，當他十四歲時，四十三歲的父親用抽菸和暴食「殺死」自己，若我們能讓他體驗到他對父親的思念，則更能引發他的動力。當他根據所歸屬的所有人（即所有在家系圖中出現的人）來思考自己時，或許最能理解他目前行為的長期影響。

　　唯有瞭解個案所走過的路，治療師才能夠協助他們決定想要做什麼樣的改變。改變的發生不是立基於治療師的動機，即使治療師希望幫助他們看到自己選擇的可能性，遵循一個進程又一個進程的長久可能性。只有當治療師理解個案的歷史，才能真正理解個案的兩難。所以，治療師的角色是提出問題，這些問題能夠幫助個案增加對自身情況的理解。至於要改變什麼的決定，就都留給個案自己。

　　因此，家系圖成為評估地圖，幫助治療師和個案在時間和脈絡中，定位當前的問題，其允許我們追蹤個案屬於誰、誰知道問題，而在他們的生命中和家庭生命週期的某個時間點，誰有過類似的問題或誰具有復原力。若個案因為婚姻問題而來，並且表示家中所有其他人的婚姻都相對沒有問題時，則會朝超越夫妻問題的方向去假設；若所有其他婚姻都有重大議題，治療師和個案則推衍夫妻困境的假設，或許引發個案作為改變先驅的願景，創造一個不同於過往的婚姻關係。

圖1.2　家庭年表或時間表

- **人口統計學資料**：出生、結婚、分居、離婚、病／事故、死亡、訴訟／法律問題、收入增加／減少
- **移民和搬家**：進出家戶或所在區域
- **關係改變**：新的關係、截斷或衝突關係
- **功能**：發病或病情加重、法律問題、創傷－失業、學校或工作問題
- **週年紀念日**：以前的創傷或失落的日子

　　運用記載關鍵事件和變化的家族年表（圖1.2）有助於突出顯示家系圖的信息，引導實務工作者和個案檢視生命週期或家庭歷史中特定時刻的模式，其中關鍵模式已然固定。當個案過度專注在所呈現的問題時，追蹤關鍵變化——瓦解、錯位、家庭成員或朋友的進出，以及正向的改變，如：找到新工作或買新屋——所可以呈現的是看不見的壓力點。

收集家庭生命週期的觀點

　　家系圖鼓勵個案去思考生命的週期，當我們從青年期開始往前進展時，便會開始注意到持續進行中的生命歷程，故青年期是最佳思索家庭下一代的時間點，即我們會開始經歷追求、結婚、成為父母、撫養孩子、與青少年談判協調、再下一代的出現，然後步入中年、老年和死亡。當然，許多人沒有伴侶或小孩，但是他們仍然是首先參與生產（being launched）的群體的一部分，然後不斷發展同儕關係和其他關係，包括督導下一代和照顧老人，而這都發生在他們自己生命最後幾年，下一代支持之前。這些生命週期包括整個家庭和社區裡跨世代以及和其同儕共有的關係。

　　沒有這些關係的連結和依存的網絡，我們無法以單一物種生存。我們個人生命的意義總是和他人生命意義相互交織著，就如我們的地理環境一樣。因此，它幫助我們在探索家系圖模式的時候，可以去思索個案現在處在生命

週期的哪個階段，並收集上一代如何因應其在該階段的資訊。如果上一代在青春期經歷一些掙扎困難，則不意外，現今這個家庭會在青春期階段來尋求協助。若失落是上一代的議題，我們則可以預期下一代在這些轉換上並不會太容易。

收集文化脈絡的觀點

　　如果我們細看，我們每一個人都是大雜燴（hodgepodge）。我們所有人都是遷徙者移民，在祖先的傳統之間、在我們居住的世界裡、在我們將留給後代的世界裡移動著。民族認同的意識在群體內和群體間差別很大。許多居住在美國的人來自多元種族，他們在成長過程中可能對自己種族一點都不認識。是故，我們的實務工作便要幫助個案在文化脈絡裡找到自己的位置，克服神秘感、無認可感或疏離感。這些感覺源自於這個社會裡，我們未能在家裡感受文化。在脈絡裡理解自己，代表著認可我們全部的根──那些剝削者和那些被壓迫者、那些英雄和那些被遺忘的兄弟姊妹、阿姨和叔伯。

　　我們所來自的民族文化形塑我們個人脈絡背景的程度很大。幫助個案瞭解自己家系圖的重點部分之一，即是幫助他們探索文化脈絡。我們幫助個案對自己祖先的行為、信念、關係和夢想產生好奇。每個人都有文化傳統，即使他或她並不知道那是什麼。我們幫助個案欣賞感激這複雜的網絡連接，其中形成了他們的存在身分，這些連結不僅減緩他們生命往前進的衝擊，也影響他們的後代。

　　實際上，每一個家庭背景都是多元文化的。至少某種程度上，所有的婚姻都是文化通婚。沒有兩個家庭享有完全相同的文化的根。種族不斷演進，在彼此和與外人複雜交互作用的關係下，我們都處在一個改變民族認同和融合祖先影響的歷程，同時也創造新的和新興的群體身分。隨著生命往前進，我們都有許多不同的存在身分定義我們自己是屬於單一的種族群體，如「愛爾蘭」或「非裔美國人」，或許這樣太過簡化。我們可能在命名所屬群體時獲得權力，且與其他人共享我們的價值觀和傳統，讓我們有團結的感覺，但

是我們文化傳統的多個部分，很少符合任何一個單一團體的描述。提供單一名字可能隱藏了其中複雜性，但另一方面，若沒有過度簡化，我們也無法有談論的方法（McGoldrick, Giordano, & Garcia Preto, 2005）。所以當我們開始詢問個案的文化傳統時，我們也就開始協助他們解開文化的複雜性。

如果我說我是「愛爾蘭人」，我需要特別探索關於我這部分的傳統，包括我祖先在愛爾蘭的歷史、他們在美國何處落腳、他們與哪一個種族群體相遇、在這段時間裡他們如何及為何再度遷移。這些所有的因素將在文化上成就我獨特的存在身分和歸屬感，或是「差異性」（otherness）。甚者，這些所有的議題有可能影響我和他人連結的方式。下一個主要的文化議題是他們和哪個群體通婚。雖然我自己祖父母、外祖父母都是愛爾蘭人，但我嫁給希臘裔移民，而他的祖先在現在的土耳其住了數世紀，我的兒子則是娶一半義大利、一半希臘血統的太太。我的手足也和不同文化的人結婚，我的姪子娶了一個來自南美的女孩。所以，就在我們談論的這當下，如同每一個人的家庭一樣，我們家庭的文化脈絡迅速擴展。因此，種族是一個越來越複雜的現象，它也必須考慮到家庭每個部分的複雜性、不斷變化的宗教和屬靈背景，以及他們所經歷的各種生活和社會地點的變化。

當然，實務工作者不能為了有效地和不同族群的人工作而成為人類學家，但需要對文化模式保持敞開的態度，當然這也包括自己文化的部分。對於實務工作的參與來說，重要的是不管種族、民族、社會階層和居住地點、性別、性取向、宗教、地理環境或生命週期階段，大部分個案的背景和治療師的背景非常不同。所以，實務工作者需仔細理解自身的文化價值觀和對文化的開放度，並覺察在他們面對個案時，這些價值觀和態度會帶給個案的重要影響是什麼。治療師必須預備好自己去關注個案的世界觀和他們自己的是否有不同；如有不同，又如何不同。

此外，另一個重點是實務工作者要有一個工作的架構，這個架構讓他們能夠檢視並評估其所參與訓練方案的文化參數是什麼、他們所受之心理精神健康教育之主流思想學派的文化假設是什麼，以及《精神疾病診斷與統計手

冊》（*DSM*）和其他領域（經濟、政治、金融）作者的假設是什麼，因為他們的意識形態對衛生保健領域優先順序的決定有相當的影響力。

　　身為一個實務工作者，你需要協助在個案的世界觀和你的機構、保險業及自己觀點之間建立橋樑。一般來說，參與的主力包括強烈的好奇心、良好的幽默感、高度的文化謙卑──即意識到，不管「真實的真相」（true truth）是什麼，我們沒有一個人能擁有其真正的一角。換句話說，不管有多複雜，我們必須承認我們整個家系圖的真相，才得以用最真誠的態度和我們個案的家系圖連結。

家系圖中「家」的重要性

　　我們理解到，家系圖工作和探索個案生命故事的核心層面涉及到個案的「家庭」感（圖1.3），這指的是哪裡是個案覺得具舒適感和歸屬感的地方。許多實務工作者所犯的錯源自他們忽略了個案脈絡中的這個面向。個案和他們家系圖中的重要他人在一起時，是否覺得「在家」？這些人包括父母、

圖1.3　家的意義

手足、伴侶、小孩。他們是否有個實體的地方，讓他們覺得舒適或有歸屬？學校或工作場所像家嗎？或者這些地方讓個案覺得像「外人」、疏離、不配呢？個案和家系圖上的哪個人在一起時覺得最有家的感覺，或是感到自在、被愛、無條件被欣賞呢？

　　身心靈皆臻健全涉及在脈絡中理解自己，也就是說具有個人認同感，而與他人一起時，也是如此。這包括在一個人的生命走程中，能夠建立一種歸屬感，或是一個「家」。研究非裔美國人或其他被我們社會邊緣化族群的學者，常寫到關於對「家」（homeplace）、對歸屬、對根、對和地方及親屬連結的需求，如同這些是為了樹立他們之社會和文化認同的嚴峻考驗（hooks, 1999）。「家」涉及細緻入微、多層次的個人和家庭歷程，這些歷程錨定在物理和心理空間中。這種家的感覺引發充權、歸屬、承諾、根、擁有權、安全和更新的感覺，使人們能夠發展關係，以提供他們堅實的社會和文化認同感。正如琳達・伯頓（Linda Burton）和她的同事所示，「家」是一個引導每一個人和家庭整個生命歷程的關鍵概念（Burton, Hurt, Eline, & Matthews, 2001; Burton, Winn, Stevenson, & Clark, 2004; Stevenson, Winn, Coard, & Walker-Barnes, 2003）。

　　雖然家庭意義的詳述可能隨著整個生命週期的走程而有變化，但是歸屬感的需求對我們整個生命的全人幸福仍然至關重要。家系圖的提問必須著眼在人們覺得哪裡是家、哪裡不是家的脈絡中。這對在我們社會裡屬於邊緣族群的人來說，尤為重要，他們的歸屬感因為主流文化而被否認；而對於移民族群來說，在這新的文化裡，他們則必須找到一個方法重新創造他們的社區感，一個能讓他們覺得有安全感的地方。在美國，許多人似乎沒有因身為社區一員或這個不斷演變的國家或參與全球社區，而覺得有不斷發展演進的自我感，我們知道這種缺乏會導致無連結感和脫序感。因此，治療性的介入需要考量自在的歸屬感，並鼓勵人們為家的安全感採取行動。

　　家庭感（a sense of home）提供了安全感，發展自尊和政治意識，以及抵抗我們社會的壓迫力量（Burton et al., 2004）。同性戀、雙性戀或是變性者

為了找到一個他們覺得是家的地方，需要獨特的適應策略，因為他人從根本上仰賴為家的地方，對他們而言，可能是個非常危險的地方。這對於身處在家中有精神疾患者、暴力、成癮議題、其他消極或破壞力量的兒童來說，也是如此。

　　家或許是個實質的地點，有著物理的連結，但也是個屬靈的地點。伯頓和她的同事提供了有見地的實務實例，他們主動關注我們個案連續性和歸屬感的需求，而這需求是「家」所提供的（Burton et al., 2004）。轉介個案給新的治療師或去新的實質的家，讓他們離開重要的朋友和親屬，然而，即使原來所在的地方有嚴重功能不彰的狀況，但是這樣的改變還是有可能會加重個案的壓力。

　　任何有意義之實務工作，均將歸屬感、家、與安全感的連結視為工作的核心。掌握個案的家庭感，是任何評估中不可或缺的重要部分，且應該反應在每一個家系圖上。不考量個案深層對持續性和歸屬感需求的實務工作者和政策制定者，尤其在面對經歷過創傷性轉變和破壞的個案時，他們可能會因為忽略個案的連結的重要性，而加重原本創傷的經驗。家系圖是一個人關於家和失序歷史的地圖，包括那些因屬靈、法定和血緣產生關係的人，以及發生過的傷痛。透過實務工作者的努力，我們能夠認可、充權和加強家庭和社區的連結，人們因歷史和渴望共享的未來而相連結——或因忽略它們，我們社會的不認可、脫序和截斷得以存續，而這些不認可、脫序和截斷給予個人主義、自主性、競爭和超過社區連結的物質價值觀某種程度的特權。

揭開序幕：
向個案介紹家系圖

基本上，尋求我最深層痛苦的「為什麼」，是在
教育我的希望。

——保羅·弗羅勒（PAULO FREIRE）

創造一個合作的安全脈絡

開始治療的首要任務就是，即使個案還不知道或是還沒有理由可以信任你時，你可以創造一個能讓個案分享對他們來說是具有意義的生活，以及問題面向的脈絡。基本來說，家系圖是個簡單協助個案述說他們故事的方式，透過你的聆聽建立他們對你的信任。在瞭解他們痛苦的「為什麼」時，如同保羅‧弗羅勒所言，我們也在教育他們希望。家系圖不僅包括傷痛的歷史，也包括生存的軌跡、復原力和希望。治療的歷程涉及和個案合作，共同探索他們的家系圖，幫助他們看到關聯性。這需要仔細聆聽個案故事的主軸，同時串連過去、現在和未來。

對個案來說，為了理解他們企圖要去的方向，並將相關的敘事部分帶進治療室中，是相當重要的，但要能夠做到如此的前提是，他們必須感受到治療師的傾聽、並與治療師共創連結的安全感和支持。和個案的互動，一開始需要真誠和尊重的詢問，然後是好奇、專注、同理和共同合作探索家系圖。為了能夠好奇和同理的傾聽，治療師必須相信，學習個案故事和發現以下幾個資訊的關聯性，如：他們歸屬於誰、他們愛誰、誰愛他們、生命中經歷了什麼的困難以及他們如何承受這些經驗、什麼是他們核心的價值觀、這些價值觀如何形成、在家庭和較大脈絡下他們的價值觀如何符合其他人。

當個案向陌生人透露個人議題時，很自然地會有一些防衛，所以我們透過詢問個案，誰是他們生命中的重要他人並收集基本的家系圖資訊，來協助他們放鬆。這有助於將他們覺得有歸屬感的那些人帶入治療室內。比方說，對於青少年而言，他們的朋友可能是讓他們即使在治療環境下也覺得像家的首要方法，也是最好的。朋友通常是他們的命脈。當他們感受到你對他們的朋友感興趣，並寫下朋友的名字時，他們通常會相當地放鬆。這也給你一個主要的參照點：「你跟但丁談過你的問題嗎？他怎麼想？」

對某些人來說，因為過往在家中的創傷經驗或在特定家人面前揭露資訊的害怕，談論個人的關係是一種威脅。所以必須敏感地探問資訊。一開始，

最重要的目標是進行一次談話，而這次談話能夠幫助個案決定是否繼續接受治療，以及要達到什麼目標，這樣一來，如果你們決定一起進行，你們就可以開始製定工作合約。換句話說，這表示隨著你的開場，你需要從個案分享的自在程度中找線索。跟個案解釋你所需要知道的特定資訊是個不錯的想法。分享時有遲疑是自然的，而我們可以假設，個案一開始要分享其個人資訊都是不自在的。當他們遲疑，表達出看到他們跟陌生人分享的困難是有助益的，同時這也傳達了你對理解他們、協助他們釐清情況是感興趣的。

對於其他健康照顧的議題，實務工作者可仰賴生理症兆和症狀，並提供從手術到藥膏或藥物的實際生理處遇。但是心理的問題，必然的第一步回應則是對話，瞭解他們的經驗，然後針對他們的情況和可能採取的行動，提供新視角。處在壓力的個案可能因不知道治療是如何運作的，而需要一些社會化歷程，告訴他們治療過程如何進行，以及他們可以合理地期望什麼。

大部分來找我們的個案處在不確定的狀態，不知道如何解決他們問題，否則他們不會出現在治療室裡。所以，收集個案對於治療本身所抱持的期望和害怕是重要的。

- 個案的預期是什麼？
- 個案對於所遭遇的經歷，是否在尋找保證？

這些問題對於建立臨床處遇的協作聯盟是必不可少的。我們可以假設，若家庭中有截斷或嚴重衝突，關於這些議題的家系圖問題則需要小心提問。

也因此，幫助人們解決問題時，重要的是要讓他們感受到治療所能帶來的希望感和信心。同時，治療者必須覺察是否給予個案太多的希望，或者他／她在治療最終承擔太多的責任，這就不是建立共同合作的關係。鮑文常說，他花他治療時間的百分之五十，企圖不介入個案的歷程，僅有百分之五十的時間幫助個案釐清問題。

一些個案來到治療室時，處於非常生氣或挫折的狀態，很難聽進談話

的內容。如果生氣征服了你，你很難在系統中負起你該負的那部分責任；你僅能有空間思索其他人哪裡做錯了。要真正參與治療，至少必須一些些認同「我在這個過程中也發揮某部分的作用」——即使我只想在我的部分，付出百分之二十的努力。一個不斷述說他太太有多糟的個案，在我對他說「或許你太太不是那麼糟的婊子，她反而是個讓你更堅強的人」之後，經過一小時的治療，他最後對我說，他在最後的半小時都沒有聽到我說的任何話，但他很坦誠地接著說，他感受我所說的那個部分。預測工作動機是非常重要的一個評估因子。這個個案的確在接下來的幾個月裡，成功地傾聽和努力改變他的關係。

　　一般來說，呈現出來的危機必須先消除，個案才能夠平靜去思考其他家庭成員。我們常開玩笑地說，治療師需要去澄清：我們能談你的先生（母親、姊妹、老闆、小孩等）嗎？還是你只想殺了他／她？這份工作的前幾次會談通常是幫助個案降低對主訴問題的焦慮，並將這個問題放在較大的脈絡裡來看。

連結主訴問題與家系圖

　　我一般會在一開始詢問一些問題，比如：「你何不先告訴我，是什麼把你帶來這，然後我們會詢問一些你的背景資訊，好讓我可以瞭解你的情況。」

　　我會請個案先簡短說明他的主訴問題，轉介到治療的過程。我會立即讓個案知道我隨後會問一些關於他背景的問題，好讓我更瞭解他的情況。我通常不會讓主訴問題的討論持續幾分鐘，卻未收集到一些背景資訊或家系圖資訊，因為那是唯一能讓我弄清楚主訴問題的方式。我轉移話題的方式會像是：「讓我詢問一些關於你的家庭和背景的資訊，我好知道你所說的是誰。」然後，我會開始問他家中的成員有誰。

　　我通常不會宣布我將要畫家系圖，但在我見新個案之前，我會準備家系圖的骨幹，然後他們所告訴我的任何資訊都會加進家系圖內。事實上，我通常會在每一次會談前，準備筆記紙、家系圖骨幹、家庭年代史。家庭年代史

的部分，我通常會註記問題起始的時間，以及個案所提到任何的關鍵議題，如：重大壓力源或結婚、出生、死亡、生病等的日期。

在會談一開始，我會詢問他們，是否介意我在電腦上記筆記。雖然他們起初並不自在，但通常會順應我的請求，甚至會因為我專注傾聽和記下他們所告訴我的東西而漸感興奮。偶爾，會有人請我不要記筆記。若是這樣，我會附和他們一陣子，但因為我的記憶力不是那麼好，所以我通常需要告訴他們，我無法再記住他們告訴我的任何事了，我需要依著我們的談話，記下他們說的。

我會針對以下的問題，記下他們的回應：

- 他們是否有配偶或伴侶？
- 他們有幾個小孩？每個孩子的另一個家長是誰？
- 他們自己的父母親是否健在？如果是，現在幾歲？住在哪裡？健康狀況如何？
- 他們有幾個手足？各自的職業、教育程度、婚姻和家庭狀況如何？住在哪裡？
- 個案覺得和每個手足及父母的關係親近程度如何？

一般來說，我會詢問關於叔伯阿姨、手足和個案生命中其他重要他人的基本訊息。還有誰知道這個問題？這會帶到誰是他們的好朋友，而我會將這些訊息也記在家系圖中。我會問他們工作的情形，以及是否有壓力或是最近的改變，我也會問他們是否有寵物，並將寵物資訊記錄於家系圖上，因為寵物通常是人們非常重要的資源，也是面對壓力時特定的安撫來源之一。

換句話說，我會試著取得處在系統裡的人的基本資訊，這些資訊包括出生序、地點、關係、核心家庭成員和重要他人的功能程度。我還會尋找一些跡象，這些跡象告訴我偏離生命週期軌道的成員——不合時宜的功能障礙或創傷——這不僅反應出壓力源和適應策略，亦是可以用來向前推進的資源。

除了誰知道問題之外，我還想知道他人給予他們所需幫忙的其他建議是什麼。這會是系統裡三角關係的一個重要指標。比方說，如果祖母反對他們尋求幫助，或是最好的朋友認為他們應該讓孩子接受個人治療，則這就可能影響個案的參與願意。

我會用電腦記錄我的治療筆記和家系圖，並依照時間排序儲存我每一次的會談紀錄，好讓我不僅能追蹤家庭年代史，也能夠將他們給我的資訊概念化，如此一來，我記下出現的新資訊和模式，也不會忘記他們所處狀態的基本脈絡。

我認為第一次的會談如同諮詢，其應該包括：

* 和個案建立一些良好關係；
* 對主訴問題有一些的瞭解；
* 對個案的脈絡、背景和生命週期的模式有一些瞭解；
* 有時間和個案討論我們的最初會談；
* 擬定繼續進行的計劃或依需要轉介。

一旦我有系統裡基本成員的名字、年紀、所在地，以及和個案的連結程度，我便能開始透過大家庭和他們現在所處的家庭生命週期階段，追蹤主訴問題。再來我會追上一代和兄弟姊妹的生命週期階段。

如果個案的生命週期階段是屬於早婚，我會特別想知道個案父母、手足、祖父母，和重要他人的早婚。如果青少年的叛逆是主訴問題，我們會詢問父母和其他家庭成員（手足、叔伯阿姨、表堂兄弟姊妹、祖父母）青少年時期的狀況。如同貝蒂・卡特（Betty Carter）常說，一個和個案接觸與會談的好策略，便是詢問個案在青春期時，他／她和父母關係如何？因為所收集到的資訊通常提供了兩方面的訊息，第一是家中與父母的核心三角關係，第二則是關鍵議題之清晰的畫面。在往後的生活裡，與父母間的三角關係可能持續運作著，但也可能不是那麼明顯，而是變得柔和或是休眠狀態，正如在

青春期經常發生的一樣（卡特，未出版的筆記）。

　　這也協助我們探知個案和其手足的「離家故事」。是叛逆還是「自命清高」？那些故事給你線索，讓你理解個案如何和系統連結，系統又是如何回應。青春期不僅給予系統如何運作的線索，這個時間點也是出現徵狀的常見時機。比如：若老大在此階段崩潰到失功能的狀態，有可能是家庭期待過高造成。一個開放的系統中，會有意見不同和為自己陳述的空間。封閉的系統中，壓力是更細微的，而孩子可能只會告訴父母他們想知道和想聽的，但可能不是自己想要的。

　　和個案一起工作不可避免意味著，引導個案看到理解和解決其問題是需要時間的，而他們也需要治療師共同合作，一起探索其關係、歷史和其他過去處理的問題。

　　如果對個案和我來說，繼續進行治療是可行的話，我通常會在最後對他們說，我認為他們能來是好的，因為他們似乎真的在這個議題上掙扎並努力解決，而我希望能夠幫助他們。然而，為了避免這個議題對個案會是個很大的問題，我通常會補充說：「好消息是，我認為你帶來的問題，很有可能會有進展。但壞消息是，在某個時機點，我可能會需要你帶母親過來。」當然我會列出幾個原因多加說明。我希望在個案心裡先埋下種子，讓他們知道家庭成員通常和他們與治療師的工作有相關，並且表達我認為瞭解家庭的重要性。

　　如果個案不太確定是否要繼續進行，我通常會敦促他們花一點時間來思考，幾天後打電話給我，而不是當下預約再次的時間。個案能夠參與治療之前，他們必須準備好探索表面的議題。如果他們沒有準備好，而我當下硬要他們做決定，我有可能啟動他們的抗拒，便不能帶他們進入探索議題的協作關係中。

　　有時候，個案甚至會過度急切（通常是他們代表另一位家庭成員時），我在這種情況下會特別小心，尤其是關於簽訂治療合約的部分。我寧願他們緩一緩、花時間想清楚，等到準備好參與時，再回來進入治療關係。

❖ 談論抗拒分享

對於個案拒絕分享時，我通常會跟他們說的一些話包括：

- 「我想你需要一些時間確認是否可以信任我，所以如果有一些東西，討論時你會感覺到不自在，我鼓勵你告訴我。」

- 「你似乎對於談到那事有一點抗拒，那是可以理解的，因為你還不認識我，但是讓我跟你說明一下，為什麼我會問你關於那事的一些基本架構，好讓你能理解我怎麼想的。」

- 「我們會需要花一些時間彼此認識，但先讓我分享我對治療的一個基本信念，即，一般來說，唯一能讓改變發生的人只有我們自己。所以，照我看來，治療一直都是試圖理解和改變我們自己的行為——或許期望我們周遭的人也會改變——但我們永遠都不能確保那會發生。針對我剛說的，你怎麼看？」

- 「既然這是你第一次進入這樣的關係，讓我跟你說明我們通常是如何進行的。我們一般會進行幾次會談，每次約一個小時，談論事情和思考發生了什麼、你想如何改變你的生活，然後或許會把會談時間的間隔拉長一點，這樣你能有更多的時間，試著執行我們討論過的改變。大部分的人會在會談幾次後才能分辨治療是否有用。這對你來說，在時間上會是個很大的投資。你覺得如何？」

- 「我感覺的出來，談你的祖母對你來說，似乎對你現在的問題可能並不相關，但在我的思維裡，那些你來這之前的經驗，通常對於理解你現在的狀況很有幫助。所以，可以請你給我一點時間嗎？如果你還是覺得無關，我們再來談問題，好嗎？」

需要小心處理個案過去歷史痛苦的部分，只有在相關經驗的脈絡下，才能帶出這些部分。治療師需要確保，唯有在重述故事不造成個案二度創傷的情況下，才能建構脈絡。另一個非常重要的點是，實務工作者要注意個案的

資源和復原力，而不是陷入迄今心理評估主流中尋找病理、功能障礙和歷史創傷。當然，實務工作者通常必須依據《精神疾病診斷與統計手冊》提供診斷所需的數字，否則醫療不給付。但是，就系統性思考而言，我們不能用這種診斷標籤來真正定義人類的經驗，否則我們永遠不能自由地與個案的復原力和生存與轉化的潛力作連結。

❖ 建立關係：我們能談嗎？何時談？如何談？

　　實務工作者期望在他或她的訓練中，能有機會弄清楚基本的問題，即什麼時候和哪個點談論問題可以有幫助，以及什麼時候和哪個點可能是具破壞性的。根據脈絡，重述故事時，重新經歷創傷有可能是宣洩、也可能是二度創傷。與治療師建立信任關係前談論問題，也可能導致個案在該次會談後，覺得失面子、困窘或是羞愧。治療師提問時必須小心，以免自己其實尚未準備好協助因應個案所分享的故事。相較個案而言，治療師對於會談中資訊的流動，承擔著較大的責任。

　　詢問個案問題前，你需要確保你已準備好因應個案回覆的答案。如果你一開始詢問個案他的父母是否還在世，你則需要準備好處理一方自殺或在精神疾患機構過世的答案。甚者，如果我們在關係建立的初期，不合宜地詢問關於性虐待和其他創傷經歷，個案很可能無法說出實情，也可能阻礙參與的程度。如果你頭三十分鐘詢問個案肢體或性虐待的問題，你應該有心理準備，不見得都會得到真實的答案。

　　琳達・伯頓（Linda Burton）的創傷研究（Burton, 2010; Burton, Purvin, & Garnett- Peters, 2009）和其他創傷研究學者均表示，一個人通常需要幾年的時間，才能夠透露這樣的經歷。然而，這對實務工作者來說，卻是個難題，因為他們被機構要求在第一次諮詢的前半小時內，便要排除這樣的創傷失功能的資訊。這對治療師、個案而言，無疑是設定了不合理的期待。實務工作者總是期望能夠和同事分享真相和挑戰，如：面對這種不合理的期待，如何進行評估。但是，他們的首務是必須對自己誠實，承認自己無法進行這

不可能的任務。

　　如果我在第一次會談已經進行了一半時，發現我只聽到負面訊息，我會有意識地開始詢問個案，誰是他或她所愛的人、誰給予希望、什麼是他或她復原力的來源，這些資訊我都會想知道。但如果所遇到的難題是很巨大的，那麼知道復原力的具體來源可以幫助我在未來與個案的對話中，重新架構每一個創傷事件，澄清他們經驗的轉化面向。重要的是，在個案敘事中的每個轉角，找尋其復原力的來源。「或許你的母親無法離開她那個酒癮、家暴的丈夫，但她的確顯示出她的力量，在幾乎沒有任何經濟資源的情況下，她得以照顧她的八個孩子都高中畢業。她肯定理解教育是拯救下一代的一種方式，並看到她的孩子都能夠受益於教育。」

首次會談

❖ 主訴問題和要見誰

　　任何實務評估均始於主訴問題。探悉誰定義問題、個案脈絡裡的其他人如何看到此情況，始終和主訴問題有相關。如果先生決定問題是他的，而太太顯然接受這樣的看法，當你想和個案細部討論為什麼他不認為其伴侶是參與的相關人員，可能會遇到一些挑戰；但若你一開始接受他們這樣的定義，或許之後視需要請求見他的太太，是合情合理的做法。

　　在其他情況下，轉介的人或機構、學校、醫院和另一位治療師，可能是那個實際定義問題的人。這樣的案例中，為了開始和個案一起工作，你必須和個案一起針對主訴問題達成共識。有時，一個家庭成員會認定另一個成員是問題。太太可能送先生來，或是父母可能認為是小孩有問題，而他們只是來「幫忙」治療師的。治療師在任何這樣的狀況下，必須協調問題的認定和誰是「顧客」，且這個客戶是願意在可定義的問題上工作的，好讓治療值得。莫瑞・鮑文總是說，最棒的經驗法是與家庭中的每個人一起努力改變。這個很棒策略的前提是，我們要先做一些工，讓家庭成員體認他們需要改變。你永遠無法像食譜一樣，定義第一次的會談要如何進行，因為一直到進

入對談前，你都不會知道人們的故事是什麼。你必須都處於備戰的狀態，根據在會談中所發生的事情換檔。因此，沒有一套指導如何收集家系圖資料的教戰手冊，家系圖只是一種圖像化拼湊人們故事的方式而已。當你有自己一套系統化的問話架構時（這個架構是源自於每個人最終都和其他人事相互連結的概念），詢問關於個案來這裡之前如何和人連結、那些人現在的狀況、那些即將會進入個案生命中的人，架構便會出現。而具體的問句時間則是治療藝術的一部分——一種將個案所提供的問題訊息導向系統觀的直覺，此系統觀視每個人都是相互連結的。

雖然我大部分的實務工作都和個人，但是如果他們現階段有伴侶，我則傾向和他們一起工作。這似乎是最有效率的一種工作方式，除非他們的焦慮狀態高到無法專注在現在的伴侶身上，就另當別論，我在這樣的情況下則傾向跟他們分開工作。只有偶爾，我會和其他家庭成員會談，或是和整個家族進行會談。但我的觀點是，家族治療是一種工作方式，在這方式裡，我們將人們放在家庭、網絡和文化脈絡下去思考。於是，你決定邀請誰進入該次會談則是策略問題。你可能請個案母親來並和她談，或是和伴侶進行會談，也或許在整個治療會談過程你只和一個人談。然而，你依然是進行系統化的工作，因為脈絡提供你一個工作架構，在這個架構裡，你協助個案思索他們的生活。

大部分我們的工作需要協助個案畫出一個較大的圓，在這個圓裡，塑造個案過去、現在和未來，他們家庭、社區和文化的歸屬感。這個脈絡也包括他們找尋希望的復原力和支持資源，將苦澀、憤怒和痛苦轉化為寬恕、充權和釋放。它除了強調個案廣泛的社會背景之外，也顯現出所有社會系統中的權力動力。治療也總是一種幫助個案釐清他們的價值觀，以及在關係中他們又如何發展出符合這些價值觀的行為。

然而這可能不容易，因為我們幫助人們注意到他們被其他家庭成員或社會虐待的方式，然後又要挑戰他們為自己下定義、為自己想要如何繼續過生活負責，不論他們生活中發生過怎樣不公平的事。所以，治療的一個面向

關乎協助個案理解他們何時處在虐待的脈絡裡，另一個面向是幫助他們決定其此刻想做什麼。為了往前走，他們想做什麼樣的選擇——那是他們面臨的唯一改變範圍。

另一個關於治療的重要體會是，實務工作者的職責是在旁引導個案，永遠不能成為個案生活的主要成員。如同我們所說的，治療師應是維持「受雇的協助角色」。我們是顧問，職責是協助個案走在自己的正軌上，引導他們往自己的目標前進。如此一來，不管誰進到治療室，是被自己認定或是被他人認定的個案，實務工作都會是系統化的，且彼此牽動著。

舉例來說，瑪莎‧傑克遜（圖2.1）定期會和她的前夫和我討論如何面對兒子們的議題。她要求我跟她的未婚夫保羅會談，瑪莎和保羅在一起十年，去年夏天開始同居，但是他們現在的關係則是處於持續負向互動或對立的狀態。當瑪莎帶保羅來會談時，他宣稱他只在旁邊看，是觀察者。幾分鐘相互抱怨後，保羅重申他只是觀察員時，我不得不請求瑪莎離開，然後和保

圖2.1　瑪莎和保羅

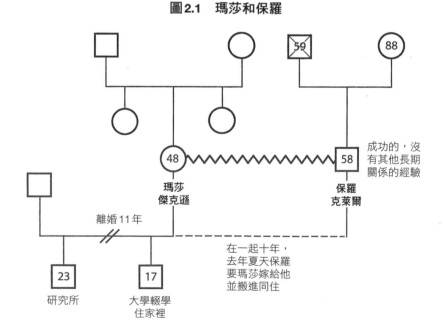

羅一起檢視他真正的狀態。

　　身為獨子的保羅，獨身五十八年，從未結過婚，也沒有關係是超過數年的。和瑪莎的關係，是他目前為止維繫最久的一段關係。他是個有吸引力、聰明、成功的人，但他的關係困難似乎令人費解。我詢問關於他父母親的事，發現他父親在二十年前死於中風，當年五十九歲，而他的母親尚在世，現在八十八歲。他用非常正面的詞形容他的父母親，但每當我詢問他，是什麼讓瑪莎吸引他，或者是什麼讓他願意跟她在一起十年時，他就會轉移話題，不是指出她做錯了什麼，就是做出諷刺的評論，表明也許是時候該結束關係了。

　　最後，我決定直接挑戰他，看看他是否對他和瑪莎的關係有任何的投入。通常在面對新個案時，我不會這麼直接，但他很堅定把自己定位在觀察員的位置，讓我覺得這是我唯一挑戰他的機會，讓他參與顯而易見的伴侶議題討論。我重申我感受到他和瑪莎對目前情況的挫折，但是，對我來說，十年的關係似乎值得一點時間來好好檢視到底發生了什麼事，畢竟八個月前，他還覺得兩人的關係是好的，並要瑪莎嫁給他。在這裡，他既然有個機會和一位顧問共同探索，為何不把握機會呢？我注意到他在其他生活層面都相當成功，包括工作、朋友和父母親。所以，我也會說，他現在五十八歲，考量到他父親只活到五十九歲，或許他想非常認真地看待自己，仔細看看可能發生什麼問題，畢竟我們沒有人知道我們能活多長，而這段感情也是他有過最長的關係。

　　但是，我會指出當我重複問他最初瑪莎哪方面吸引到他時，像他如此聰明的人卻無法回答。我直截了當地告訴他，考慮到他的年齡和情況，我認為這是他欠他自己的，他需要仔細看看他的方向。如果不是跟我，跟別人也可以，因為他自己似乎不能清楚地思考這個議題。我會明白清楚地告訴他，我認為重複告訴我和瑪莎，她在他們關係中所做的所有錯事，其實是在浪費他的時間。

　　逐漸地，他慢下來並說，他認為其實是值得看一下他怎麼走到現在這

個狀況的。當天晚上，我說我們只有幾分鐘的時間了，而考量他的狀況，我認為他需要承諾，至少參與三到四次的會談。我問他是否想如此做，他同意了，也詢問瑪莎是否願意和他一起看看，他到底發生了什麼事。

我對於他看到自己需要探索自己狀況的需求，即使瑪莎不想繼續，他都想繼續這事，感到印象深刻，認為這是一個好的跡象，至少他有興趣和她一起談談他們的情況，畢竟直到目前為止，他們都無法彼此對話。

與每一個人核對他們對主訴問題的定義，重點是實務工作者需要在評估中決定會跟誰一起工作，又朝向什麼目標。當然，詢問個案他們生活中誰知道這問題，也有其實質的意義。另一個與問題有關的提問是，誰可能和這問題有關而他或她卻不知道，以及討論這個問題可能引發的影響是什麼。

保羅說，沒有人知道他和瑪莎同居後，事情是如此不順利。我說，根據我所知，至少有一個他信任的人知道什麼困擾他，而這是相當重要的。所以，我建議他，想想那個人可能是誰，或許是值得他花一些精力去考量的。

❖ 生命週期階段和相對應的壓力

任何的評估，你都會希望確知個案的生命中，什麼樣的因素可能影響他們現階段的困苦。

- 他們此時所處的生命週期是什麼，而他們是否有任何此階段有關的壓力，卻未被提及的？
- 對個案及（或）家庭來說，是否有任何同時發生的壓力更加重現在的情況，如工作問題、經濟拮据或負債、任何人進入或離開家、疾病或其他干擾破壞（disruption）狀況？
- 上一代或前幾代，是否在此生命週期有任何的壓力或崩解（disruptions）狀況？

就保羅和瑪莎的情況來說，我想問他們兩人，對於保羅現在的年齡僅比

他父親過世時的年齡小一歲，有何想法。

　　即使保羅的母親健康狀況尚佳，但他是否對母親正處於或許需要更多照護的年紀有些擔心呢？因為他是獨子，這或許需要他有些改變。

　　伴侶狀態的轉變，是否有任何對他來說是威脅的事？他算是「晚」進入承諾伴侶關係的階段。追蹤他的家系圖，檢視其他人關係進展的狀況，以及他年輕時的伴侶關係，可能是不錯的方法。他決定這麼晚婚可能和其他家庭成員難以承諾的模式有關。

　　或者，瑪莎家庭的某些壓力觸發了保羅和瑪莎。她有兩個正準備展翅高飛的兒子，或許保羅意識到與家中有青少年的家庭組成繼親家庭，而可能出現的潛在問題，進而延宕他們的婚姻。或許瑪莎兒子現在離家獨立所產生的問題，觸使保羅怯場，也或許這些因素和保羅自己原家模式有關，因而觸發了他。

❖ 家庭歷史

　　實務工作者需要知道家裡有誰，以及他們的所在地、功能程度和與個案的關係。家系圖的資訊尤能幫助你理解呈現的問題，也能瞭解系統的脆弱和資源。

- 個案和他／她網絡的其他人之間的關係如何？
- 家庭成員過去曾經經歷過任何不合時宜或創傷失落或問題？
- 家庭的資產和資源為何？

　　個案脈絡的所有成員都需要畫在家系圖中，並寫下他們的重要人口統計資訊和關係。

　　就保羅和瑪莎的例子來說，我們希望知道他們各自的三代詳細資訊，並確知他們每個人對自己和其他人連結的感受是什麼。保羅即將進入到一個情況，即他必須和瑪莎的父母親、手足、小孩和前夫保有某種程度的關係；而

瑪莎則必須面對保羅的母親，原因是保羅的母親這麼多年來獨享和保羅的關係，而如今則是需要適應新的關係狀態。兩個家庭的社交模式也會相互牽連，因為他們兩人之中，瑪莎有相當長的一段時間，僅和她的小孩互動。許多年後的現在，他們需要重新安排其社交生活，更加涵蓋彼此。實務工作者需要探索他們各自的家庭如何適應這種晚期的關係，以及過往是否有再婚而大家適應良好的經驗。

❖ 家庭問題解決歷史

實務工作者需要知道家庭如何解決先前的問題。

- 有任何人曾經尋求過治療師的建議嗎？
- 向外尋求諮詢是否被視為失面子的事？
- 家庭成員是否有向家裡的其他人或家外人尋求支持？
- 若是婚姻問題，或是相關撫養孩子或孩子離家的問題，先前的世代是如何因應這些問題呢？

在保羅和瑪莎的例子中，探詢問題解決的議題特別重要，因為他們兩個似乎在首次會談時，在解決問題上表現不佳。因此，探索各自原生家庭如何克服問題和他們兩人截至目前止如何發展出可行的問題解決策略，對他們的議題是有助益的。這些探索的問句如：你成長過程中，當母親和父親意見不同時，你如何處理？當問題眼不見為淨時，你的父母親和祖父母如何度過這個讓他們分裂的議題？

❖ 個案家庭的文化脈絡

實務工作者需要知道現在的問題是在什麼樣的文化脈絡下發展出來以及被維繫的。家庭成員對問題賦予什麼樣的意義，而這和他們的文化背景有何關聯？

我會一開始就直接詢問個案的文化背景，如同我詢問家庭成員一般。我會用的問句如：

- 你在哪裡長大？
- 你的父母親在哪裡長大？
- 他們的父母親呢（你的祖父母、外祖父母）？
- 你認識你的祖父母、外祖父母嗎？
- 你的家庭在這裡住多久了？他們之前住哪裡？

關於跨文化和跨宗教的婚姻，我則是詢問事實性的問題，以及這樣的事實狀態是否曾造成任何家庭議題。我企圖協助個案找出他們家庭歷史中的文化模式──這些價值觀包括教育、金錢、工作、宗教、家庭儀式、溝通等。在文化的層次上意指和個案談論痛苦時，不僅著重在他們怎麼認定問題，也著重他們賦予它什麼意義。

- 他們認為是什麼造成問題的發生？對於或許可以有助於解決問題的方法，他們有什麼想法？
- 什麼壓力可能導致問題，什麼可能緩解？
- 個案固定會聯繫的對象是誰？
- 人們在其所處的脈絡下，是怎麼看待這問題的？或者以他們的觀點，如果他人知道了這個問題，會怎麼看它呢？
- 他們所處的社群中，是否有任何家庭、朋友或其他社會支持呢？
- 他們的家庭和社會網絡如何幫助或阻礙他們解決他們的問題？
- 個案如何在文化上界定自己，而他們這些身分認同的重要性是什麼？
- 過去當他們面臨問題時，他們曾尋求過什麼樣的資源，而他們的家庭成員也會運用這些資源嗎？
- 他們過去曾經尋求心理治療的協助嗎？是否有幫助呢？

- 過去，有什麼讓他們難以尋求幫助？
- 個案在尋求與種族、性別、性取向、種族特點或宗教等文化問題相關的協助時，曾經遇到困難嗎？
- 成長過程中，他們有被教導特定宗教的信仰嗎？
- 他們曾經改變信仰嗎？
- 他們對於死後會發生什麼事所持的信念是什麼？
- 他們是否還維持正式的宗教習俗等等的活動？

雖然瞭解個案是否認為實務工作者的背景讓他或她難以連結很重要，但是這些問題通常無法直接問，因為個案可能會縮小議題的影響，或者否認該議題的存在。當有任何種族、性取向、性別、社會經濟階層或社會地位方面的存在差異時，可能很難直接詢問個案是否能自在地與你一起工作。我們應該假設個案和我們在這些面向是不同的，故討論這些差異必會造成某種程度的不自在，畢竟我們所處的社會，這些討論通常不會出現在社交對話中。

治療的初期，個案不太可能會表達他們的不自在。比方說，以我是一個白種人的實務工作者來說，當我的個案是有色人種時，我可以假設他們在第一次會談時，會感到某種程度的不自在，但如果我直接問他們是否有不自在的話，他們可能會跟我保證，種族膚色的差異不會是問題。簡單來說，如果我去看一個男性的治療師，而他問我是否會不自在，在我沒有太認識他之前，我不太可能會誠實地回答這個問題。我會隨著關係的進展來決定如何傳達我對種族的態度，或者如果我的治療師說他是一個女權主義者，這對我來說，會是幫助我克服初期不自在或是不信任的最佳一步棋。

關鍵點是實務工作者要願意協助個案探索他們的文化背景，能自在地展開這樣的對話，畢竟它不是一般社交談話的一部分。這對我們來說是不可少的，它讓我們可以協助個案探索他們脈絡裡的多個面向：屬靈、社交、文化和心理。在第十章，我們將會更詳盡地探討實務工作者自身的家系圖，與畫個案的家系圖之間的關係。你自身的經驗、家系歷史、文化背景、生命週期

階段和現階段經歷的壓力，對於你如何和特定個案工作、要如何切入談論的議題，均是有關連的，必須加以考量。

❖ 詢問關於錢的資訊

當我相當確認要和某個個案一起工作時，我便需要知道他或她的財務狀況。在家系圖上，我會在每個個案的出生和死亡日期之上寫下他們的年收入，並註明重大債務，或是可預期的未來繼承遺產的資訊。錢對許多個案——尤其是男人——而言，是個相當敏感的議題，它受到社會期待的影響，即男人應該是「良好的供應者」，但事實並非總是如此。於是當男人無法養家時，可能會造成極大的羞愧感。

即使他們是在光譜的另一端，也做得很好，男人似乎還是抗拒談論關於錢的事。不論他們做得好或不好，男人可能不想分享他們的財務資訊；如果實務工作者又是女性的話，他們可能更不想。同理或許可驗證於女人身上，但就我的經驗來說，當女人抗拒談錢的事時，通常她們的財務狀況是有困難的，或是她們想保護其生命中的男人。

一般來說，我會說一些話來合理化（緩和）個案的焦慮，這樣個案不會覺得他們是唯一遇到這些議題的人，不過，我同時也會解釋我需要知道的重要性，如：「這是一件挺有趣的事。比起財務狀況，許多人反而能夠更自在地談論他們的性生活。但如果我們要探索你今天想談的議題時，我們需要看看你有哪些可用的資源，可以使你的夢想成真，又有什麼樣的因素會干擾你圓夢。同樣地，我需要瞭解你的文化背景、健康、教育和工作史，也需要知道你的財務義務和資源，這些和家裡其他人的資源有什麼相關，以及你的家人如何因應這些議題，如此一來，我便能夠協助你找到往前進的方法。這樣說得通嗎？」

有時候，個案還是會抗拒，會說他們過得不錯，並認為我僅需知道這些。這時，我可能會進一步解釋，如：「其實大多數人對於談論他們的錢，都會感到不自在，但這不僅是你在銀行裡有多少錢，或者你存了多少的退休

金，更是關於你信用卡負債的程度，你自己的財務狀況是否和手足、家裡其他人相匹配。錢能夠造成家庭極大的壓力。如果有大家庭的成員未來幾年會需要你的幫助或支持時，我需要瞭解你所爭論的是什麼。要保護你自己或是親近的家庭成員免於重大疾病，是件很不容易的事。其他重要的資訊亦包括，你是否會從你的原生家庭繼承一些額外的資源，或者他們將來某一天會需要你的協助。說了這些，你是否能理解我我需要你大致財務狀況資訊的用意？」

如果他們仍然抗拒，當下我會暫時放下，再等未來可談的契機。我的假設是，當人們非常抗拒談論某個議題時，通常是有其苦衷的。我還假設當一個配偶非常富有，另一半則是來自貧困背景，如果他們在初期不承認這差異的存在，他們的婚姻將會出現問題及挑戰。

比方說，先生賺三十萬美金，四十七歲的太太一直以來都是家庭主婦，在家照顧小孩而沒有任何的收入，不均衡的財務狀況將可能主導他們夫妻之間的對話。如果他們正在思考分居，兩人相較下，太太比先生更難自由地往前行。她不得不學習如何管理自己的財務，未來也可能會比較艱辛。另一方面，如果她可能從她的家人那繼承相當可觀的資產，而他則是要面對罹患阿茲海默症、無任何積蓄的單親母親時，情況則可能大不同。重點是：錢是重要議題。換句話說：錢很少時候不重要。所以我一開始便會試圖詢問個案基本財務狀況的事實資訊（收入、存款、債務、即將的花費），並把這些紀錄在他們名字、地址和聯繫資訊之下，這樣，我才不會忘記他們財政狀況的潛在限制。

❖ 實務工作者對情況的評估

我們認為發生了什麼事？誰參與這個問題？我們自己對情況的評估是什麼？這意味著不僅要評估問題所在，還要評估家庭的優勢和資源。我們必須考量環繞問題之社會系統中的權力動力狀態，亦即，與性別、種族、性取向、社會階層、殘疾、宗教和其他問題有關的社會壓迫所可能造成的錯誤評

估，以及問題處理不當。兒童常常是家庭的氣壓表，當家庭中的其他人功能不彰時，兒童就會出現症狀。在認為女人要為其他人的幸福負責任的父權結構下，女人常被灌輸她們是造成先生和孩子困境的原因。同性戀孩子，可能因為有勇氣出櫃，而成為家庭或學校的代罪羔羊。為了得出關於該問題之有意義的假設，這些脈絡都必須被評估，也必須考量主流文化如何影響特定家庭或個人的個人經驗和價值觀。

❖ 成年人負起家中孩童的責任

我會想區分成年人的責任和兒童的責任，讓成年人對家庭的運作負起責任。在第九章中，我們將會談到如何讓孩童參與治療會談。我直言不諱地說，雖然我與孩童工作時總是鼓勵他們，為確保自己的需求和渴望獲得滿足，他們必須負起最大的責任及採最好的策略位置，但我並不認為孩童要為家庭中的改變負任何責任。從一開始，我就會讓父母知道，在任何實務工作情況下，即使我從來沒有見過兒童，我首要任務均是保護他們，因為兒童需要他們生活中的成年人確保他們安全，若沒有成年人的支持和保護，他們難以管理生活。

一般來說，我認為兒童為焦點的問題處遇，治療應以促進父母親為其主要推動者。我們和兒童工作，用以評估他們的情況，確保他們不需要額外的資源，包括教育支持或醫療，也確保他們在所處情況的安全。除此之外，我們的選擇是幫助父母來幫助他們的孩子，而不是花時間直接幫助孩子，因為這樣的工作取向顯然是更有效率。如果治療師成為兒童的助人者，他們可能將一個外人和孩子放在核心的位置，而低估父母親所需參與的程度。因此，更有效的方式是給予父母親、大家庭、老師和其他成年人支持，讓他們可以盡其所能地撫育孩子。

❖ 為了什麼而聯繫誰？

系統的哪個層次需要處遇的介入？你應該只和被認定的病人（identified

patient）工作？還是和伴侶一起工作？或是跨世代的群體？或是每一種都各一些？其實答案是因每個案例的狀況而異。治療師自身的文化背景也可能影響他或她如何回應主訴問題、家庭處理問題方式。因此，治療師應隨時在個案的需求下，檢視自己潛存的偏見。

❖ 承認治療師的力量和槓桿作用

系統化理解個案生活的情況，是無法像依照食譜做菜一般，引導實務工作者如何和個案工作的。每一句對話的形塑，是依據仔細傾聽前句問句的答案後，加上治療師對關係的系統化理解而來的。但是無庸置疑地，在個案揭露負面資訊後，實務工作者若沒有尋找其生命歷史的優勢，則會降低個案的信心，而不是充權。這並不代表我們要將「波麗安娜取向」（Pollyanna approach，意指樂觀原則）帶入治療中，而是指即使個案經歷了創傷，但若轉化的奇蹟沒有發生，他或她不會在這裡。沒有人能夠獨自存活的。這裡每個人的家庭都有復原和轉化的力量，否則他們無法度過危難生存下來。我們必須注意到故事裡的這個部分，因為當個案處於困境中的時候，他們很難看到正向的部分。

除了其他變項之外，還有年齡、性別和種族的優勢與劣勢，這將增加不同治療師受到特定個案牽動的挑戰。舉例來說，如果你是一位年輕的有色人種女性、剛畢業、面對一對年紀較長的白種人伴侶，你會如何取得平衡？一般來說，被視為地位較高的治療師——男性、異性戀、白種人、年紀較長等等——具有優勢。治療師必須對他們自身在光譜上所處的位置有所瞭解，而督導則必須和受督者討論其所面臨的權力動力的狀況。否則，我們會讓新手治療師感到迷惑不解，因為這些議題通常不是主流文化的「禮貌」對話的一部分，所以尚未被社會化的他們不太會去探討社會位置的權力問題。

此外，處於社會邊緣化位置的人或許也會有優勢。比方說，有跡象指出，相較於男人，女人比較會受到男人（也可能是女人）的信任；所以一個女人或許缺乏威望，但是她能讓坐在她身旁的個案感到自在。治療師是男性

的個案，考量治療師地位較高，可能覺得他必須「證明」他的「男子氣概」，對要分享一事覺得戰戰兢兢。

　　在任何一個案子中，如同個案的社會位置及地位，我們自身的社會位置和地位也都是影響臨床實務互動的因子。治療互動中，我們不僅帶著自己，也帶著我們祖先、心靈導師、朋友和家人的智慧和關愛，毫無疑問地，這些人教導我們許多生活上的事，有助於我們和個案的互動。更甚之，希望我們背後有顧問和督導的支持，他們經驗的智慧增強了我們的知能和技巧。

　　實務工作中，臨床實務工作者和個案之間總是存在著不平衡的權力關係，此方面合作的處理更需仔細思量。當個案付出時間（或者有些機構支助個案的治療）的同時，實務工作者對等付出的時間是有報酬的，故個案處於權力位置較弱勢時，實務工作者需要努力帶出個案最有精力和最合作配合的那一面。

　　實務工作者的任務是提供個案有幫助的諮詢，之後個案必須決定治療是否值得花費時間和精力。我們認為個案談論其問題的同時，實務工作者不應也處於脆弱的狀態，否則他們需要更加努力，不利用此固有權力不均衡的情況佔便宜。再一次，這顯示對實務工作者的嚴格要求，他們被期待是個專注的傾聽者，對於個案對權力不平衡的反應有所敏察，即它是個單向的對話，且僅有個案的脆弱是被放在檯面上的。這就是為何握有「真理」的實務工作者仍然必須保有好奇心和不傲慢的態度，是如此重要的原因。只要實務工作者能記住他／她雖然有概括性的想法要教導，但個案才是他／她自己的生命故事的專家和研究員，這樣的合作才會保持健康。一旦實務工作者變得傲慢，自以為有「真理」，則情況可能變得對個案是不利的，對實務工作者是不平衡的。

　　但依然，最重要的面向是真誠、對個案的生命感興趣、不承諾超過所能做的。我們一開始的實務工作任務是促進個案能夠覺得有安全感、和我們分享他們難題的能力，並盡可能讓他們知道我們所理解的故事。我們在第一次會談中，可能無法說太多是他們覺得有幫助的。儘管我們運用許多優勢和復

原力取向、或許很能促進個案希望感的問句，來傳達我們對他們的好奇心和興趣，但是我們的服務是超越希望的，不但表達出這服務對她們來說是有價值意義的，還會欣賞及感謝個案願意告訴我們他／她的難題。

我們也必須傳達，我們的服務是值得他們和我們一起工作的。即，我們必須證明，不管個案帶來什麼樣的難題，這些難題會在我們的對話中充分地被討論或處理，好讓他們覺得值得再回來。若我們讓個案明白此時的他／她尚未準備好付出、往前進，但若未來他們下定決心要面對解決他們的問題，我們依然會陪伴他們，何嘗不是個好結果呢！我們也許需要挑戰個案不實際的期待，這樣他們才能清楚什麼是治療能提供的，而不要離開時還期盼著一個不會實現的解決方案。

開始會談的示範：約翰・弗雷曼

從圖2.2可以看出，我一般在第一次會談和個案開始繪製的家系圖（弗雷曼的影片片段請至www.psychotherapy.net/McGoldrick觀看）。我僅知道約翰・弗雷曼和太太芭芭拉結婚兩年，並想要在第一次會談時單獨前來。如同往例，我會試著遵循上述軌跡：

1. 瞭解困擾個案的問題；
2. 在個案來之前已發生的、現在正在發生的和他／她想往哪裡去的這個脈絡下，共同描繪個案的故事；
3. 在家系圖中畫出這些內容脈絡、歷史和生命週期的訊息，然後訂定一個雙方共同享有、可著手進行的治療計劃。

此案例的會談示範可在《駕馭家系圖的力量》（*Harnessing the Power of Genograms*）影片（McGoldrick, 2012）中看到，而部分片段則在跟隨此書的影片段落網站上（www.psychotherapy.net/McGoldrick）可觀看到。

約翰，三十九歲，非裔美國人，平面設計師，因認為是他自身的議題造

圖2.2　和約翰・弗雷曼初次會談的家系圖架構

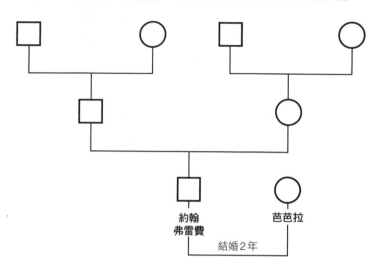

成婚姻問題而尋求協助。因為他的一位朋友是我之前的個案，故他決定來找我諮詢。我一開始先詢問他是否同意我在電腦上記筆記，他表示同意。他在電話中告訴我，他的太太芭芭拉是個會計。他希望自己一個人來，因為他覺得這是他的問題，即使是太太對他不滿意。他最近開始和她保持距離，在外面待到很晚，甚至在外過夜，都沒有打電話給她，這讓她不開心，卻也使他自己感到迷惘。他對自己的行為感到困惑，認為這是他人所謂的「自我矛盾」（ego dystonic），畢竟他說他愛他的太太，不想讓她不悅，卻又做出讓她不悅的事。

　　當我們談論問題時，他告訴我他結婚兩年了，但這樣的行為是最近才開始的，即他所稱的「蜜月期」後。他說他有一種累贅的感覺，但他不能這樣去解釋為何他沒有打電話。大多數時候，他下班後就和「哥們」一起出去，和他們一起耍廢，最後睡在他們那裡，但都沒有打電話給他太太，他不知怎麼了，就是無法讓自己撥電話。他不明白為什麼他要疏離太太，並認為他的行為其實是不尊重她的。他再次跟我保證，他愛她，而且沒有第三者。我問他，他對他和太太的未來圖像是什麼，他們是否有想要小孩？出乎我意料之

外，他透露他的太太懷有六個月的身孕了。

　　我發現這樣的揭露在實務上很常見。個案經常忽略他們問題裡最重要的層面，也許是因為他們非常焦慮，以致很難聚焦。他說，太太懷孕讓他感到「有點」壓力，但並沒有想到這跟他的疏離有關聯。所以我詢問更正式的問題——他來自什麼樣的家庭、他的手足排行、他父母親的背景故事——在聽他父母親和手足的故事時，特別注意從夫妻關係轉變至父母關係的部分。

　　他告訴我，他是父母親生三個女兒後的第一個兒子，他有一個弟弟布萊德。兄弟倆不知怎麼，從小就認為他們不會結婚。約翰不太清楚他們為什麼會有這樣的想法。布萊德和許多人交往過，但他最近似乎對他現在的伴侶非常地認真。約翰的三個姊姊各有一個小孩，而她們每個人似乎都有一些婚姻問題。兩個分居了，第三個很明顯的並不快樂。約翰說他的父母親也有婚姻問題，他還很小時，他們就分居了。很偶然的狀態下，他透露了他的大姊是母親和另一個男人所生的，因為這個男人是白人，所以當年在母親的城鎮造成相當大的醜聞。很顯然地，婚姻問題在他的家族中是相當普遍的，但是我希望幫助他充分理解這夫妻關係的模式，以及他想他如何能融入其他家人的模式中。

　　因為他即將成為父親，我特別詢問他父親對他的重要性。但當我開始問他成長過程中父親是否在身旁時，我們的互動變得很詭異。我不確定是什麼引發他的反應，但我覺得我需要停止我的問題，專注在我和他的互動。我明白，對他來說，和一個陌生人談論他個人的議題，是不容易的。

治療師（作者）：我剛在想，你說，你發現你這些日子待在外面，不想打電話給你的太太，而她現在懷孕六個月，所以你這樣的狀況可能更讓她感到不安。

約翰：是，她是這麼說的。

治療師：而你剛剛所說的，其實是你父親在你還很小的時候，便離家了。所以，我只是在想，是否和「我該怎麼做？因為我並沒有任何人可以教

我」的焦慮有關？

約翰：我是指，我有弟弟啊！而我的父親有支付房子的費用，所以……而且他有打電話，他還蠻盡責和我們保持聯繫的。雖然他不常來看我們，因為我的父親工作量很大。你知道的，他是……

治療師：他是做什麼的？

約翰：他有自己的會計事務所。所以他其實是個工作狂，他總是不停地工作。這是我記得的，因為，你知道，我小時候不常看到他。我雖不常見到他，但對父親的印象還滿深刻的，他是個很好的供應者，而且，嗯，他有很多工作要做。

治療師：嗯。

約翰：大致就是這樣！所以是的，我的意思是，你知道，身為一個供應者和負責任，其實是個還不錯的榜樣，我猜。你知道，看到我母親扶養我們……

　　約翰再次確保他父親是個好榜樣，讓我思索，在探索關於他的問題的脈絡議題上，我需要慢下來。當一個個案開始抗拒探索家庭議題時，我一般認為，回到主訴問題是有助益的，將它視為詢問背景和脈絡議題的基石。我也覺得，我需要表達，我瞭解和一個陌生人談論這麼深的個人問題，特別是要跨越性別和種族障礙，是多麼困難的事。我想要確保自己和他在其所處的對話位置上保持連結。

治療師：我想看看我是否能從你的整個背景中找到一些端倪，或能可以幫助我更瞭解你現在所經歷的困境。或許讓我們再回到原來的議題。再多告訴我一些關於所發生的一些事情，你是怎麼理解的？

約翰：你是指最近發生了什麼事情嗎？

治療師：是什麼讓你想來這裡？

約翰：你知道，我對於自己的疏離似乎沒有辦法控制。我知道這麼做是不對

的。我知道！而且，我也知道那不是負責任的作為。你知道，我太太已
經說話了。她說，懷孕六個月，讓她更需要我，儘管我認為當女性的賀
爾蒙失衡時，她們有時可能有點瘋狂。但這只是我自己的事情。儘管我
知道我應該更常在她身邊，而且我的行為應該更一致，但我就不是。大
致來說，我是相當負責任的。工作上，我是如此；對朋友，我是如此；
對家人、手足和媽媽，我是如此。我總是如此的。但現在這種情況，有
點不同。我不明白發生了什麼事，我擔心它會讓我的關係產生更多的問
題，尤其是我剛有自己的家庭，你知道。

治療師：彷彿你找不到一個方式讓你活在當下？

約翰：是的。

治療師：嗯哼。所以此時此刻，加上你不認識我，因此，要告訴我關於你個人
生活的這些事情，並不容易。但是另一方面，你所說的事是事情的核
心，雖然你不想從自己的親密關係中疏離，但你還是這樣做了，是嗎？

約翰：嗯哼。

治療師：但是我有感覺到，當我問幾個關於你家庭的問題時，你並不是那麼想
談。

約翰：我不想談什麼？我的家庭？或⋯⋯

治療師：是啊！我是說，我是⋯⋯

約翰：我猜我是試圖想理解，談我的家庭和我自己的問題有什麼關係？畢竟那
感覺上是我自己的問題，不是他們的問題。

治療師：嗯哼。

約翰：我不是對他們做這些事情。所以，你知道。

　　約翰的直接讓我覺得他已經準備好要去探索議題了。他直接告訴我，他
沒有看到中間的關聯性；我需要澄清探索他的背景和脈絡為什麼有關。

治療師：但是你知道，我一點都不認識你。但我的感覺是，很多時候，你談論

的事情是，你會突然發現自己做的事看起來不像你、似乎不像是你想要成為的樣子……有時候，其他關乎我們從何而來的更大事情或許是影響因子。那也就是我為什麼開始將焦點放在你的手足、你的父母親等這些問題——想看看你父親是否做過那樣的事？你知道嗎？你知道是否有其他人可能經歷過有孩子的焦慮？對我來說，這些問題是個很好讓我們可以理解你為何現在經歷這些事件的方式。說得通嗎？

約翰：說得通。可能吧，我猜。

治療師：嗯哼……（笑聲）但這並沒有讓你覺得迫不及待地想熱切分享！

約翰：我是說，我不知道。

治療師：聽著，這真的是困難的。你知道，我不想讓你覺得我找你麻煩，但那些似乎是困擾你、讓你不安的。

約翰：好吧，我是說，我猜如果你有特定你想問的問題，我會覺得好一些。整個來說，那也是難的。所以，如果有特定的問題，像是，嗯……我不知道。像是我和我弟弟的關係如何如何……這樣的問題。你對他有什麼感覺？你知道的。就像這樣，一般問話，我不知道。那讓我覺得有點，我不知道，有點不自在，我猜。

治療師：好的，我聽到你說的了。好吧！我對你和你弟弟的關係感興趣，但或許，我們先從你父母親開始，如何？

約翰：好。

我試圖將速度放慢下來，並更清楚說明我為什麼對他的家庭有興趣。我試圖表達家庭的資訊可能對於我們瞭解他目前的問題是有幫助的，即使他覺得困惑。他希望我能詢問更多具體特定的問題，相當有趣。實際上，我以為我已經準備好詢問特定的問題。但在任何情況下，不到一分鐘後，他提出與他目前的問題顯著有關的東西：

治療師：嗯哼。你並沒有太久的時間去認識你的父親，但你和他的關係如何？

約翰：我猜那是，那是還不錯，不管多久，那還不錯。我們在電話上談得還不錯，你知道，當他來拜訪時，我真的期待見到他。假期時，聖誕節左右，他會來拜訪幾次，而且我們都能拿到禮物，是很不錯的。從我所理解的，我的父親……你知道，我想對我來說，他是在的。而且，呃，我是說我絕對有感受到跟他親近，因為他是我父親。你知道，我也覺得我的父親，呃，我的父親心臟病發作幾次，呃，在我出生前。

　　這個訊息震撼了我。我已經特別問過他，家裡是否曾經在孩子新進入家庭的時候發生過什麼事，而可能引發焦慮。但事實是，你永遠不知道究竟要問什麼。你只能在人的故事中「翻箱倒櫃地找」，看看他／她如何回答，以及當你詢問家庭歷史時，會浮現什麼模式。從此刻開始，約翰開始理解他自己的焦慮，且從不同的方式，他和他早期的家庭經驗連結。

　　我永遠不會知道究竟是什麼，讓他在那個時刻決定告訴我他父親的心臟病，或者是什麼幫助了他，讓他開始和自己連結。在其他的情況下，有時我以為我看到連結，但是個案可能無法立刻感受到，甚至很長的時間都無法。不知怎的，也許，我從他的回答中感受到他談到父親時的不自在，並提出來討論，讓他轉個彎看到了他兒時的經驗和現在所發生在他身上的事之間的關聯性。

　　圖2.3顯示了會談結束前，我為約翰所畫的家系圖的規模。這是我典型在收集資訊時，會至少往上收集到祖父母那一代，往下收集到目前已經存在的世代，不管是多少代。

　　家系圖是實務工作者在家庭歷史中翻箱倒櫃時的地圖，然後出現地形地勢。透過和家庭裡孩子和父母親的連結，使得家庭歷史的各種事件產生了共鳴：遷移、換工作、家庭成員進入和離開、疾病、在學校或工作中的成功等等。家系圖成為框架圖，透過這個地圖，我們能夠探索所呈現議題的系統脈絡，檢視個案從過去到現在的軌跡，以及他／她所希望的未來走向。

　　就約翰的例子來說，眼前的關鍵議題是他的婚姻，和他即將當父親的身

圖2.3　弗雷曼在最後會談的家系圖

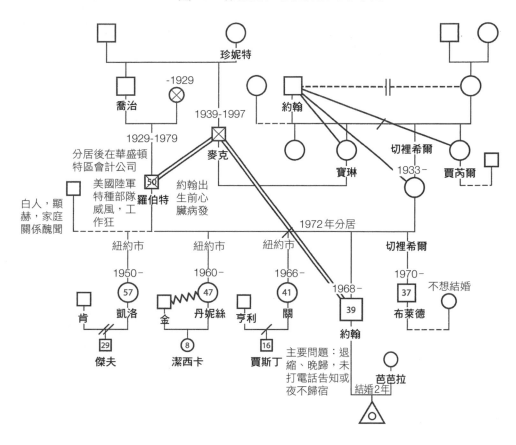

分。追蹤他是如何和他手足及和父母親的生命週期、這些人進入夫妻關係和父母身分的軌跡連結，是我能夠幫助理解他生活的部分，尤其是他目前卡住點的背景脈絡。隨著他想到父親的心臟病是在他出生前發作的，以及其他關乎家中歷史手足和性別模式的面貌，他開始能夠理解他目前的焦慮，並思索他要如何和他的太太和其他家人繼續走下去。

這個案例說明了一開始的接觸和評估，在努力理解他所呈現議題的意義時，我費心地幫助個案將他的家系圖看為他所歸屬的地圖，在這地圖裡，還包括他和家人的關係。所有的問題都有脈絡可循。沒有任何一件事是和歷

史、系統脈絡無關的。因此，問句需要有脈絡，以幫助個案和他們是誰和所經歷的連結在一起，才能幫助他們瞭解現在真正所處的位置，以及他們想要如何創造他們的未來。

治療中的
評估與接觸

評估、接觸和治療工作總是相互交織的。接觸家庭是評估中非常重要的一部分。若個案對治療工作感到灰心，我們則需要回到評估和重新接觸，瞭解個案真正的想法和他們正在尋找什麼。若能在接觸時，便協助個案建立對治療工作的信心，接觸將有助於我們更清楚地瞭解問題和情況。實際上，治療評估永遠都是進行式，隨時要瞭解發生了什麼事、什麼問題是重要的、個案願意承擔什麼樣的變化、還有什麼其他問題是在我們逐漸瞭解他們，以及隨著他們為生活和改變付出努力而出現的。

我們知道，人們第一次接受治療時，第一個常見的初始議程是讓另一個人改變。關鍵點是，個案可以改變的對象只有他／她自己，因此實務工作的注意力必須一再提醒人們這一點。因此，特別是在評估和治療的早期階段，我們的工作需要幫助個案轉變他們這樣的心態。

最常見的是，他們進來尋求協助時，根深蒂固的模式是某個人被視為問題的代罪羔羊，因而陷入被指責，或感受到被他人傷害，或為他們現況找出路而感到沮喪。

莫瑞·鮑文曾經說過：「如果你把對他人的期待降低到零，你可能會有所驚喜。」人們通常會堅持要去改變另一個人。實務工作的目的是要幫助個案關注在改變自己的行為。往往這樣做，至少會提高個案在系統中的彈性，並獲得他人的關注，即使他們不是以個案所希望的方式改變。

增加系統的彈性是件好事，因為僵化和卡住的關係如同死亡，而對改變的彈性和開放性總像是生命的跡象。

當個案被困在一個特定的模式，並一次又一次想告訴你另一個人做錯了什麼時，或許可以幫助他或她列出所有他／她為改變他人的行為所做的不同事情。當我們順著講下去時，我很可能會問：「聽起來好像是，你覺得你母親、女朋友、配偶的行為非常令人沮喪。你希望我怎麼幫你？因為在這裡，我唯一能真正幫助的人是你」。

許多個案，即使人近中年或年紀更長，仍想尋求父母親的認可。正如貝蒂·卡特（Betty Carter, 1991）曾說的：「想要父母的認可是好的，但表現出

彷彿你需要這認可，其實是可笑和自我打擊的，當然，我們都做同樣的事。」身為一個成熟的成年人，我們真正需要的唯一認可來自我們自己。然而，有多少次，我們的個案無止境地為自己辯解，控訴他們的配偶或父母，而非專注於他們自己想要做什麼。因此，治療的目的是幫助人們界定自己的價值觀，依著這些價值觀生活著，若沒有，則挑戰自己。

通常我們會問之前世代的資訊，幫助個案拓展關於他們難題的脈絡、幫助他們更覺察自己在家庭的角色、他們為改變所要負的責任。當個案在家系圖中看到前世代的模式、理解他們的母親和父親如何處理相似議題時，他們或許更能理解他們的狀況。

「你想你的母親（或是家裡你最崇拜的人）會如何面對這樣的挫折？面對這類挫折時，誰是你的模範？為了因應這些事，你需要做什麼，就彷彿是喬伊叔叔會做的？」

與他人連結的指南

人們經常陷入相互對峙的可怕習慣，而不考慮他們自己的行為是否符合自己的價值觀。他們可能表現出沮喪或憤怒，透過捍衛自己和他們認為攻擊自己的人連結。當他們不喜歡別人的行為時，他們可能會沉默。或者，他們希望藉由表現對他人「好」，而重新經歷了他們的罪惡感，即我們認為的討好。一天終了，之所以用這種方式與他人連結，其唯一原因是它符合你與他人連結的價值觀。我的價值觀是，人們以負責任的方式相互連結——慷慨和尊重、同理和開放的心。我提出這個想法和個案分享，同時請他們思考自己關於連結的價值觀。

以下是我與貝蒂・卡特、其他同事和個案所發展出來的一般指南（見圖3.1），且這幾年下來，我們發現這些建議對我們的實務工作相當有幫助。一開始提供這些建議，好讓實務工作者有一個框架，作為處遇的關鍵基礎，但這些建議通常對個案意義不大，除非個案真正承諾參與治療工作。我們過去四十年不斷發展及修訂這些指南，運用其作為鮑文系統理論的架構（Carter

圖 3.1 關係指南

1. **建立家庭關係永遠都是關乎改變自己**，從不是關乎改變家裡的其他人，那種意圖如同誘惑。靠自己，找尋自我。不要允許他人決定你要走的路。跟伴侶或最愛的手足談論如何改變家庭關係，可能會增加他們的焦慮，並導致他們試圖影響或破壞你改變自己行為的歷程。有人可能會陪你走你走的路，但沒有人能為你走（美洲印第安人道德守則〔Native American Indian Code of Ethics〕, 2012）。

2. **和他人連結的重要指南：不攻擊、不防衛、不討好、不關閉。** 當你放入世界的負面能量回到你身上時，將是倍增的（美洲印第安人道德守則〔Native American Indian Code of Ethics〕, 2012）。

3. **從不低估你自身系統對你的改變的抗拒。** 盤算家人對你努力「分化」的反應。鮑文曾說，如果你做出改變，而沒有家人拋磚砸你的頭，那麼你的改變可能不夠明確。

4. **和家人相處的時間，從不要超過你所能表現寬厚的時間。** 當你變得暴躁不耐煩，最好不要參與互動。

5. **降低你對他人的期待到零，你可能會有驚喜。**

6. **從不追逐疏離者。** 迎頭跑向抗拒可能會增強它。

7. **你不能在情緒系統中談邏輯。** 在一個混亂的系統中，採取「我」的位置（宣告自己的基本信念）是沒有意義的。大多數時候，其他人可能會視你所說的是種指責，進而增加他們的即時回應。

8. **沉默無法欺瞞情緒系統。** 不溝通也是種溝通。

9. **幽默可能是最好去除緊張議題毒害的方法。**

10. **在任何助人者／受助者或高功能者／低功能者的互動循環裡，改變你平常的溝通姿態。**

11. **如果沒有任何家庭成員可支持，則試圖和最糟的敵人建立關係。** 當你做到這樣的時候，你可能已經解決你大部分的議題了。

12. **從不掌控其他家人彼此的關係。** 當你發現你太躍躍欲試地去處理他人

的關係（如你伴侶的家人），轉而看看自己，你可能正在逃避自己的關係。

13. 當你給予任何人回饋時，**永遠在四比一的正負向評論比例上表達。**

14. **當你覺得卡住或是過度焦慮時，擴展你的脈絡**，在此脈絡中你能因應、關注、甚至理解問題。當你覺得和母親的關係卡住時，想想你的母親和她的母親。

15. **如果有人阻擋了通往家庭成員的路，和這個阻擋者建立關係**，即使他／她看似是受到排擠的人。不要試圖繞過阻礙。如果你的嫂嫂監控哥哥所有的聯絡，和她發展關係，以聯繫到哥哥。

16. **放下你所固著的問題**，它可以教導你關於你家庭系統的沒有彈性。你反應（憤怒或受傷）的強度可能是重要議題瀕臨危險的信號。當你看到你的家庭是由惡棍或受害者，或自己覺得是受害者的人所組成的，你可能會被「鉤」住。

17. **嚴重的議題可以和每個成員個別的談論，而不是在大型的家庭聚會裡。**

18. **覺察距離可能是作為截斷的藉口**，然而，關係中的距離可以給你時間讓自己內在平和，重獲你的幽默和平衡的感覺。

19. **讓關係不可預測，與關係不可靠是不同的。從不跟另一個人談論你相同的論點超過十次以上。**在那之後，該是你改變自己行為的時候。

20. **姻親和繼親關係從不是主要的關係**，雖然它們可能很麻煩。不要關注你的婆婆、媳婦、妯娌、繼父或繼母的關係。如果關係進展得不錯，那是你非常幸運；但不要和你的配偶與他的母親、與他／她的前伴侶或與前段關係所生的孩子競爭。姻親家人、繼子女或繼父母的存在，都是因為你的其中一個主要關係和他們有連結。請關注你的主要關係。

21. **不要因倒退而氣餒。**壓力夠大時，我們都會回到舊模式。希望我們不要在這樣的狀態下太久。

22. **小心你太相信的任何經驗法則。**

& McGoldrick, 1976, 2001; Carter & Peters, 1996; Lerner, 1997, 2002, 2013, 2014; McGoldrick, 2011）。如同鮑文所說的，理想是在你的家庭／親屬系統中，與每個人建立人與人之間的關係。在這樣架構下的實務工作，其目標是幫助個案創造一個開放的系統，在此系統裡，個案可以靈活地發展個人關係、增加有意義的連接、並隨著系統的發展而改變他的回應。多年來，我們擷取許多的資源來發展這指南，包括學生、個案和同事，以及亞里士多德和拉科塔道德規範（Aristotle and the Lakota Code of Ethics）。

我們會在治療初期，非正式地提供這些建議作為指導指南，且這指南是其他人覺得有幫助的。隨著時間的進程，當個案準備好吸取他或她想如何與人連結的系統化思考時，我們會在不同的項目上提供更多的解釋說明。我們這些建議目的是幫助個案在他或她的關係中停在此時此刻的狀態。

我們鼓勵個案不管其價值觀是什麼，運用這個引導指南用以增進自我，並和他人分享。根據治療師是個顧問，為了建立關係和個案分享這些想法的觀點，這些建議反映了我們治療的一般模式，即是教育性的。這些想法不是特權，其用意是如果個案覺得它們是有價值的，則可以自由地分享再分享。

我們一開始列出四個建立關係的基本指南：

* 不攻擊
* 不防衛
* 不討好
* 不關閉（shut down）

有時候，當我第一次跟個案分享這個想法時，他們會說：「嗯！那我應該要怎麼做？我不能有任何的行為表現！」（I won't have any behaviors left!）於是，就開啟了對話。我們討論他們在關係中想要如何表現，以及他們如何能聚焦在用符合自己信念的方式對待他人。許多治療工作涉及協助個案「取回自己的力量」，所以個案可以依據自己所謂合宜行為的定義和他人連結，

而不是直覺式地根據他人對待自己的方式來應對。雖然不尊重他人、鄙視或敵意不是一般人們想要有的行為，但是家庭成員通常會進入負面的模式，甚至停止下來思考一下他們是不是真的想如此做。我們的工作是幫助個案思索他們在關係中真正想做的，而不是即時反應。一些治療會「教導」夫婦合宜行為的規則。我們不相信這些規則需要被教導，它更多的是支持人們依據自己的信念而決定要如何過活，而不是根據情緒而產生即時反應。

當我們開始在個案的歷史脈絡和未來期許中探索現況，我們提供這些指南，非常有助於他人努力改變自己在家中的角色。我們可能偶爾給他們完整的清單，但很多時候，我們可能是一次討論一項，若它和他們此時所工作的議題有關。這些建議是關係規則的速記小抄，否則通常需要更多的論述，討論指南背後的理論。在所有系統工作中，這些指南的關鍵原則是相同的：每個人都必須在自己生活中做出自己的選擇。我們治療師能做的是提醒他們，這些選擇所涉及到的相關脈絡。

隨著治療過程的進展和我們擴展個案對他們生活和家庭模式的瞭解，我們會特別注意關閉系統的秘密、重大衝突、三角關係和截斷，這些是需要早期談論的信號。在本書中，我們將利用這些指南的原則，來闡明如何幫助個案因應糾結融合和有距離的關係、三角關係、秘密、截斷和其他傾向關閉系統的模式。

這些指南的核心宗旨是幫助個案主宰自己的生活。我們作為治療師的責任是諮詢，從不接管他們自己的最好判斷。我經常在治療裡說：「一旦你取回自己的權力，成為自己生活的主角，根據自己的價值觀管理你的關係，除了你以外，沒有人能有投票權。任何評斷你或不認同你行為的人所提供的意見，你仔細思索是否為你所用，只有你能決定你要如何依據自己的價值觀過生活或評斷自己。」

這個系統化工作模式是具教育性的，支持個案成為自己家庭和生活的研究員，並幫助他們提升自我決定和自我指導的能力，努力和生命中的其他人連結。我們在本書開始時就提供這些指南，以引導實務工作者根據這些基本

原則，架構我們與個案的工作。希望你能隨著我們探索案例而體認到它們，並將適用的部分應用在你自己的工作中。

我們闡述了系統處遇的基本原則，也關注每個人對自己在系統中所要承擔的責任。如果你願意的話，經驗法則可以引導你幫助個案注意到何時模式脫離了失衡的狀態。它適用於成年人，而不適用於兒童或青少年，因兒少在成年和自給自足前，是不能根據自己的信念、價值觀自由運作的。

家庭是令人驚豔的，總是有更多的東西要瞭解，也總是充滿驚喜。當你的家人對你的努力做出反應時，管理關係的這些規則將派上用場。一旦治療師體驗過和處理過這些互動，將更容易像教練一般，引導個案處理類似的家庭困境。

首次行動：試圖理解故事和建立合作關係

實務工作的第一項工作，便是從家系圖中的多面向來獲得資訊，增加對個案故事的瞭解。通常，個案對於其主訴問題和較大脈絡間的連結，並未有太多的思索。如果他們願意，他們可以向其他家人詢問在這脈絡裡，對其議題有助益的資訊。比方說，一位正與妻子的憂鬱症奮戰的先生，並知道他母親在中年時曾經歷憂鬱症且已經過世了，他或許能向姊姊詢問，幫助他建構對現在生活的其他觀點。

較年長的家庭成員或許特別能提供脈絡的資訊，但若可以取得，現在的網路通常也能提供一些關於出生、死亡、移民的資訊，而這些資訊非常有助於個案追蹤其歷史和瞭解現況。當個案無法記得他的兒時經驗時，透過與親戚談話，輕敲他們早期生命事件的記憶，或許很能安頓他們（我知道奈德叔叔在1956年過世。是在你從布魯克林搬到巴約納之前還是之後？你記得見過你的祖父嗎？我知道他在你四歲時過世）。在情感層面和獲得訊息上，探訪墓地也能有助益。令人驚訝的是，當一個人可以真實地獲知早期家庭經驗的細節，即使那些細節資訊是創痛的，這對他們在拼湊自己的生活故事、體認到他們祖先所擁有的優勢、韌性和變革力量，會是多麼具意義的事，尤其當

他們一直談論自己有多空虛的時候。

　　填補家系圖的資訊有助於個案看到這中間的落差。誰的生日或誰的去向是你完全不知道的？誰可能有這些資訊？

　　你期望在第二次會談時，可以開始看看如何能和個案合作，檢視你在第一次會談所收集的資訊，以及所形塑的假設。如果在第一次會談中，你有任何無法探索的議題，或許現在可以提出來。因為許多的個案在第一次會談後會放棄，所以若家庭承諾會再來，你則通過了第一關的考驗。

　　當我們的治療進入更深的層次，我持續運用的策略是：

- 試圖圍繞著個案所困擾的議題去探索；
- 引導他們敘述這個問題，包括問題發生前的脈絡、其他正在發生的事、他們希望去的地方；
- 然後嘗試創建一個共同工作的計劃。

　　我嘗試和個案一起擴展我的理解，設定我們可以一起工作的目標，提防隱性風險。如果我覺得家庭成員一起談論主要議題時感到不自在，且有所保留，如夫妻間或父母與青少年間，那麼我或許會和家庭成員個別談話。

　　我也會小心帶出家庭對問題的假設。我說「小心」，因為讓一個人去抱怨另一個人，是沒有意義的。你想瞭解他們對這種情況的看法，但不允許太多的時間是用來花在讓一個家庭成員責怪另一個家庭成員，或使其成為代罪羔羊。如果假設是正確的，你會想問問題，挑戰其觀點並擴展它。我想，如果一個人已經對家庭中的另一個人表達多次同樣的負面意見，而另一個人也已經聽過，那我則可能會挑戰這種重複性。我可能會直接挑戰，改變對話方向：「我注意到，你有幾次提到你認為是太太的錯。你是否擔心她或我沒有聽到你所說的嗎？」

　　尋找任何改變和復原力的跡象也是相當重要的。我們是在人們的優勢上建立改變的可能性，而不是在他們的脆弱上，所以重要的是，尋找任何系

統化理解的跡象和對改變的開放，尤其是早期的會談。同樣重要的是，搜索貶抑假設下所隱含的關係假設。例如，當父母指責青少年吸毒或是行為問題時，可以幫助他們感受到自己想保護孩子的感覺。

以下的案例示範評估、接觸，和如何開始幫助一個家庭，從聚焦在孩子身上轉到專注自己的角色和關係的實務工作。這個家庭因為家中青少年的議題而來接受治療。這個案例說明了，早期的工作除了評估、接觸，以及和個案工作之外，我們還試圖擬定治療合約。此案例中，和平常初次會談所能用來和家庭連結並瞭解家庭的時間相較，我這次能用的時間較少，但同時，我知道學校轉介他們來，所以，我和這個家庭的整體脈絡已有某程度的連結。

開始：文化評估、接觸和初始步驟

薩帕塔家庭由當地學校轉介過來接受治療，因為他們十五歲女兒瑪麗亞的自傷行為（至www.psychotherapy.net/McGoldrick網頁觀看該影片的片段）。這個家庭在第一次會談時遲到相當久，所以我只有四十五分鐘評估狀況，並擬定計劃。在該次會談中，我和瑪麗亞及她的父母親一起畫出基本的家系圖（見圖3.2）。我得知母親蘿絲是個X光技師，她十九歲的大女兒凡妮莎從小由外婆扶養長大，和外婆居住在波多黎各，最近搬到紐澤西和家人同住，預備開始上大學。瑪麗亞一開始對於母親因為工作常常不在家，已經感到不開心，再加上母親現在「花太多的時間」在凡妮莎身上，更加不滿。父親羅伯托，來自厄瓜多爾的移民，是名建築工人，失業六個月了。他在二十多年前移民、離開厄瓜多爾時，留下了三名子女；而這三名子女現都已經成年了。羅伯托的父親在他移民後不久隨即過世，母親也在幾年後過世，他未能出席她的喪禮。

夫妻倆在羅伯托母親過世後不久相遇，故研判在兩人伴侶的關係中，他可能有未解決的失落議題。他們在一場聖誕夜音樂慶祝會上認識，當晚，蘿絲是個令人驚豔的歌手，羅伯托則是天才吉他手。他們三個月後結婚。

第一次會談中，我簡短地單獨和瑪麗亞聊聊，試圖感受一下她的壓力和

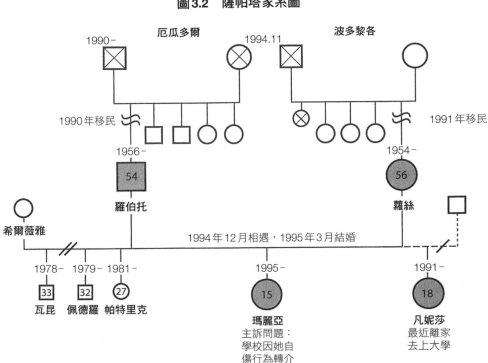

圖3.2　薩帕塔家系圖

她的情緒優勢。就像大多數的青少年一樣，雖然她似乎對被送來治療感到惱怒，但她最關心她的父母。她沒有出現任何感情脆弱或立即的風險。於是，我更擔心她的父母親了，兩人都因瑪麗亞的行為而感到不安，但我不清楚他們的關係有多麼堅固。我於是決定第二次單獨和父母親會談，一方面更瞭解他們，另一方面也看看我是否能和他們訂定支持女兒的契約。

　　我也敏察到先生有幾項不利目前情況的因子。他失業，而太太羅絲卻有個不錯又穩固的工作；再者，反觀太太剛和她的大女兒重聚，羅伯托卻和當年九歲、十一歲和十二歲孩子分開，而他們現在都成年了。

　　即使父母之間的不平衡最近並沒有升高，我們都會想優先和父母親發展關係。每當我們看到一個兒童或青少年出現問題，我們認為，如果可能，為了治療，和父母建立合作夥伴關係是重要的。除非我們能夠達到合作聯盟的

關係，否則與孩子的治療將是一個邊緣化的經驗，甚至對家庭來說，可能是負面的經驗，原因是其所可能發展出來的三角關係，即兒童和治療師形成聯盟，而父或母（或父母）卻是留在外面的位置。

　　我的第二個擔心是，如同我們所見的這個家系圖（圖3.2），雙方父母親都因為移民而和其核心家庭分離許久。兩人都經歷和子女分離多年，這很容易導致他們將注意力過度放在這個他們從小就扶養的唯一孩子身上。而使這些重大創傷性和持續性失落更加複雜的是，他們父母的過世和大家庭支持的缺漏。兩個人都沒有大家庭成員可以幫助他們，不管是孩子照護或是個人的支持上，都是缺少的。這樣的失落對一個家庭來說都會有影響，故在治療中是需要被提出並給予關注的。

　　這也就是家系圖如此重要的原因之一。如果你在不知道較大家庭脈絡前，就企圖解決女兒自傷的行為，你將無法瞭解父母與瑪麗亞的愁苦奮戰時發生了什麼事，也不會知道有什麼樣的資源，可以支持家庭處理他們的問題。從基本訊息來看，主訴問題可能是因父親失業的壓力，和母親突然與分離多年的另一個女兒相聚所共同引發的。這可能在幾個方面使系統失衡，如：對父親來說，當母親終於和她的女兒團聚，父親的壓力可能因而更加沉重且難以面對，其中的原因可能包括：他是唯一一個和凡妮莎無關的人、失去建構其自尊的工作而感低自尊，以及他仍然與家人分離。

　　我所預期的明顯三角關係是：

- 父母親和他們的女兒瑪麗亞之間；
- 父親、太太和他的繼女之間，因為父親對他繼女的負面態度和對他太太的再度連結忿忿不平；
- 父親、他自己在厄瓜多爾的子女和他的繼女之間；
- 女兒、母親和同母異父的姊姊之間。

　　未來，詢問關於家庭的各種問題可能有助於找出他們的優勢。這些問題

可能涉及每個配偶的原生家庭，包括他們過去如何處理失落和分居的議題，以及他們認為其父母和兄弟姊妹現在想從他們身上得到什麼。

第二次會談

　　我的第二次會談會和父母親談，一開始我會先摘要我對他們背景的瞭解，並標示出「失蹤」的人。我給他們每人各自一份家系圖，作為他們至少歸屬於一些人的實體表徵，用以討論他們生命中能夠成為資源的其他人，即使這些人住得很遠或是已經過世。我和他們一起複習家系圖，確保我清楚理解他們所告訴我的的資訊。有趣的是，整個會談過程，他們都將各自的家系圖放在大腿上，或許真的是象徵性的代表他們抓住其所屬的所有人。

　　家系圖是個強化系統性思維的好方法，因為它在最小脈絡中顯示相關的人們。 但是透過讓他們檢視自己的家系圖，我有機會強調，他們是自己家庭的專家。這是你和家庭建立合作合約時，一個非常重要的實務工作重點。

　　喚起個案生活中的其他人可以幫助他們專注於自身、穩定自己，看到他們傳承下來的力量，同時提醒著他們，他們並不是只有自己孤單一個人努力解決問題。 若他們越能專注於自身、穩定自己，覺察歸屬，一般而言，就越能為自己的生命作出更好的抉擇。我都會試圖將其他重要的家庭成員帶入治療室裡，至少會保留他們的名字，和其與我個案的關係資訊。

　　在這次的會談中，父親不斷地指責他太太要為瑪麗亞的問題負責任，責怪的第一理由是，她總是花那麼多的時間在工作；第二個理由是，她忙著招呼她新來的大女兒。我確認了我對家庭三角關係的假設，其中一個主要的三角關係是父母親和女兒之間，另一個則是父母親和凡妮莎之間。

　　當會談將近尾聲時，我把握住一個機會提出回家作業，即他們要為瑪麗亞編織一首歌。這個家庭作業是要提醒他們，他們是因為音樂而走近彼此的，而這樣的提醒往往很療癒，亦能拉近彼此，除非發生什麼嚴重的錯誤，使其演變為一個創傷經驗。我想讓夫妻兩人一起為他們的女兒做些什麼，而不是都專注在她的問題上，也想看看他們是否可以一起合作。我提出它作為

一種紅利建議，主要是檢視他們拓展自己和為女兒做點什麼的意願，但對於他們是否會遵循，我不確定。

第三次會談

❖ 和瑪麗亞會談

第三次會談的一開始，我是和女兒瑪麗亞單獨談。她說因為她的舊朋友對她的反應不同了，所以她正發展一群「好的怪咖」朋友。她說，她現在認為姊姊凡妮莎相當「酷」，開心她加入這個家庭。她還說，她越來越能理解她母親的工作，但覺得她因「遺棄」了不開心的父親而感到一絲絲愧疚，因為家裡現在似乎是「女生對抗男生」的狀態，以致他獨自一人。我再度跟她保證，那是我的問題，不是她的，並表示對我來說，這樣或許是讓我能在治療中，專注於處理她父母親問題最好的方式。同時，她可以和她「新的、棒的怪咖」朋友一起。我強烈鼓勵她，如果她發現自己擔心她的父親，她可以聯繫我，否則我們只會偶爾問候關心彼此一下。

❖ 和父母親會談

接下來，我和父母親會談。我至今依然不清楚他們關係穩固的狀況，以及他們和瑪麗亞的三角關係是如何形塑發展的。我不想太直接了當地跟他們談論夫妻關係的議題，因為他們是為女兒自傷行為的危機而來尋求協助，並不是他們的關係。我看到了我的第一個目標，即強調他們要當合作父母。我注意到父親專注在指責母親，故想幫助他將焦點從訴說太太不是的主題上，轉移到他自己的身上，以避免誇大的情事。

治療師：那麼，你近來如何？

羅伯托：不錯。

治療師：是喔！

羅伯托：我們還不錯，是吧（轉向他太太）？

　　這似乎是個進展，他為他們兩人回答問題，且和太太核對。

治療師：瑪利亞似乎也過得不錯。

羅伯托：是的。

治療師：這是你的印象嗎？因為那是我的感覺。

羅伯托：是的，她似乎比較……該怎麼說呢？某方面比較放得開了。她現在和
　　　　　她的朋友在一起。

治療師：你對這樣的情況，沒意見？

羅伯托：有一點擔心，就只是有一點。

治療師：什麼意思？

羅伯托：就是有點……我想她。

治療師：你嗎？

羅伯托：我想念我們之間的連結。

治療師：當然。

羅伯托：所以，我覺得這或許就是成長的一部分吧！但是，是啊……所以……

治療師：或許。

羅伯托：是的。

治療師：你和她特別地親近。

羅伯托：是啊！絕對是特別地親近。是的。

治療師：所以，那總是很難的。

羅伯托：是啊！

　　似乎已經看到一些改變的跡象。羅伯托跟蘿絲核對他們關係的狀況，以
及他願意提到他思念和女兒的親近關係，都顯示系統打開了，他將焦點放在
自己身上和他的反應上。跟我和太太分享他想念和女兒的親近關係，且表示
他明白女兒成長是很自然的一部分，這讓我思索他或許準備好面對更深層的
失落漣漪，即失去厄瓜多爾的家人。我決定試試水溫，直接提出他的其它孩

子的這個議題。

治療師：也當然，你會思念你和其他孩子的關係。

羅伯托：是的。

治療師：能夠靠近，知道即使他們離開，也會回來。

羅伯托：沒錯，所以發生在瑪麗亞身上的事，現在也回到我的身上。哇！所以我思念我在厄瓜多爾的孩子們。我現在就開始思念瑪麗亞，而她還跟我住在一起。所以，這是……

他立即體認到他的失落之間的連結，讓人印象深刻。我想強化他和太太的優勢，他們將瑪麗亞扶養成為一個獨立的個體。而我想強調他們共同面對自身感覺的能力，給予瑪麗亞非常明確的訊息，也就是照顧父親不是她的責任。我的目標是我們三個人在這個議題上，盡可能堅定地一致。

治療師：但我真心認為對你們兩個都好，也很清楚是你們的努力，她才得以做孩子需要做的事。她做她的事，且不再自傷，也沒有想到要割自己了。我跟她說得非常清楚，幫助你們釐清你們生命中的事，是我的責任，不是她的。你知道的，因為她很擔心。我希望給她正確的訊息，對吧？你是知道的。因為那不應該是她的責任。所以，讓我們來談談你們兩個和……

羅伯托：好吧！我猜，如我們上次談到的，我在關係中（和太太）所放的心力不多。

他似乎明白，鞏固關係的關鍵是他與妻子的關係。令人印象深刻的是，他努力貫徹上次的談話，幫助他的妻子。即使面對多項壓力，如他的失業、身為家裡唯一男人之局外人的感覺、無法為他的原生家庭做他想做的事等，他似乎還能專注在目前的夫妻關係的議題上。

治療師：你怎麼做呢？

羅伯托：我正在嘗試，真的在嘗試。我試著做些家裡的事、試著理解她、她的
　　　　工作和所有其他的事。但我不知道，事情似乎沒有像在這裡進行得如此
　　　　順利。

蘿絲：我們開始吧！

　　蘿絲接著告訴我她的晉升。她希望羅伯托能夠為她感到開心，但因為她
晚回家，他感到挫折，甚至懷疑她和老闆的關係。

蘿絲：我跟你解釋過了。

羅伯托：我真的很努力。我試著理解所發生的事。它真的困擾我，因為，就像
　　　　我女兒，我知道那是她成長的一部分，她需要跟她的朋友在一起。她也
　　　　和凡妮莎相處融洽，而現在某種程度、某種形式，就像她被帶離我身邊
　　　　般。

　　無庸置疑地，父親掙扎地接納他妻子的成功、讓瑪麗亞成長，同時接受
瑪麗亞和凡妮莎的關係。

蘿絲：（對她的先生）你為什麼不能為我的快樂而慶幸？你為什麼不能為我高
　　　　興？

　　對蘿絲用「慶幸」一詞，我有了些即時反應，這用詞似乎有點極端。
我想，對於她因無法得到丈夫的支持所感到的挫折，而我沒有給予她支持。
我希望我說：「所以，蘿絲，你說你希望先生能為你的晉升感到開心。羅伯
托，你能體會蘿絲所說的嗎？」

　　這能讓我不但支持她，同時持續盯著他將重心放在自己身上，並體會家
人的需要和面對自己的議題。幸運的是，即使沒有我的支持，他能夠重新將

問題焦點放在自己的議題上。

羅伯托：因為我對自己不開心，所以我不⋯⋯

治療師：所以現在，標記那個想法。因為你失去了你的工作，即使那不是你的錯，你仍處在一個艱困的位置，你不再能如你所希望的，甚至無法如你之前所做的，支持你的家人。所以我欣賞這種某方面的正面，雖然留給你的是不好的感覺，但還是想對家人好，尤其是瑪莉亞即將成為青少女，正做她想做的事。她更親近朋友，然後有點疏離你。這樣讓你覺得⋯⋯你知道，我們之前談論過一點點。你能怎麼做讓自己的現狀有些不同呢？我明白這很難，但我不想讓你失去你自己的內在中心。你知道我的意思嗎？

羅伯托：我真的很努力。我以為事情會好轉，但並沒有。這對我來說，就是不容易。是的，我也想念我的孩子。

治療師：是的，那是真實的。

羅伯托：我現在並沒有感受到有家的感覺。是啊！蘿絲做得很好，她加薪了，那很棒。你知道的。我是說她能夠為這個家付出更多或什麼的。

治療師：我就是這麼看的。

我想鼓勵他把妻子的進展視為對他們家庭是積極正向的，而不只是對他負面而已，如果他們看不到他們更大的脈絡和他們真正的歸屬，則很容易讓人往負面的方向去想，而他所提的他「現在沒有家的感覺」似乎便是如此。雖然蘿絲工作上的進展、另一個女兒的加入都是正面的，但是他會覺得自己被隔離。他沒有和其他的親人團聚、失業，還要接受他女兒的成長變化。加上對他來說，凡妮莎是個進入他們生活的陌生人。不僅如此，他接著說，他下星期有個工作面試，但凡妮莎開著他的車卻發生意外，使得車子進場維修，增加了另一個讓他對她不滿的原因。夫妻倆在這方面的衝突非常容易被引爆而變嚴重。

羅伯托：但是瑪麗亞和凡妮莎，她們是一起的。她多一個小時做任何她想做的事，而我則是在家做我需要做的事。

蘿絲：感謝上帝她還活著。那才是重點。

羅伯托：是的，感謝上帝她還活著。但是情況是，對你而言，這件事好像沒什麼。你有問她為什麼會發生車禍嗎？

蘿絲：那是個意外。

羅伯托：啊哈！

蘿絲：那是個意外。如果你發生車禍，任何人發生車禍，那都是個意外。

羅伯托：是嗎？如果你在講電話或傳簡訊，你當然會發生車禍。

治療師：她在講電話？

蘿絲：我不知道車禍發生的時候，她是不是在講電話。我不知道那些細節。你只是在臆測。也有可能是別人造成意外的啊？或者，是凡妮莎，她造成意外的。

　　這種交流是我想避免的婚姻衝突。就我所見，他們兩人在凡妮莎的事情上對彼此吹毛求疵，這對他們的關係一點好處也沒有，反而讓關係變得更加棘手。

羅伯托：我需要我的車去面試。你知道，沒有大眾運輸能到那個地方。

蘿絲：我試試看可不可以請假，這樣你就能用我的車。我是願意這樣做的。我是願意的。

治療師：車子什麼時候會修好？

蘿絲：這個嘛，大概要二到三個星期，因為我不⋯⋯

羅伯托：我來猜猜為什麼！因為我沒有錢付！

蘿絲：這個，是保險⋯⋯

治療師：但你會試著想辦法解決⋯⋯

蘿絲：不好意思，你的意思是？

治療師：你有足夠的彈性嗎？你願意試著解決，看看他是否能用……？

蘿絲：我是說，我必須跟我的老闆談談。對你來說，去面試是非常重要的事。或許你能讓我知道你要去面試的時間點和一個小時的時間嗎？我便能跟老闆說我會幾點進辦公室。我會……我會跟你一起解決。我是說真的。你從不給我機會。你就是不。只要是你和我之間，都是負面的。我從不能參與，因為你不允許。現在，我給你一個解決方案。問題出在哪？

羅伯托：問題就是那個，好嗎？好啊！你想跟你的老闆談。沒問題，很好。我會用你的車。但就是這個：老闆、加薪、跟老闆合得來。這中間發生了什麼事？我只是像……

蘿絲：什麼「跟老闆合得來」！護士也和老闆合得來啊！醫生也和老闆很合得來啊！

羅伯托：那他們有得到五千元的加薪嗎？

蘿絲：這是信任問題，羅伯托。你不信任我。

治療師：但是，現在，如果我們、如果你們，我不知道這是你真的想要我們去的方向嗎？還是只是煩躁。你提出了一個議題，一個真正的議題。我對車禍的事情感到很抱歉，但是，讓你能去面試是非常重要的事。

蘿絲：是的。

　　最後，我尷尬地試圖幫助他們轉了方向。我努力放緩他們不信任的表達、防止他們在我們有機會加強其對家庭幸福的共同感之前陷入衝突。我想幫助他們專注於他們的個人和共同目標，也讓他們專注在共同努力支持他們的孩子上。

　　評估初期的重要部分包括：鼓勵個案將焦點放在他們期待在治療中獲得什麼，而不是互相指責對方如何未能滿足自己的需求。這種治療的時刻非常清楚地說明，會談初期運用繪製家系圖來收集資訊的重要性，因為人們往往會鑽入細節裡，而沒有看到更大的脈絡。就像羅伯托很容易把焦點放在因凡妮莎粗心大意而釀成車禍的負面情緒裡，進而引發他和太太之間更多的衝

突，而這都不是兩人想要的。他們是彼此最佳的盟友，因此我需要幫助他們將重點放在他們未來要如何一起解決問題，而不是誰要為過去所發生的事情受到責備。

治療師：何不讓我們專注於找出解決方法？因為待在你們想要去的方向上才是重點，不是嗎？

羅伯托：是的，是這樣的。

治療師：那好，那我們可以看看是否有備案嗎？你有可以借車的朋友嗎？任何鄰居？這很重要！我是說，第一，如果你可以安排的話。

羅伯托：我可以打電話給朋友。我可以打。但我不想這麼做。我不想一直尋求別人的幫忙。我想靠自己解決。

治療師：我知道。

羅伯托：我是這麼被教導長大的。

治療師：我們可以就這部分聊聊嗎？因為我想那是常見的性別議題。

　　我相信男人的合作會是所有治療的關鍵點。我藉此機會把這個議題提出來討論。一種有趣的現象是，在男人的故事中，女人被形塑是不合格的，或是被描繪成惡棍。通常，你必須幫助個案除了刻板印象之外，他們可以多說說自己的觀點、想法，這樣才能讓他們更瞭解自己。隨著時間的推移，他們慢慢地解開原生家庭的模式，並為自己決定哪個模式是他們想繼續保有，哪個是他們想改變的。對每個人來說，幫助他們看到不能請求幫助的結果、是很重要的，但在會談初期，男性通常不願意檢視這些議題。所以羅伯托願意談，是令人相當驚訝的，而且我認為這是一個好的預兆。

羅伯托：這就是「男人」，嗯？

治療師：這就是「男人」。

羅伯托：又來了。

治療師：你知道嗎？我是説，我是真的相信，最強壯的男人是會合作的，如同你從以前到現在，試著為家人做了許多。最強壯的男人不會獨自努力，也不會從不向人尋求幫助或不問方向。這你是清楚的，是吧？

　　我覺得我和他有足夠的連結，所以在這裡提出一個關於男人尋求幫忙的較大脈絡給他。否則，我其實不會提出這些評論。如果他似乎沒有追上，我就會放掉這議題。但現在，蘿絲從不同的角度切入此話題。

蘿絲：難道你不開心有個女人真的關心你和家人嗎？這是關於你和孩子，不是嗎？那問題是什麼？你為什麼要懲罰我呢？

羅伯托：不是這樣的，不是你或家人或其他什麼。是我、瑪麗亞和我的孩子。我只是……

　　幸運地，他並沒有防衛，反倒澄清表示那是他的議題，而我相信那是我能夠協助他最多的地方。我試著強調，希望帶有足夠的幽默感，跟他說，他所面臨的挑戰是超越「靠自己」的男子氣概的：

治療師：讓我們來談談你的小孩吧！我們一開始的時候便談到你和孩子們的聯繫，但在繼續那個話題前，我們能再花一分鐘在「男人事」上嗎？你對於我説的，有什麼想法？就是我説最強壯的男人是個合作者，而不是凡事靠自己或從不能有需求的男人？你相信嗎？

羅伯托：我能夠試著去相信，但對我來說，很難。

治療師：是嗎？

羅伯托：是啊！我依然相信那就像我的父親。你是家裡的男人，是一家之主，你應該照顧家人。就是這樣。

治療師：然後……

羅伯托：然後他會試著告訴你要怎麼做。

治療師：那他是怎麼做的呢？

羅伯托：我不知道，我是說他盡力了。他扶養我們長大，做他所能做的。

　　隨著治療的進展，我相信我們想一再地回到個案和他父母親、其他原生家庭成員的關係上，來釐清他的價值觀。一開始，他們可能對家庭成員有既定的刻板印象，但慢慢地，這樣的釐清可以幫助他們定義未來想扮演什麼樣的性別角色和在其他關係中呈現出什麼樣的行為。我會運用任何可以幫助個案擴展價值觀面向的機會。

治療師：不過，你總是談到你和母親的關係是多麼地緊密。或許因為你是「男人」，某種程度你也總有那樣的感覺，你的父親想和你連結的程度並不是你需要的。我知道他無法活到你想要的那麼久，而那是我們無法改變的。但我的想法是，這規條可能對男人非常不公平，也不是那麼實用。如，你從不能尋求幫助或是被載，你要是如此做，你就不是男人；這在我看來，其實是相當愚蠢的。你是一個盡你所能為家人做所有事的好男人。

蘿絲：他是的。

治療師：而現在，你需要被載一程。

蘿絲：請讓我幫你。

羅伯托：我可以試著打電話給我的朋友跟他借車，或讓他載我。我感謝你的幫忙，但你也需要開車去上班。

蘿絲：好的，謝謝你。但如果你的朋友不能幫忙，我會是你的後盾，可以幫你。我會的。你看得出來這就是我想做的嗎？

羅伯托：你知道嗎？我甚至不知道那是個問題，但那是我真正的感覺。我感覺到女兒瑪麗亞……她現在長大了，所以她可以和朋友在一起，和做其他的事。喔！好吧！她也花比較多的時間和凡妮莎一起。

　　當他將話題轉回凡妮莎，我感覺到他仍然對一些事情感到不自在。雖然立即的壓力有他的失業和凡妮莎的加入，但我腦海中總想的是他在厄瓜多爾的家人，這是個更大的議題，可能是他長期壓力的來源，且不曾消失，永遠都在那。我想，看到這些失落，雖然是傷痛的，但對於協助個案理解他們生命對他們意味著什麼和他們想要做什麼來說，是相當重要的。我相信家人永遠是重要的，而失去家人的議題也是重要的。若沒有看到他失落情緒裡所展現出家人對他的重要性，而期待他的生命繼續往前走，是不可能的事。父或母的每個孩子都有其重要性。

　　如果我們思索每個伴侶的「家庭」感，顯而易見的是，蘿絲比羅伯托擁有更多具備歸屬感的點。她有她的母親、她的工作，這些近期都成為更正向的力量。現在，她的兩個女兒都跟她在一起，所有姊妹不是在新紐澤西區域，就是在波多黎各，而她也常去拜訪姊妹們。反觀羅伯托，面對自己的失業，他沒有外界的支持，他的手足都在厄瓜多爾，他幾近二十五年都沒有見到他們。他和他的家鄉永遠分離，甚至沒有辦法參加母親的喪禮。他和兒女也分開多年，當年老大十二歲、老么年僅九歲。他錯過他們整個的青春期。因此，或許並不意外，當他面對女兒瑪麗亞進入青春期和漸行漸遠的失落時，他難以度過。

　　如果一個人讓自己在「新家」變得太過於自在，也很常見忠誠衝突的發生。此外，並不新奇的是，當他和他對遠方孩子的感覺有所連結時，他都會感受到痛苦。這或許提醒了他所正持續經歷的失落。他越能和失落連結，便越能看見自己的痛，也越能體認孩子們的痛。

蘿絲：我很開心聽到這些。

羅伯托：享受彼此。你知道嗎？每個人似乎看起來都是快樂的。

治療師：除了你以外？

羅伯托：除了……我什麼？我，你知道的，她很努力。我能夠看見她所做的。
　　　　　但是，我不知道，我就是……有東西不見了。

治療師：是啊！你有啊。我確定，關於你其餘的家人部分，你的心裡有個洞。

羅伯托：是啊！

治療師：而且老實說，或許，即使現在的財務並不是最寬裕，但也許在這段你
　　　　失業的時間裡，你可以開啟厄瓜多爾之旅，並開始與你孩子重新連接。

羅伯托：這正是我想做的。當我——在上帝旨意下——得到這份工作，我想去
　　　　看他們，因為，是的，你是對的。那很痛。它真的開始讓我覺得挫折，
　　　　讓我沒有辦法在家做我所需要做的、或者做我想成為的那種人，或是關
　　　　於吉他的事……

治療師：那麼，告訴我一些事。你有打電話給他們嗎？跟我多說一些你跟他們
　　　　的連結。

羅伯托：我跟他們的連結並不是我所想要的那樣，因為我都要去買那些電話
　　　　卡，打電話給他們，因為打電話去那很貴。而且，我們並沒有聊很多。
　　　　當我知道他們在那裡的生活時，不管是什麼，你知道的，那感覺像他們
　　　　需要我。你知道嗎？

治療師：所以，如果你能夠在去看他們之前，編列出和他們講電話的預算，也
　　　　就是說去探索「我是誰」（探索根）並思索和孩子們保持聯繫的花費可
　　　　能會需要多少呢？如果你想念你的孩子，每星期花五到十元，或許那是
　　　　值得的。或許那會讓你覺得不那麼苦惱，因為你可以聽到他們的聲音、
　　　　你能知道他們過得如何。你知道嗎？或許這樣的小事能讓你感覺到和他
　　　　們的連結。

蘿絲：我可以問你一個問題嗎？

羅伯托：當然。

蘿絲：如果你想去看他們？

羅伯托：嗯哼？

蘿絲：那會讓你覺得完整嗎？

羅伯托：那會有幫助。

蘿絲：當我說那些時，我是認真的。

羅伯托：嗯！是的！會的。它絕對會讓我覺得，嗯，我是它的一部分。我仍然是某些事情的一部分，或是某人生命的一部分，不管是什麼。嗯！是的，它或許能夠有幫助。

蘿絲：因為如果你能快樂，那正是我現在所想的。如果你能快樂，並覺得完整，也許，就只是也許，我想幫你取得那部分。你知道，你有聽到我說的嗎？因為這是我現在所理解到的。

　　蘿絲理解到，如果她的先生覺得和他在厄瓜多爾的家人不再那麼疏離，他就越能和現在的家人連結，而這是非常重要的洞察，即便她可能過度簡化她生命中多重部分的複雜度。但未來，我可以鼓勵他們一起形塑彼此所想要和大家庭連結的形式。

羅伯托：哇！

蘿絲：我是說，我可以存錢，我可以編預算，我會做任何事，但這些能確保我想要的那個先生回來嗎？一個快樂、健康的男人嗎？我會有那個嗎？

羅伯托：我唯一所知道的是我現在想見他們。我現在沒有辦法回答你的問題，因為也許，我現在需要的是去看他們，然後才能感受到你剛剛說的那些。

蘿絲：對，因為那是我所要的。

羅伯托：你在找尋的那個人。但事實是，回到打電話的議題上，當我打電話給他們，你知道那很傷痛的，在某程度上，它是痛的，是的，我的確想跟他們說話。但是，我也不想跟他們講太多次電話，因為就像當我跟他們說話時，我感受到我內在的傷痛，我覺得我讓他們失望了。

治療師：好的。

　　在這裡，羅伯托提起了伴隨逝去的這些年，以及他所錯過的過去連結，當他面對距離時，無論是實體距離和時間上，這些都是他會經歷的最困難的

層面之一。而我不得不支持羅伯托去忍受，每個重新連結的背後所必經歷的失落傷痛。

蘿絲：我感到沮喪。

　　蘿絲專注在她的感受上，而我們知道她必須竭盡全力支持她先生和其家人的重新連結，而這不是趟輕易的旅程。

治療師：好的。我想這件事有兩個層面。一個是關於你們兩個人的關係，而這是你想要的。

蘿絲：是的。

治療師：那你的連結怎麼辦？你似乎有些退縮。所以我想多聊一下你們兩人的關係。但是，也另有孩子的議題。我是說，我聽到你說的，我想坦白說，那對男人來說，是常見的。當你有連結的同時，你真實地體驗到孩子離你有多遠，而赤裸裸地引發傷痛。但是我想幫助你感受到，無論是對你的孩子或是對你來說，你們之間的連結是重要的，儘管實體的距離仍存在，儘管你無法去看他們。這個逃避就有點像你們逃避兩人的連結一般。我的理念是，你知道，我們只擁有我們現在所能做的和我們自己。所以，我希望你能極度善用這段關係，在你去看孩子之前，把握每個和他們建立關係的機會。你有聽到我所說的嗎？並且，持續在傷痛上下功夫，那個伴隨聯繫的傷痛，因為那是真實的。每次你掛掉電話，你便會覺得痛。（轉向蘿絲）你能理解嗎？可以嗎？

蘿絲：我可以試試。

治療師：雖然你經歷到你先前所說的，你的太太現在有她的兩個孩子在身邊、瑪莉亞和凡妮莎關係越來越近、有一部分的你沒有感覺到連結，即使如此，你依然可以建立連結的對嗎？而不是感到「我在這裡被孤立」，因為那連結是你的，也是你的家人的。

羅伯托：那倒是事實。是我的家人，我可以試著建立那連結，但對我來說，並不容易。我會掙扎，是因為我看到他們相處得多麼融洽，而我也想和她們相處融洽。我試著跟我自己說：去吧！就做吧！成為他們的一部分！但我的心情就會回到厄瓜多爾，我會看到那些，我想到他們所錯過的，而我……

治療師：所以，如果你連結的話，就好像是你背叛他們？

羅伯托：沒錯，有點那個意思。我覺得好像做了什麼對不起他們的事，而感到罪惡感。

治療師：好。這也回到我們所說的合作概念。能兩個並存、兩個都有嗎？我的看法是，如果你想和你在厄瓜多爾的孩子有連結，那可能對你和太太、小孩在這裡的工作來說，會比較容易一些。你明白我在說什麼嗎？如果你在這，將注意力和努力放在和太太、小孩的關係連結上，你那個因與厄瓜多爾距離所造成的心裡的洞、什麼都不能做或是仍然不能做什麼的傷痛，或許會有所改變。這是我所相信的。連結帶來更多的連結。

羅伯托：我聽到你說的了。我在聽。

治療師：是啊。

羅伯托：我試著理解它，但我覺得我需要幫忙。我的確需要幫忙。我確實需要幫忙。喔上帝！真不敢相信我竟然說我需要幫忙。

蘿絲：感謝上帝，你需要！

治療師：（笑）關於你剛剛所說的，也許你真的是個非常堅強的男人，也是個先驅領導者！

蘿絲：我很開心聽到這些話語。我知道的。

治療師：是的。

蘿絲：是啊，因為我從來沒聽過這些話。

羅伯托：或許就像你剛剛提到的，我只是需要幫忙，讓我知道如何去談它們、和那邊建立連結的同時也能建立和這邊的連結。因為我是真的不知道如何做。所以我會好好地看看這部分。

治療師：聽著，我有個想法。何不下一次會談時，你帶你小孩的照片來，讓我
　　　　們，也許讓我們就這樣開始，因為或許也有一部分是我沒有完全瞭解
　　　　的。如果你給每個人都寫一封信呢？

羅伯托：嗯。

治療師：盡可能地說你所想說的，不管你想傳給他們什麼樣的訊息——關於你
　　　　的遺憾、關於你的愛、關於你想念他們——都可以，好嗎？讓我們一起
　　　　分享，因為不僅你失去那一邊的家人，瑪莉亞也是、凡妮莎也是，因為
　　　　你知道的，你們都彼此相互連結。

蘿絲：那將是一個夢想。

治療師：所以，或許我們一次可以花一些時間在這上面。對於帶一些照片和寫
　　　　信的提議，你覺得如何呢？我們可以釐清。也許我們能夠幫你面對傷痛
　　　　的部分，然後連結的部分就會變得比傷痛部分強大。你知道的，是嗎？
　　　　你覺得呢？

羅伯托：哇，我可以，我可以試試。

治療師：好。讓我再建議一件事，因為你也看到相同的……（蘿絲突然開始喘
　　　　氣）你還好嗎？

　　蘿絲：我只是非常開心他說出來了。

治療師：真的。

蘿絲：以前從來沒有聽他說過。

治療師：真的，看到了嗎？我想，當你試著靠自己去面對、解決，你甚至可能
　　　　沒有意識到，你讓太太覺得被孤立了。所以，你在一座島上，而太太也
　　　　真的在一座島上，即使她有她的女兒、即使她們彼此有連結、即使你說
　　　　那對她們來說似乎非常地容易，但是她想念你，因為，我的意思是，你
　　　　在那裡、她在那裡。我想，如果你不再那樣做，事情會有很大的不同。
　　　　但我想再多說一件事。我們第一次談到你的女兒時，我們也談到詩、音
　　　　樂，和你透過音樂表達你的感受的事。你想過用音樂作為訊息，傳遞給
　　　　厄瓜多爾的孩子嗎？你曾經想過這樣的方式嗎？

羅伯托：你知道，我從未感受到我現在正感受到的感覺。面對那些，我退縮。我就是沒有現在所感受到的熱情。

蘿絲：他不再彈了。

治療師：真的？但是，我認為它或許能幫助你去感受情緒，因為從你所告訴我的、從你的生活裡，一直以來那都是你的方式。

羅伯托：是啊！那是。我是說，我曾經拿起吉他，當我想到我的孩子和現在所發生的事情，我就只是碰、碰、碰，然後就把吉他拿開。我受不了，它太……

　　再一次，我試圖鼓勵他用音樂和他有關孩子的感受連結，並找到方法和傷痛共處，不再用疏離的方式逃避傷痛。

治療師：所以，有什麼方法我們可以幫助你拿起吉他，讓你的感覺和期望透過吉他表達出來呢？

羅伯托：或許有，或許有方法，因為，上帝知道的，我現在無法對抗它。我只是，我覺得自己像個作家，遇到腦閉塞（writer's block）的情況。

蘿絲：為什麼你不就拿出吉他，讓自己跟著那個流動，就像你以前那樣。你知道的，你是個非常出色的音樂家。

羅伯托：我上次就試著這樣做，我剛剛說了，我生氣地撥動琴弦，不知所措。

治療師：但是，你知道我是怎麼想的嗎？你太太的想法真的不錯。我敢肯定你的情緒起伏很大，是嗎？有時你覺得心情好，有時覺得心情糟，是嗎？

羅伯托：是啊！

治療師：我猜，如果你只是讓自己可以開始彈你最喜歡的歌曲，看看會發生什麼事。是的，有時會生氣，但有時可能會是其他的東西，而這些或許可以幫助你找到路和方向。我想那對你太太來說，意義非凡，否則她就只是孤單。你懂嗎？你覺得孤單，她也覺得孤單。而我不認為那是你想要的，是嗎？

羅伯托：不、不，我不認為我還想要那樣了，不想再覺得孤單。

治療師：所以，讓我問你這個問題。你會為了她而做嗎？如果你不確定是否可以為自己的話，你可以為她嗎？ 因為她愛你，而且希望和你連結。

蘿絲：你至少可以試試？

羅伯托：嗯，我可以試試。

治療師：你可以告訴她嗎？

羅伯托：我可以試。我沒有做任何的承諾喔，但我可以試。

蘿絲：我只是希望你可以，因為那對我來說很重要。我真心希望你可以真正地、認真地聽到我跟你說的。

治療師：我可以跟他單獨說幾分鐘的話嗎？你介意嗎？

蘿絲：好，可以的。

❖ **和先生會談**

　　此時此刻，我覺得我需要和羅伯托單獨地聊一下。我對於他在會談中細微地疏離他太太的方式感到震驚。我想避免讓他感到尷尬，同時鼓勵他對她多些正向回應。此刻，我覺得我和他有個比較好的連結，否則我不敢做這樣的舉動。

　　我經常發現，特別是當伴侶會談時，如果要鼓勵一方對另一方採取初始所教導的行動，最好和他們單獨談話，以盡量減少他們對處遇的防衛。我認為，在我們談到他在厄瓜多爾的家人，以及他理解到自己的議題才是阻礙自己前進的阻力之後，他或許能夠在他和太太連結的議題上，承受直接的面質挑戰。但在這次的會談中，他迴避太太的部分變得相當明顯，而我不確定該如何闡釋它。

治療師：我感覺到你很難看著你太太，或和她連結。我不認為那是你想送給她的訊息。她似乎非常想和你連結，也很感動你自己有感受到你的感覺。我明白當你和孩子連結的時候，其中的某部分將很不容易，就像你覺得

受到凡妮莎的威脅一樣。我敢肯定她也會有她的害怕，擔心你如果去了厄瓜多爾，你可能會想留下來、你可能會愛那邊的子女多一些、也許她不再重要了……等等。

但是，她似乎很真心地希望和你連結。我不想在她面前讓你感到尷尬，但我的感覺是，即使伸出一點點的手……我的意思是，你都不握她的手，你從不碰她，你從不讓她知道。聽聽你剛才說的：「嗯！我不保證喔，但……諸如此類，好吧！」我鼓勵你盡量寬厚一點，不是你沒有感覺到什麼。我的感覺是你有感覺到什麼，但你仍然陷入這些觀點中，就是你應該要靠自己、你應該要靠自己駕馭你傷痛的感受。我只是不認為這是人的狀態，你知道嗎？

我們都需要彼此。你做得非常棒了，進步非常多。我是說，我看到你今天試著克制自己。當你想說她老闆什麼什麼時，或不管是什麼，你並沒有讓自己那樣做！而且，我感覺到，你知道那不是真正的議題。你真的做得很棒。但我覺得你真的可以和感受同在，不用再害怕感受。

羅伯托：我絕對可以，我知道。當你聽到你剛剛解釋給我聽的事情時，它衝擊到我了，而我想，我想要試試。我想我會的，你知道的。我開始慢慢地看到一些事情，就像你剛剛告訴我的事。是啊，也許，我可以在這些事情上更努力一點。我可能對她有點不公平。所以，是的。

治療師：你愛她嗎？

羅伯托：愛啊！呃，我愛她、我愛她。

治療師：我想你是，但是……

羅伯托：我是的，但是我只是感覺到我內在有許多的憤怒。

治療師：是的。

羅伯托：你知道的，那不容易。

治療師：如果我們兩個單獨花一些時間理清這一些，你覺得會對你有幫助嗎？

羅伯托：再一次，我對自己尋求幫助感到驚訝，但我想我確實需要。我想我可以，是的。

治療師：好。

羅伯托：如果那對我和我的家人是有助益的，我想我可以。

治療師：好。因為我感覺你有很多的壓抑，所以如果可以釐清，會是件不錯的
　　　　　事，你知道，要找到你想要如何因應的方法。我們現在必須要結束了，
　　　　　但讓我們先把太太找進來，由你來告訴她我們的決定。你覺得可以嗎？

❖ 和配偶雙方會談

　　我對於羅伯托在此次會談中的反應印象深刻。他似乎相當處在此時此
刻，試圖面對他的情況，並往前進。我希望和夫妻雙方一起結束會談，盡可
能地增強它們想改進現狀的承諾度。

羅伯托：好，我們剛剛聊過了，她解釋了一些事情讓我明白。我跟她說我想要
　　　　　有多一點的幫助，我也會跟你一起努力。好嗎？

蘿絲：你是認真的嗎？

羅伯托：我對我所說的是認真的。而且，是的，我覺得我對你不太公平，所以
　　　　　我會努力。

蘿絲：謝謝你、謝謝你。

羅伯托：不客氣。

治療師：好，那也許下一次你們兩個都來，但你（對羅伯托）和我會花多一點
　　　　　的時間聊聊，但或許我們（蘿絲和我）也會花多一點的時間，因為你知
　　　　　道……

蘿絲：我想那不錯。

治療師：我想那是個還不錯的想法，是吧？

羅伯托：是。

治療師：好，那我們就不再牽扯瑪莉亞了。有朝一日，我想見見凡妮莎，但我
　　　　　們可以再看看。然後，你要帶……

羅伯托：照片。

治療師：照片、信件。嘿！你想寫首詩或一首歌嗎？我想聽，可以嗎？你可以帶吉他來，如果你覺得你願意分享的話，好嗎？

羅伯托：好。

蘿絲：謝謝。

治療師：好，好好保重。恭喜你的新工作和新髮型，我認為你看起來很棒。

蘿絲：謝謝、謝謝。

羅伯托：是的，她的確是。

治療師：她真的是，不是嗎？

蘿絲：謝謝。

羅伯托：這是她第一次聽到我說這些。

治療師：嘿！太棒了！

蘿絲：是啊。謝謝你、謝謝。

　　這個案例展現了一開始的接觸、評估，以及和家庭的工作。身為治療師，我們總是要瞻前顧後，理解現況，幫助個案建構他們的未來。這個案例引發許多我們要如何往前進展的問題：當羅伯托「重新進入」和他在厄瓜多爾孩子的連結時，他可能會在什麼地方卡住？當他看到他所有錯失的事物或他們的需求，他卻無法彌補時，他可能變得憂鬱嗎？蘿絲會怎麼回應他的努力呢？或許她會因他的離去而感受到威脅？或者，她因要運用她的資源幫助他的家人，而這些家人她甚至都不認識，而感到不滿？我們努力為這些所有的複雜性奠立穩固的基石，幫助整個家庭的連結，對他們的未來來說，是個延伸和積極意義。

幫助個案對治療做出承諾

　　治療歷程都會涉及詢問家庭經驗、瞭解個案現在所處的位置、誰在現階段可以參與，以及哪些過去經驗可能有助於他們瞭解其目前的困境，和哪裡可以取得用以釐清其議題的復原資源。為了往前進，他們想要或需要付出什

麼樣的努力。

　　一旦人們決定參與治療，我們的工作便是協助他們思索他們的關係，決定他們要如何進行。這通常需要協助他們將眼光放在表述問題的背後，瞭解是什麼影響他們對他人的行為。我們看到羅伯托一開始的歷程，隨著他自我質疑其與太太和厄瓜多爾孩子的距離，他開始重新定義，將焦點放在他想要和其生命中的他人如何連結。

　　舉例來說，當薩帕塔一家前來會談時，先生主要是來抱怨他太太。接觸的主要工作任務便是幫助他將注意力轉移到他自己身上。這讓他體認到他長期和他在厄瓜多爾家人分離議題的重要性。

　　常見個案的絆腳障礙是我們社會上普遍的態度，即有些家庭，尤其是一些父母親，就真的是「受毒害」太深，難以連結。這些情況包括精神障礙、性和身體虐待、成癮行為和其他讓他人想截斷關係的行為互動。每個個案的家系圖都必須在脈絡中探索，好讓個案更理解他們的互動動力，找出如何保持他們的力量，同時為其他家人敞開大門。當然，這個目標是絕不容忍虐待情況的，但是當他們準備好以具有意義的方式重新連結時，則再對他人敞開大門。

　　當你想向個案提出非常「刺激」的議題時，第一件事可能是繞過它，而不是直接提出，畢竟你的個案或許還沒能夠信任你能處理它，你或許也不想在建立較好關係的初期便攪動個案的抗拒。如果你一頭鑽進困難的議題，你可能沒有機會和個案進行有意義的工作。不過，我們這裡所談的不是處遇成癮問題，因為除非你能直接談論成癮的議題，否則個案很難專注其上；也不是處遇虐待或自殺傾向的情況，因為如果某位家庭成員正處於危險的狀況，你必須立即處理這些議題。需要注意的情況是，原生家庭經驗中「具毒害」的議題，可能超過個案處理當前關係議題的意願，或如同薩帕塔的案例中，父母間的衝突很容易破壞夫婦合作的迫切需要，就像父母要保護女兒一樣。和個案一同面對深埋的原生家庭議題，是需要花時間的。

　　考量羅伯托・薩帕塔長期在孩子生命中的缺席、未能返家參與母親的喪

禮、錯失多年和手足與子女相處的時光，他可能有許多原生家庭的議題需要去面對處理。處理這些問題需要時間，而且除非眼前的議題在控制之中，否則他無法面對。雖然架構是談論如何參與薩帕塔家庭的所有工作，和如何幫助他們探索現況，但通常到了治療的後期，個案會更加清晰明瞭本章一開始所提出之關係指南的內容。我的重點是放在理解每個人的關係連結，包括和他人、和不在場的相關家人，同時增強他們專注於改善現況的努力。當然，我也會執行和他人連結的基本準則：不攻擊、不防衛、不討好和不關閉。整個初期的會談，我會評估他們的回應，我都會思索他們每一個人願意為他或她自己負責任的程度，並且不會過猶不及的為他人負責。

隨著蘿絲和羅伯托關係的往前進展，我可以預想未來他們還必須繼續努力不去干涉對方的事，同時釐清他們彼此和與他人的關係。尤其是對蘿絲來說，她從未見過羅伯托的孩子和大家庭的成員，她可能難以跟他們連結，但羅伯托和這些人卻有很深的淵源。很難不提高期望，卻又失望；也可能很難面對長期深埋心底、如今卻敞開的那些感覺。到目前為止，他們似乎在記取較大脈絡的能力上展現出許多的優勢。但是，隨著他們對彼此的大家庭有更多的瞭解，兩個原生家庭間所會有的反應，以及長期深埋的感覺和競爭困境，則可能需要他們去解開。

一般來說，在治療的第一階段中，評估、接觸和處遇是完全交織在一起的。而這些更深議題的評估則必須等到眼前的議題穩定後才能進行。我們也必須評估每個家庭成員對所出現的特定議題，其動力和準備度的狀態，來重新修正處遇方向。我們努力地讓個案參與，是希望他們憶起更深層的價值觀，並讓他們有參與治療工作的動力，然而，時間因子依然影響個案談論議題的準備度，而我們必須讓他們持續掌控歷程。因此，不難理解，一個實務工作者需要不間斷評估個案的狀態、敏感個案談論議題時的準備度，以及面對需要更多時間以預備自己往前進展的個案時，仍保有改變策略的彈性，是相當重要的。

當個案願意往前進展，必須從較小毒害的議題開始，這樣他們可以建

立一些成功經驗，對卡住的關係能夠有更多的瞭解。最好的是從個案想要有所改變的關係開始，但也要讓他們對這關係持續保有希望感。因此，舉例來說，羅伯托‧薩帕塔或許更希望和太太的關係能夠更進一步，而他可能需要更多的時間開始真正地面對他的小孩和大家庭。但你永遠不會知道真正會發生什麼。

　　幾年前，我見過一對夫妻，這對夫妻的先生一開始只一心想和太太的關係回到軌道上，他甚至不想討論他的家系圖，也從不想花心思在那上面。事實上，他和女兒關係的截斷已經許多年了，但幾個月後，他和女兒連結，且從那時候開始，他非常積極地面對自身的議題。他放掉了確保他婚姻關係沒問題的期待，轉而投入在處理自己的生命議題。長遠來看，我確信這個轉變拯救了他的婚姻。他絕望地將注意力放在婚姻上，但他的婚姻實際上只是問題的一部分。但我很驚訝他的突然轉變。你永遠不知道個案決定開始開放並在關係上努力的轉捩點，是什麼時候會出現。

　　治療中，似乎會在兩種狀態之間有所消長，一種是當個案準備好在特定議題上做工，另一種則是當他們體認到回顧有助於他們在更大框架上看現在的生活狀況時。如同格雷戈里‧貝特森（Gregory Bateson）曾說的，要系統化地思考，我們必須不斷地像攝影鏡頭一般，將畫面拉近探索細節，將畫面拉遠看更大的圖像。舉例來說，即使夫妻解決了以孩子為中心的迫切問題，他們可能覺得還未準備好面對夫妻間或和原生家庭之間的更困難議題。薩帕塔夫妻似乎準備好面對他們自身的議題，但你還不能確定。要確定其實是不容易的，直到人們開始真正地投入去做，你才能知道他們願意走多遠。有時，他們可能走超過你所預期的，但有時，看似相當準備好往前進的家庭卻可能在危機一解除時便放棄，然而，他們也可能在你最沒有期待時，出其不意地回來。

對家系圖
的抗拒

不管個案一開始對他們家庭歷史展現出多少的興趣，但當他們面臨原生家庭中的各種難題、秘密和三角關係時，往往會不願意去看家系圖中的某些層面。許多個案甚至壓根兒不想看模式。他們希望治療師協助他們解決手邊的問題，解決後，他們就可以繼續過他們的生活。

一般來說，主宰精神衛生服務的主流社會力量也不支持這樣的脈絡工作，他們不會對個案採用更複雜和更困難的家庭治療的合作工作模式，他們可能會質疑情況是否有必要涵蓋其他家人，並希望其他家人共同參與討論時僅限於提供他們對眼前議題的診斷意見。關於治療師能夠見誰，以及如何運用其時間，有許多嚴格的限制，它們大部分專注於排除診斷類別，而非理解個案、探索可能性，同時幫助個案解決問題。健康照護機構和保險公司一般來說，不認同花時間關注結構、脈絡壓力和歷史的做法，而這些卻是家系圖問話中非常重要的核心。因此，為了進行這樣的探究，治療師必須堅持他們的信念，即系統化思考的重要性，以及致力瞭解我們歸屬於誰的實質意義。

個案對自身歷史的知識軌跡

當家庭成員被詢問關於其家庭歷史時，可能都有其自己的抗拒。當我開始詢問我母親我自己的家系圖時，她覺得惱怒。而我那從未提供任何實質資訊的阿姨卻說，每當我詢問家庭歷史時，她就有結腸炎，然後不談。最後，我的母親有了個新的見解：「至少現在莫妮卡開始關心過世的親戚，不再煩我們。」所以，我非常理解家系圖的抗拒可以是非常多的。我們必須試著理解，是什麼阻礙了我們的家人——家人即時反應下的焦慮、害怕或傷痛是什麼——然後根據情況前進。

當家庭成員對於關於大家庭的問題是負面回應，或抱怨這些事是不相關時，我們將焦點轉為當下的情況是合情合理的，等到歷史和其他當下的家庭關係或經驗之間建立了連結後，再回過頭來談。

通常，人們會覺得討論他們的家庭是「無聊的」或「毒害的」，其中有幾個原因，而隨著治療的進展，人們到底在抗拒什麼會變得清晰。治療師需

要找到方法克服這樣的抗拒，鼓勵個案在脈絡中探索他們的生命。當你探索他們的議題時，個案需要感受到你是真正地關心歷史，而你可能需要幫助他們看到議題和歷史間的關聯性，指出過去家庭模式的相似性，並敦促他們注意可以在未來可用的轉化連結。

　　舉例來說，如果你指出外婆似乎有很大的力量克服她的困境，並好奇她是怎麼辦到的，那這問題就會把你帶到家裡有誰比較認識外婆。這或許也可引導個案去面對自己的議題。當個案體悟到其是來自生存者的家庭，而非失功能的家庭時，可能會增強其探索的動力。隨著時間的推移，溫柔的堅持通常會帶來資訊的獲得，以及證明歷史與家庭的關聯性。雖然有時候為了幫助個案看到關鍵訊息的相關性而推一把是重要的，但是，一開始，還是建議慢慢來，跟隨抗拒，而不是挑戰它。

　　在某些情況下，個案帶著相當多的敵意來對待家系圖訊息。在一個非裔美國家庭中，如我早先所提的，當丈夫看到我在家系圖裡寫下我所詢問關於前段關係孩子的資訊時，充滿了敵意。他有個女兒，現在三十多歲，而他未見她許多年。當我在下一次和他單獨會談時，他承認當他看到我將那個女兒包括在他的家庭樹裡時，他非常地生氣。他說道，他來這裡是為了改善他和太太的關係，沒有其他的目的。接著，他又指出，他太太對於我把他的另一個女兒包括進去，也沒有顯現出什麼熱情。我說，我可以感覺到上一次的會談，他有多麼不想談及他女兒，而我想詢問他，是否可以告訴我原因。他拒絕了。他說，他腦袋有太多事情，沒空談她。我說，我猜失去他可能在他女兒的心中製造出了一個洞，所以好奇他多快能夠準備好談論這個女兒。

　　實際上，我預期他會將這議題推到我身上，並且會說：「除非你能說服我太太跟我在一起。」但我很意外的是，他卻說：「至少等到假期之後。」我要求他再多說說他和女兒的截斷關係，他說：「我知道她心裡有個洞，因為我母親跟我說過。」結果是，他母親已經嘗試著讓他和他女兒連結多年。事實是，他和女兒重新連結，同時多了三個崇拜他的孫子女時，他開始努力認真地面對他和他太太關係以外的議題，進而改變他和太太和許多其他家庭

成員的關係。

我的觀點是，我們不能忽略個案負向家庭連結的重要性，但也沒有道理要對任何人高談闊論該議題。我們需要找到方法進到他們的內心，而這可能要花很長的時間去瞭解最初是什麼讓他們把心關閉了，然後提醒他們取回自己的力量，同時考量創造一個開口的意義和價值。在這項工作中，我積極地運用廣泛的家系圖網絡，鼓勵個案去注意當截斷發生時，有多少人受傷。若孩子從來不認識堂表手足中所失去那個人，他們可能無法經歷那個堂表手足跟他們長得很像的經驗，也無法學習他們那部分的歷史。

通常我們和個案連結、瞭解其家庭系統的第一步，便是鼓勵個案對自己的家庭歷史好奇。令人驚訝的是，個案經常會說他們覺得跟某個家庭成員很親近，儘管他們實際上可能對那個人的生活一無所知。但在個案開始詢問家庭成員問題前，他們應該先評估他們自己學習家庭歷史的動機是什麼。這個動機絕不能是「因為我在接受治療，而我的治療師想要這些資訊」。一個人需要抱有一顆真正好奇的心，想更瞭解關於他或她的歷史，否則被問到的家人可能會覺得被侵犯，且讓治療師捲入三角關係中。但是，想更加理解自己和家人的確是一個很好的理由。

相關個人生命經歷的問題包括：父母親、叔伯阿姨、祖父母和外祖父母的兒時、青春期發生了什麼事，他們是怎麼離家的，他們現在觀點或保持平和的特質是如何發展出來的？一個讓個案理解要問什麼問題的非常棒的方法是，讓個案寫下任一位他們覺得有些過節的家庭成員的自傳。寫下故事的目的是幫助個案看到什麼是他們知道、而什麼是他們不知道的。

征服對家系圖的抗拒：未解決的失落遺物

以下是治療初期面對及因應個案抗拒家系圖探索的案例。大衛和凱薩琳·羅傑斯是對再婚的夫妻，他們正值青春期的女兒的行為是主述問題。此案例的影片可於 www.psychotherapy.net 看到，標題為《未解決的失落遺物》，影片摘錄請至 www.psychotherapy.net/McGoldrick 觀看。

❖ 第一次會談

　　第一次和羅傑斯家庭會談，我試圖理解每個家庭成員的議題是什麼、誰是這個家庭的新成員、第一個家庭發生了什麼事。圖4.1呈現出一開始的時候，我所擁有關於此家庭的一些基本資訊。根據我理解到的，主要是繼母對女兒的行為感到不滿，而這種「糾紛」常見於繼親家庭中。我們會在第八章進一步解釋。

　　蜜雪兒，今年十五歲，是所謂的「認定的病人」（identified patient），由學校轉介而來，因為她的成績表現直直落，也似乎和一群不同的朋友走在一起，在班上則是「很難搞的人」。圖4.2呈現我在第一次會談的走向。

　　我做的是：(A) 試圖瞭解蜜雪兒和她所呈現的議題，尤其要詢問父親，因為蜜雪兒是他的女兒。我也試圖：(B) 強調和鼓勵父親和女兒的連結，以及：(C) 減低繼母的責任。我的假設是，當一個孩子出現問題時，一定都是父母親要負起主要的責任去因應，不是繼父母，所以，我想要讓我們在探索問題時，父親處於更核心的位置。蒐集主訴問題的資訊時，我試圖瞭解家庭

圖4.1　羅傑斯家庭在治療一開始的資訊

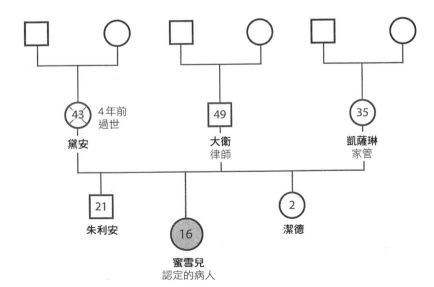

圖4.2　和羅傑斯家庭首次的治療會談努力

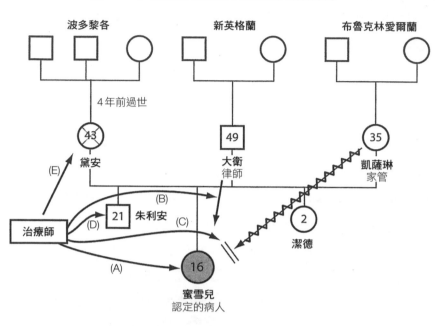

的歷史，而他們是怎麼走到現在所遇到的難題的。

　　我詢問了關於家庭的幾個問題，包括：(D) 蜜雪兒的哥哥朱利安，離家去上大學，以及：(E) 第一任過世的妻子。我詢問從以前到現在發生過什麼事、新夫妻何時結婚、他們的寶寶潔德何時出生。此時此刻，身為父親的大衛打斷我。

大衛：對不起，只耽誤一點時間。對我們來說，談到這些所有的日期細節，真的是有必要的嗎？我的意思是，我們似乎是為了蜜雪兒的問題而來的，我只是想知道我們是否可以更好地善用這些時間。

　　就我的經驗來說，這種來自父親的「有幫助」的建議，對於一個男人面對一個女治療師，並非罕見。或許不是那麼地顯而易見，但這個父親的保護性行為在告訴身為治療師的我，如何做好我的工作。通常在這種情況下，我

不會這麼早就跟隨這樣的行為，因為我的假設是，有強烈需要將治療師擺在防衛位置的任何人，可能自身正感受到自己的不自在。但如果我是正在督導一位年輕的治療師，我會幫助男治療師（或尤其是女治療師）有意識地察覺這類的對抗行為，幫助他或她去跟隨，並隨著歷程的進展，找到柔和的應對方式。

　　我對他的回應說明了會談進行方式的理由。我試圖澄清父親問我問題的需求。

治療師：這樣吧！我想跟你說的是，就我的觀點，你永遠不會知道歷史的哪部分會變得與你現在的主訴問題有關。但是很明確地說，你女兒所說的是，自從潔德出生以來，她就感到煩躁了。現在，我雖然不知道這是什麼意思，但是我能確定的是，當她出生的那一刻也會造成一些不同，因為你必須做很多家庭的重新安排來因應她的出生，不是嗎？

　　我繼續詢問他關於大兒子朱利安的事，他已經上大學兩年了。然後，我問父親自己的背景。他告訴我，他是一個獨生子。他曾有一個哥哥，但是他在還是嬰兒時便過世了，他和這個哥哥同名。我詢問他的父親是否尚在世，他回說父親已經過世了。當我問他死因時，他說肝病。但當我問他是否喝酒，他說：

大衛：嗯，他喜歡喝，但他肯定不是酒鬼。

　　在詢問任何關於個人歷史的問題時，我們都必須有所準備，個案可能會因為我們所問的問題，而引發其不自在、困難或傷痛。所以，每句對話都是複雜且細緻微妙的。特別是我已經感受到父親的不自在和保護的傾向，所以我試圖小心地回應他對父親喝酒這事的防衛。同時，有鑑於物質濫用是青少年因應其他議題困擾最常見的模式之一，這便是重要的訊息。基於他所述說

父親有肝病的事實，引發我詢問這個問題。

治療師：我知道有時候要談論你家裡不同的事情，是相當不容易的。但是，有
　　　　其他人曾經認為他有酗酒的問題嗎？

他給了我最少的信息，包括他成長在一個中上階級的家庭，有個快樂
幸福的童年，這個家庭是所謂的「除去外殼的白麵包」（WASP: white bread
with the crust removed）。隨著完成他這方的家系圖骨架後，我接著詢問關於
他前妻的事，也就是蜜雪兒的母親。

大衛：她在波多黎各長大（蜜雪兒微笑）。
治療師：你看起來喜歡這部分，是嗎？
蜜雪兒：是啊！
治療師：你認為自己也是波多黎各人？
蜜雪兒：當然啦！我是啊，不是嗎？

直到現在均給予極少回應的蜜雪兒，針對我的這個問題，似乎活過來
了。基本上，被帶進治療室的青少年不會太熱衷，我們需要努力思索他們會
認為相關的議題是什麼，好讓他們參與。所以，我詢問她關於波多黎各的
事，比方說，她多久去那裡一次等等的問題。這對話帶我們去瞭解她波多黎
各方的家庭，然後帶到她母親的疾病，於是，我進而學習到，實際上因為母
親病得非常嚴重，所以她待在波多黎各，和外祖母一起陪伴母親度過她的最
後一個夏天。

當我詢問蜜雪兒，她和外祖母關係緊密的狀況時，父親突然出現另一個
對歷程的挑戰，打斷我和蜜雪兒的對話。他面質我「浪費」大部分的會談時
間談論「古老歷史」，藉以給予她女兒為自己的不當行為找藉口。他要求要
知道，治療需要花多長的時間，費用又是多少。

治療師：（對蜜雪兒）聽起來，你和外祖母的感情非常緊密，是嗎？

大衛：對不起，莫妮卡。我必須再問一個問題。這是要談到哪去？我們已經浪費這次會談的大部分時間在談論古老歷史，而我很擔心，我們不會將焦點放在我們來這裡所要談的議題，也就是蜜雪兒的不當行為。我擔心她會把這個當成一個線索，作為某種藉口……

治療師：是有什麼讓你不開心嗎？……我不知道……

大衛：沒有。只是她真的和她的外祖母不親。事實就是如此。而我擔心，如果我們在這裡繼續嘮嘮叨叨這些事，我們就不會去處理蜜雪兒在學校所發生的事。現在，我真的覺得，如果我們要繼續這樣，那麼我需要知道這要花多長的時間。你知道的，我是一個律師且處理合約事宜，而我們必須告訴我們的客戶，我們必須告訴他們要花多長的時間和多少費用。

　　我的第一個提問是問他是否有什麼事情讓他不滿煩躁，這無疑是錯誤的提問。如果他能夠那麼輕鬆地談論讓他心煩氣躁的事的話，我們可能就不會有這樣的對話了。所以當他提出他當律師的挑戰時，我試圖給他一個直截了當的答案，說明這種情況與他做律師工作之間的區別，而且我想在這樣的挑戰中，盡可能地給予支持。因此，我會努力讓他放心，我承諾在這個過程中會對他負責，而且不讓治療維持過度開放的時間太長也非常重要。

　　我認為這樣的保證，對於與個案接觸的過程至關重要。沒有人應該被期待在沒有看到結果前，無止境的信任。治療是個雙方合意的合約，這樣的合約形式就如同法律合同一樣。但不同的是總會有初期模棱兩可、含糊的情況，即，究竟什麼是真正的問題、還有誰參與其中，以及誰需要加入以解決問題等，均是無法提前預料的。

治療師：嗯！以某種方式來看，情況是稍微不同的，你知道。除非我能夠對故事有瞭解，否則要真正幫助你釐清是很困難的。

大衛：你能給我們一些大約的估算嗎？

治療師：當然。而且，我強烈地覺得要對你負責，如此一來，你才能對整個歷程覺得沒有問題。一般來說，你知道的，我們會進行幾次的會談。我想說的是，如果三或四次會談之後，你還是有現在「這有什麼相關」的感覺，那麼，我會說，讓我們真的來談談它吧！但是，直到我們更清楚歷史，看看是否有什麼是與你現在的家庭、女兒學校正發生的事有任何關聯之前，我挺朝這方向走的。

大衛：好吧！我想我們必須想一下。

　　此時，他太太敦促他繼續，對歷程的進行相當有助益。在這種情況下，我的解讀影響我對父親催促的評估，即我評估他們因為是學校轉介來的，且他希望在學校保有好形象，所以不會想就這樣走出我的辦公室。如果我沒有這樣的想法，我或許不敢催促他如此地緊，要他跟隨我的步調和方向。在這樣的案例中，我可能必須轉變方向，轉而詢問更多關於蜜雪兒的行為是如何困擾他的細節。當然，那可能會讓我繼續去問他或他太太，他們在青春期時是否遇過類似的難題，而這又會再一次地帶我們回到歷史。

　　根據情況的嚴重性、你所感覺到個案願意和你坐一起的意願、你對於他們的脈絡和轉介資源的影響力等，這樣的問話都是一種主觀判斷（judgment call）。圖4.3顯示出我在第一次會談中所獲得的基本訊息。它呈現了我希望去的位置，以及他們所允許我去的位置。

　　家系圖的問話永遠都是一種根據家庭如何回應你問題的主觀判斷。如同你所能見的，我詢問了大衛和凱薩琳、過世前妻黛安、蜜雪兒的兩個手足的資訊，我還想要更多的背景資訊，包括黛安的家庭、大衛和凱薩琳關係、婚姻和育兒的演變，但沒有時間。

　　當父母親同意再來時，我立即詢問在旁專心觀看父親反應的蜜雪兒，她認為下次會談，誰會來。她的答案是：「它打敗禁足！」蜜雪兒看到我挑戰她的父親，這可能讓她覺得安心，可能也看到她的繼母敦促他要繼續，所有這一切對於努力使她能更好地和父親相處是很重要的，況且這些因素對她的

圖4.3　從第一次和羅傑斯家庭會談擴充的資訊

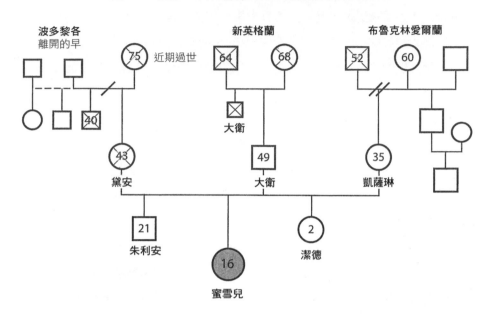

未來也顯然是重要的。

❖ 第二次會談

　　太太的再度保證可能對她先生再進治療室是有助益的，但它並沒有辦法壓制他的焦慮。當我們在隔個星期再見面的時候，他不得不再次告訴我，我們在上一次會談中忽略現在、談論過去，是在浪費時間，特別是蜜雪兒的外祖母，他強烈地表達她和現在議題無關。同時，也可能就只是要讓我看到我多麼離題，他說蜜雪兒的問題越來越糟。

大衛：莫妮卡，自上星期開始我想了許多，我依然覺得重要的是我們要專注於現在的問題，而不是過去。我是説，我們上星期已經花相當多的時間了，就比方説，談蜜雪兒外祖母的事，蜜雪兒也才總共跟她相處四個月而己！而我真的認為我們應該關注現在和蜜雪兒的行為，那依然是個非

常大的難題。

治療師：我必須告訴你，從我的觀點來看，過去對現在的影響是非常大的，大
　　　　到我們真的不能不面對處理它。但是，讓我這麼說。讓我們開始談現在
　　　　所發生的事……顯而易見地，你想要讓我理解某些事，而你認為我還不
　　　　理解。所以，你何不告訴我那是什麼呢？

　　此次的會談，我的目標是談論大衛的挑戰，並讓他知道我不會忽略家庭
歷史。但同時，我也想理解他和太太現在的難處。凱薩琳繼續抱怨蜜雪兒的
打擊音樂是多麼吵，她交的朋友則是來自凱薩琳認為不安全的地方。蜜雪兒
插入話題說，她父母反對的真正原因是，她的朋友是黑人和波多黎各人。

　　此刻，我決定只跟蜜雪兒談。我在第一次的會談中，並沒有時間和她談
到話。但我都會在諮商早期單獨和孩子談，評估他們痛苦的程度，聽聽他們
對家庭問題和個人議題的看法，而青少年一般來說，都不願意在聯合會談中
公開討論。

　　我考量花時間分別和每一位家庭成員談是重要的，因為總有一些事情是
他們不會在團體裡公開地說，卻能幫助我理解所發生的事。這對於相對弱勢
的家庭成員來說，如兒童或青少年，尤其如此，但也適用於女性，通常也適
用於擔心在其他家庭成員面前承認問題而失去面子的男性。

　　單獨和蜜雪兒會談，我更確認她和去年夏天因夏日劇院方案結識的朋友
們一起，並沒有走偏。我也更確認她對學習依然有興趣。她也告訴我，她擔
心她的父親不是真正有興趣理解她的經驗。

治療師：你的學校輔導老師，就她所認識的你，認為你是個非常棒的孩子，但
　　　　過去兩個月以來，你開始變得不一樣了。那就是她轉介你來這裡的原
　　　　因。我不知道你對這有什麼想法？你認為她應該要擔心嗎？

蜜雪兒：我沒有做什麼重大的事情。是啦！我是翹了幾堂課……

治療師：但根據她告訴我的，似乎有所不同。因為她說，你一直都是個好學

生，但是最近，你會和一些老師爭論，翹課是你以前從不會做的。她感
覺到有什麼事情發生。你父母的幻想顯然是天馬行空，但我認為那是起
於他們是真正關心你的，而這些是你需要知道的。

她提出她的假設，說父母親不開心是因為她的朋友是黑人和波多黎各
人，而他們的反應是源於媒體上的刻板印象。但是，她說她的朋友是非常
好、有趣的孩子。她覺得她和他們連結的方式是她從沒有過的經驗。我質疑
她，讓她看到在中學很容易進入到錯誤的團體或受同儕壓力左右。她再度向
我保證。

蜜雪兒：但是那不是我！不是我！

治療師：嗯，好吧。我只是問問。因為我不認識你。你知道的，因為聽起來那
是最近的變化，而我想瞭解發生了什麼事，最近？我是說，上次你提到
似乎是跟寶寶有關。但寶寶兩歲了。不是最近。你認為現在是什麼讓父
母親這麼惱怒？

蜜雪兒：我只是想跟波多黎各小孩一起玩。

治療師：為什麼？為什麼那會惱怒他們？

蜜雪兒：我不知道那為什麼會惱怒他們。但你自己看到了。當我父親談到外祖
母時，就像她是路人甲。

治療師：他不明白你跟她如何能有連結。

蜜雪兒：聽起來像是這樣？！

治療師：那是真的。但是，我沒有辦法分辨那是為什麼。你跟他談過那對你的
重要性和意義嗎？

蜜雪兒：他不會瞭解的。他就是不會。

治療師：真的嗎？你想你媽媽嗎？

蜜雪兒：我想我媽媽嗎？我想啊！

治療師：當外祖母過世的時候，有什麼事情被觸發嗎？

蜜雪兒：我的父親想忽略那事件，即使它跟我的生命是有關連的。但是，當我
　　　　知道我母親將要過世這事時，我是跟外祖母在一起的。外祖母是那個在
　　　　我身邊，陪我經歷這些事的人。不是我的父親！而那個人本來應該是他
　　　　的。

治療師：你曾經跟他談過這件事嗎？

蜜雪兒：他不能……沒有。

治療師：他不能什麼？

蜜雪兒：就像，他不在。

治療師：好的。或許這是個議題。我是說，你和他或許需要建立起連結，而這
　　　　連結是你一直都錯失的。我不知道，但聽起來感覺是這樣的。他不知道
　　　　你到底經歷了什麼。

蜜雪兒：而且，他甚至不會花時間企圖去理解！所以，他要怎麼知道？

治療師：我想或許我們需要談談這部分。而且，對於他抗拒關於你歷史的部
　　　　分，你可以跟他說。你知道，我是不會告訴他這些的！但是，他會從你
　　　　那裡聽到，因為他會知道什麼是有關的，因為那是你和他共同擁有的歷
　　　　史。你懂嗎？

蜜雪兒：但是他不會想要談這些的。

治療師：嗯，你知道嗎？或許是談的時候了。

蜜雪兒：我是說，你聽到他所說的話了啊！他甚至問為什麼我們要談過去的
　　　　事。

治療師：是的。但是，你可以幫助他，讓他明白。而且，我會幫你。

　　這是我幫助父親學會欣賞感激其自身歷史之重要性的途徑。蜜雪兒在
這次短暫的接觸中，表達得很清楚，她遭遇了什麼困難，什麼地方出了問
題。在治療中，你不會每次都這麼「幸運」，在歷程初期就得知核心問題是
什麼，但是你都會去尋找資訊，理解「為什麼是現在」？發生了什麼事，導
致這個人或這個家庭脫離軌道？你可以怎麼幫助他們重新連結？在這個案例

裡，我們開始能夠理解父親對「現在」的堅持。他不希望去面對他子女失去母親的傷痛，他自己可能也沒有好好地哀悼。尤其對蜜雪兒來說，未解決的哀傷會造成傷痛和連結的切斷。瞭解到此，我現在可以試著幫助她建立和父親的連結。

　　對家系圖的抗拒都會伴隨著類似這樣的創傷。某件事出了很大的問題，造成很大的痛苦，而家人全都試著繞過問題，不去面對。我們的工作是幫助他們去面對和處理傷痛，這樣他們才能解脫，往前邁進（請至www.psychotherapy.net/McGoldrick觀看影片《面對未哀悼的失落和創傷：建立復原力》〔Facing Unmourned Loss & Trauma: Building Resilience〕的摘錄片段，完整影片請造訪我們的網頁www.multiculturalfamily.org）。

　　正因為家庭情感聯繫的重要性，我迫使父親討論家庭的歷史。我假設，當家庭因卡住而來尋求治療，通常和他們的關係和歷史有關，而家系圖是最好的繪製方式。因此，家系圖成為基本指南，用以追蹤家庭發展的狀況：

- 問題何時開始？
- 在那同時，家庭有其他的壓力發生嗎？
- 家庭關係的歷史是什麼？

　　圖4.4呈現出我在此次會談的努力，始於父親控訴我浪費時間談論歷史，和繼母抱怨蜜雪兒的行為問題和她的朋友。再度說明歷史的價值後，我試著：(A) 和蜜雪兒連結，先確定她的狀態，然後聽聽她對父母親的不滿的假設，最後從她的觀點探索歷史，而那直接導向現在的問題。當她告訴我對她來說，和母親和外祖母的歷史很重要時，也說了父親拒絕看到這部分歷史的重要性，以及這拒絕對她的影響。我同時讓她知道，我會幫助她面對和父親的這些議題。接著，我會要求，這個案子若要成立，父母親必須參與；(B) 讓父親和女兒一起探索相關的歷史；和(C) 繼母凱薩琳則是先待在後台，因為這不是她的問題。

圖4.4　羅傑斯家庭第二次會談的方向

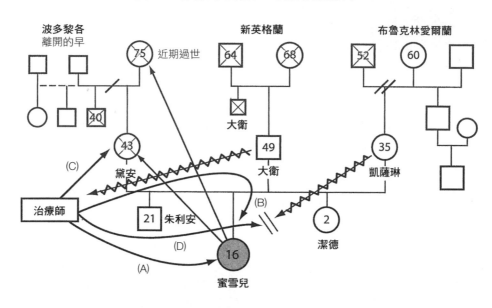

和蜜雪兒會談之後，我和父母親單獨談。

治療師：（對大衛）對我來説很清楚的是，蜜雪兒也覺得跟你的連結沒有很
　　　　好……她不太能跟你聊，一直都不太能跟你談。她説，她從來都不能跟
　　　　你聊她母親的過世。

　　　　當你告訴我「讓我們忘記過去歷史，我們必須處理這個現在的問題」
　　　　時，我所感覺到的是，現在的問題真的和過去的歷史有關，而且你和她
　　　　無法真正地共享這段歷史經驗。我想我們真的需要就這個部分跟她聊
　　　　聊。

　　　　（對凱薩琳）我想這和你進入這個家庭之前的歷史有關，你知道嗎？如
　　　　果你是上帝，我不認為在蜜雪兒和她父親建立更好的連結、更好地處理
　　　　她失去母親的失落之前，你能導正她。所以，我想你很惱怒她的某部
　　　　分，其實正是她掙扎地想要整合她的歷史，而這段歷史經歷是發生在你
　　　　之前，你明白嗎？某部分其實就真的只是一個青少女，就讓我們面對

它，但某部分，我覺得她需要和她父親一起面對解決，而那不是你的問題。你能瞭解我所說的嗎？

凱薩琳：嗯。

❖ 第三次會談

在下一次的會談中，我單獨與蜜雪兒和她父親談話。

這次會談中，我們談論蜜雪兒在母親過世前幾個月，父親送她去外祖母那裡，但她卻從不能跟父親聊她的任何感受。我要求父親談母親即將過世時的細節，而他不情願做。蜜雪兒則開始詳細述說，她如何從外祖母那得知母親過世的消息。她提到，父親並沒有安排她回家參加喪禮。他在對話中理解到，蜜雪兒和她的外祖母是如此地貼近，於是當下，他因為最近隱瞞外祖母過世的消息向她道歉。而這個未被看到的失落，似乎是導致他們來到治療室的原因。

蜜雪兒聽到她阿姨告知外祖母過世的留言。但是，父親卻多日不提。他終於說出來時，其實是她提醒他的，而他就劈里啪啦突然說：「你記得卡門吧？嗯！她死了。」我要他多談這個他們共有卻從未彼此談過的歷史。然後，我提到哥哥朱利安，因為他一直都沒有出現在我們的對話之中。我詢問他可以來會談室嗎，父親回覆那不可能，因為他在科羅拉多上大學。我持續這個話題。

治療師：你知道嗎，這對我來說，是相同的議題。如同她需要你是她的父親一樣，或許這對他來說，也很重要。她需要她的哥哥，他也是這個失落經驗的一部分，正參與其中。你知道嗎，她也是他的母親。

大衛：大概吧。那是非常昂貴的周末。

治療師：但這是個非常珍貴的家庭，不是嗎？一部分的你知道這真的是非常重要的，而且，我依然認為它是真的至關重要的，你知道嗎？

圖4.5說明了我和這個父親－女兒會談工作的努力。我試圖：(A) 幫助父親處在當下並學習；(B) 看見他女兒對於失去母親的經驗。我想幫助他：(C) 在這樣的歷史脈絡下，當他的女兒說出她的感受和回憶時，他可以做什麼支持他的女兒。然後，我想幫助父親為忽略外祖母之死對蜜雪兒的重要性的行為負責任，而我們最終處理了它；(D) 對蜜雪兒和對哥哥朱利安來說，得知父親承認朱利安失去母親的事實，是重要的。

❖ 第四次會談

當父親離開第三次會談時，同意會安排他的兒子來參與此次的會談。接下來的此次會談失控了。太太極度生氣進到治療室，因為蜜雪兒昨晚晚歸，而父親大衛卻不處理她的不良行為。凱薩琳的情緒似乎是因為聽到兒子受邀來治療會談而被引爆，這些挑起了她的恐懼，她害怕先生和他第一個家庭的連結仍然是多過跟她的連結，而她和新寶寶會被忽略。

圖4.6顯示我在第四次會談轉向降低火爆溫度：(A) 支持繼母處在後台位置，不要成為問題的主要焦點；(B) 避免蜜雪兒和她的父母親再度將蜜雪兒變成認定的病人和問題。我想讓這個家庭：(C) 把持住，直到父親能夠面對他兩名子女失去母親的失落悲傷，並站在孩子所需的父親的位置上。然後，我們就能有空間，讓他真正成為第二任妻子的先生，且專注在他們新生兒的需求上。順帶一提，繼母沮喪挫折的正向面是，她對於她先生不為他女兒做更多而感到不滿。雖然我暫時不能順著這條線往前進，但我認為這是一個很好的轉變，至少她體認到蜜雪兒需要從父親那獲得更多。即使她關注侷限場域範圍，但是她強調他需要和他的女兒站在同一陣線上，真是太棒了。

當你和一個再婚家庭工作，因應家系圖和家庭歷史時，常見的問題是新伴侶通常會變得忌妒，對他或她未參與的歷史會有反應，而這是必須要處理的。即使個案面對的是他們和前伴侶、孩子或其他原生家庭議題的未解決事件，他們也需要努力和現任伴侶連結，如此一來，伴侶的反應才不會越來越嚴重。所以，我隨著時間慢慢地和大衛工作，讓他代替他的女兒並開始做

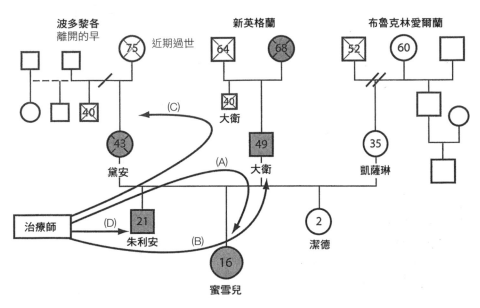

圖4.5　羅傑斯家庭第三次會談的方向

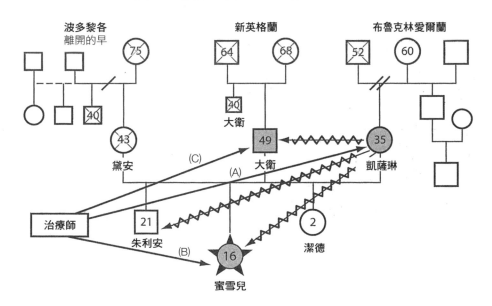

圖4.6　羅傑斯家庭第四次會談的方向

工，讓他為他的長子女負起主要責任，重新找到平衡，那將會是改變的重要部分。繼親家庭的治療初期，常常是繼親的那一位負責發言，如同這裡所發生的一樣，但重要的是要幫助他們修正這樣的狀態。

即使當大衛把兒子自科羅拉多帶來治療會談，他自己開始意識到，他的子女有多麼需要他的回應卻沒有得到，他依然抗拒面對他的歷史。而當他開始去探索自己的原生家庭時，他逐漸地開始明白，他面對子女兒而把自己關閉的部分，源自他兒時的學習——他小時候經歷父親酗酒，也經歷總是避免面對自己傷痛的憂鬱母親。當他學到幫助他瞭解自己的新資訊時，他雀躍地來到會談室，只是為了不要在下次會談前忘記他所做的決定。一旦他開始做工，因為他變成是個越來越能關注太太的伴侶，太太對他的挫折感便減少了。

我們想想這個家庭，隨著案子的進展，我們改變專注的焦點，我們圖像化這個家庭在治療的一開始（圖4.7），焦點是放在父親希望我「導正」他「偏差行為」的女兒。沒有人看見大家庭議題是有關連的，也沒有重視家中的其他小孩。我的第一步是探索家系圖，詢問關於其他孩子、過世母親和三組原生大家庭的資訊。第二次會談，我們主要是談蜜雪兒的問題、她失去母親的失落悲傷和她外祖母卡門的角色。接著，我把焦點放在降低蜜雪兒和繼母之間的敵意，我讓繼母去「度假」，因為蜜雪兒不是她的問題，而她也不是蜜雪兒的問題，縱使她們自己認為是如此。第三次會談，我的重點放在讓父親擔任起他女兒父親的責任。

第四次會談，父母親似乎退縮回他們第一次會談的狀態，兩個人都專注在蜜雪兒的不良行為上，父親要我導正他的女兒，並停止談論關於其他家庭成員和長期被遺忘的歷史。我堅持並試圖將注意力放在讓父親擔起當他女兒父親的角色，承認她失去母親的失落悲傷經驗，看到她是需要他的關注的。

❖ 後期會談

第五次，我跟大衛、蜜雪兒、朱利安一起會談，會談重點放在黛安的過

圖4.7　羅傑斯家庭最初對問題和解決方案的觀點

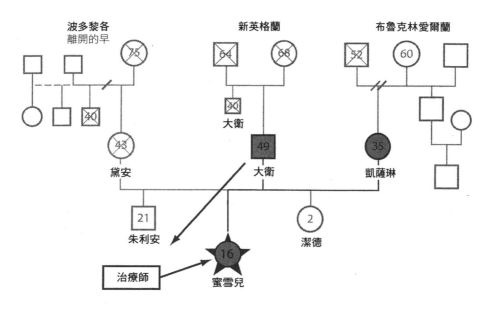

世和外祖母的角色。

　　到第七次，我已經能夠讓大衛重新聚焦在自己的原生家庭上，以及他自己的經驗如何影響他難以和孩子談他們失去母親的失落悲傷。現在，我們能夠詳盡地探索他一開始拒絕承認的家庭歷史。他開始探索早期他家庭中的失落，並檢視他父母親的生命。他承認並認回自己的歷史，他開始好奇，想瞭解他父母親發生了什麼事。我將更多的注意力放在他自己身上，而非他太太，因為他才是那個遇到線路堵塞問題的人，即他無法處理他的感情，導致他在孩子失去母親且最需要他的時候，以及往後的日子，都忽視他們。

　　圖4.8 羅列了羅傑斯家庭的簡短家庭年代表，其顯示這樣的時間軸在實務工作上追蹤模式是多麼地重要。除了這裡所討論的東西之外，還有許多事件和經驗在治療中，隨著時間慢慢浮出，尤其是和大衛的家系圖有關的部分，而那些幫助他理解自己的歷史，和他關閉自己的行為傾向，這樣的傾向便是主訴問題的重要部分。九年前，大衛母親過世時，他便沒再見過母親

圖4.8　羅傑斯家庭年代表

1943年　大衛的父母親結婚。

1944年　第一個兒子大衛出生。

1944年　兒子大衛在一個月大的時候過世。

1946年　第二個兒子大衛出生。

1948年　大衛未來的太太戴安出生（母親卡門最小的孩子）。

1954年　大衛的母親流產。

1956年　大衛的母親再次流產。

1956年　大衛的母親和丈夫最好的朋友鮑伯有婚外情（大衛10歲，當年僅覺察到父母親變得抑鬱。他整個夏天被送去參加營隊，他記得自己極度地想家）。

1973年　大衛（30歲）娶黛安（28歲）。

1974年　兒子朱利安出生。

1977年　大衛父親酗酒過世，年僅54歲。

1980年　女兒蜜雪兒出生。

1987年　大衛的母親68歲過世。

1988年　黛安的哥哥40歲過世，死於車禍。

1989年　黛安被診斷出血癌。

1991年　8月18日，黛安43歲過世。12歲的蜜雪兒正在波多黎各，未能返家參加母親的喪禮。朱利安17歲。

1992年　6月10日，大衛（46歲）娶32歲的凱薩琳，她的父母親在她9歲時離婚。

1993年　4月10日，大衛和凱薩琳有新生寶寶潔德。

1993年　9月，朱利安離家去科羅拉多上大學。

1995年　外祖母，即黛安的母親卡門，在波多黎各過世。

1995年　蜜雪兒在學校出現「不良行為」後幾周，家庭被轉介接受治療。

1996年　大衛到康乃狄克州的韋斯特菲爾德，去拜訪79歲的阿姨奈兒，即母親的同卵雙胞胎妹妹。他自1987年便沒見過這個阿姨，並從阿姨手中拿到母親的日記和相本。

圖4.9 羅傑斯家庭的最後一次治療會談

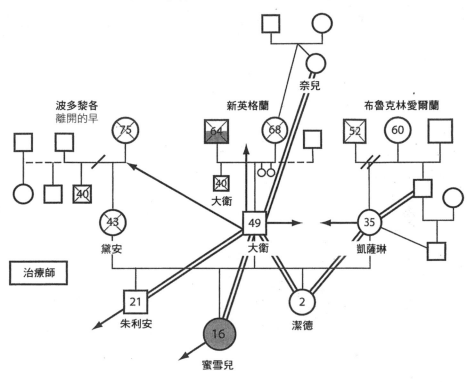

同卵雙胞胎的妹妹,而當他去拜訪她時,有了重大的轉變。這個阿姨幫助他理解他從未知道的家庭歷史,並交給他母親的日記。這本日記打開了他的眼界,看到他早已遺忘的兒時經驗。

圖4.9顯示會談十七次後,治療結束時的家系圖。所有在家系圖上的家庭成員均討論過,也考量他們各自的角色。父親花大部分的時間,理解他父母親的經驗是如何影響他自己關閉情感的,又如何影響他對自己家系歷史的負面態度。他轉變過往的模式,努力和他的子女、太太和其他家庭成員連結。這對新夫妻可以彼此更靠近,朱利安和蜜雪兒可以走在自己的人生道路上,而且因為大衛認真地想瞭解他的原生家庭,他和阿姨有了更深的連結。凱薩琳重新和他的弟弟、弟弟的兒子連結。更神奇的是,全家正在考慮一起去波多黎各旅行。

關於抗拒家系圖的實務問話

　　當某位家庭成員拒絕參與家系圖時，希望以下的問句可以幫助你因應。但記得，關於家系圖問句最重要的是，當不再多問問題時，給予欣賞感謝；當一個人或家人不分享自己的歷史時，給予尊重。而這些問句只能在脈絡允許時才詢問。實務工作者可以先問問自己以下的問題：

▶背後有什麼原因，讓家庭對討論家系圖有所遲疑？最有可能的答案是，這個人或家庭對自己的歷史感到羞愧。家人通常覺得羞恥的酗酒、自殺、思覺失調、性秘密或其他議題，可能成為家人打從心底、根深蒂固不要討論家系圖的期望。

▶從主訴問題到家系圖之脈絡的擴展，對個人或家庭的意義是什麼？絕大部分家庭成員害怕他們要為主訴問題負責任，因此，重新將我們的問題聚焦在自身的故事，意味著他們和問題有關，而對一開始便呈現問題的家庭成員，他們會覺得有罪惡感或內疚。

▶詢問關於個案之歸屬感或復原力的問句包括：

- 當你遇到困難時，是什麼讓你繼續往前行？
- 在你的生命中，誰對你有信心？
- 在你的生命中，哪裡及何時，你最有「家」的感覺？
- 有沒有人是你一直以來，能夠諮詢並覺得有幫助的？
- 你認為你的孫子孫女或其他下一代的孩子，會想做你現在所做的嗎？

CHAPTER

5

融合與截斷

探索家系圖中融合、截斷和隱見忠誠的模式

對治療師來說，任何家系圖中所必須探索的重要模式是演變為「融合」（fusion）或「糾結」（enmeshment）的緊密關係，另一個極端則是「疏離」和「截斷」的關係。這兩個極端可能是，一個四十五歲的成年人一天打六次電話給她的母親（融合）；或者相反，過去一年都不曾聯繫她的手足或父母親（截斷）。總括來說，融合和截斷是一體兩面。一個在融合關係的人，在某個特定的時間點，可能反抗和切斷關係。然而，矛盾的是，融合和截斷在連結上是緊緊相扣的。當看到截斷時，便可能就近看到融合，反之亦然。最有問題的模式是，隱蔽或看不見的融合或截斷模式使得模式的釐清及解讀更加複雜。

溝通層次上的差異可能隱藏了融合和截斷的模式，因這些溝通在不同文化脈絡下被視為是理想的。例如，當年輕人結婚，他們被期待與延伸家庭有多少的社交連結？或是公婆或岳父母可以多常打電話？可以多常去已婚子女家「串門子、轉轉」？但是，融合和截斷是屬功能不彰，關閉了系統的溝通和關係。

當一個人與他們情緒同在時，情緒成熟度可以用來衡量他和她思考、規劃、理解，及遵循自己價值觀和自我主導生命進程的程度，而不是依據親近的人給的線索來反應。成熟的成人不須為了掌控和感到情緒自在，而將自己的生命能量放在贏得讚許認同、攻擊他人、理智化、讓自己情緒無感，或操弄關係。

我們系統化下的假設是，無論是融合和截斷，都不是最好的選擇。截斷系統中的某部分就像死亡一樣。從系統觀來看，截斷所牽涉到的，永遠不只一人，因為系統中的每個人都是相互有關聯的。所以，如果一個人不和他妹妹說話，他也剝奪他小孩和姑姑的關係、姪子姪女和舅舅的關係，阻斷了下一代的部分歷史。

❖ 融合

融合指的是一個人或兩個人放棄關係中的「自我」，他們變成討好者（placater），或是成為相對高功能者的那個低功能者。我們都會追蹤家系圖模式，檢視融合的程度，即兩個人所思和所行如同一個人，沒有獨立運作的可能性。他們的行為是如此地相互依存，而個人無法有自己的獨立思想。雖然照顧關係很容易變成融合關係，但和這一個人在關係中需要被照顧，另一個可自由決定是否要為了那個人參與其中無關。

父權都會期待夫妻關係是融合的狀態。太太被期待為了先生而放棄自己，先生則被期待接受這種只考量他的需求的狀況。在該種情況中，和許多其他的融合關係一樣，會有嚴重的權力不平衡狀態：當雙方彼此互動、回應對方時，一個人的需求和感受主宰所有，另一人的需求和感受則變為隱形、看不見。

一般來說，在這種融合關係中，處於更強有力地位的人，很明顯地會忽視融合的本質，不會覺察到他們在滿足自己的需要和對他人的無形依賴中，有多少的特權。他們鮮少會注意到他人的需求在關係中未被提及。

相類似的形式則是種族歧視，那是站在征服的位置上，要求融合。白種人優越感的假設是建立在他們是有「自我」的，而有色人種是要服侍他們的。所以，白種人往往不會注意到他們和他人關係融合的程度，尤其那些他人是完全犧牲自己需求的。他們認為自己的需求和價值才是僅須被考量的。

在家庭中，融合關係是常見的。一般而言，較大較強的人，或者較有權力掌管的人，會拉近系統中權力較小的人，而形成融合關係。

融合關係發展的歷程和焦慮的處理有關。通常，發展融合關係是為了要降低焦慮，尤其是那些在關係中較有權力的人，且是短期的。在融合中，會經驗到的是「一起感」（togetherness）和連結，即使代價是要一個人付出真正的自我。如同亞隆（Yalom, 2012）所說的：「融合以一種激進的方式根除焦慮——透過消除自我覺察……因此一個人去掉了焦慮，卻失去了自我。」（p.xx）

❖ 疏離和截斷

在光譜另一端，治療主要關注是疏離和截斷模式——一個個案多年沒和手足見面，或是幾十年沒有和父親說話，也從未和其他小家庭的成員有過真誠的對話。透過截斷，我們所談的不是指拒絕接觸一段虐待關係，而是不否認施虐者有改變的可能性。截斷和另一個人的關係指的是不相信他／她有改變的能力。截斷違反系統的原則，即人類生而相互連結，生命本身即意味著改變的可能。即使系統變得非常地沒有彈性，但總是有改變的可能。雖然在極度緊急的情況下，所有人都有能力變得是「有毒的」——即，隨之而來的是進一步引發關係破壞——但是系統假設是，系統永遠有改變的能力。治療的努力始終旨在鼓勵個案更有彈性，同時促進系統改變的潛能。

系統化思考的重點在於意識到截斷——不願意和你歸屬的某人建立關係——不是系統的選項。它否定了我們和所歸屬的那些人的連結。如同鮑文曾說，如果你不願意和母親同坐一室，便以寬厚的方式和她連結，否則，不管你怎麼為自己辯解，都代表了你並沒有分化。他所指的，並不是要你整天都和母親連結，如果她還無情地辱罵、批判、酗酒，或無法回應你。他指的是你能偶爾有和她聯繫的意願，看看她是否準備好跟你連結，無論她怎麼回應你，你能夠對她保有仁慈寬厚的心。從身處在系統的觀點來看，這樣的意願至始至終都是存在。

同樣的型態，如果個案和父母形成了三角關係，視他的父親是好爸爸（烈士、老好人、貼心、隨和、有愛心、善良、大方），母親則是巫婆，則很可能在父親抱怨母親時，扮演替代母親、陪伴父親的角色，為了改變這樣的關係，她將需要改變她的姿態，或許可用幽默的方式應對，如：「喔！少來了，爸爸。你知道你不能沒有她的。」除非她採取行動，擺脫和父母的糾結關係，否則她無法從三角關係中脫鉤，因這樣的三角關係會讓她負面地對待母親，和父親形成融合關係，進而成為過度高功能的人，為父親發動父母的爭戰。

許多的個案認為，和父母親保有一個表面、「必恭必敬」的關係，可以

達到目的，即短暫拜訪並保持禮貌。但是，實際上這種情緒的截斷是因為這個人從來都不願意在父母面前展現真實的自己。個案可能會持續表現出說實話會扼殺父母的態度，此時，治療師便需要畫出清楚的界線，並說一些像這樣的話：「除了試著和父母親建立真的關係之外，你生命中還有什麼？如果你不願意嘗試，它就會埋在你腦海中，彷彿從未發生過。如果你一直嘗試，即使沒有成功，你盡全力了，那個人是否願意進到門來，就不是你的責任了。」

　　但是，要分辨是否為有毒害的父母（或是任何父母）的第一步，便是盡可能地去認識他／她。這表示，以開放的態度和自己的手足、叔伯阿姨、爺爺奶奶、外公外婆、父母的朋友——任何可以分享其觀點、幫助你瞭解父母身為一個人的人——多多談話。

　　納拉‧奧法萊恩（Nuala O'Faolain, 1998），一位愛爾蘭記者，終其一生都受父母親酗酒問題、他們對她和手足的影響所苦。她曾非常感性地寫道，當她從一個圖書館員那得知，母親是個熱愛閱讀的人時，她從對母親負面的僵化觀點中解脫出來了，她不再視母親是個失敗的媽媽，而是在人的層次上看她。

　　就如同我們已經強調的（不攻擊、不防衛），我們都會建議在對話中遠離生氣和責怪。如果個案是生氣和責怪，我們會延遲對話，然後鼓勵他堅守其想在關係中找到出口的意圖。其實沒有必要在一個情緒高漲的即時反應和緊張的氛圍下談論重要議題。莫瑞‧鮑文曾說：沒有必要在一個面臨即時反應的動盪局面下，採取「我－姿態」（I-position，清楚表達個人在情境下的價值觀及信念）。

　　所以，要如何開始撥雲見日呢？首先，最主要的是在關係系統中，更去理解他人、探索家系圖。貝蒂‧卡特曾建議詢問關於「不可能的」（impossible）家庭成員的資訊，如：「他／她是怎麼變成那樣的？」一旦你能幫助個案開始思索他人令人討厭的行為，並好奇是什麼驅動這樣的行為時，他／她便開始踏上系統化思考及瞭解其家庭的旅程了。

「有毒害的」父母和其他難以忍受的家庭成員

如前所述的世界觀，截斷和「有毒害的父母」或「有毒害的人」的關係並不是明智之舉。這不代表我們要容忍虐待，它指的是我們在關係中，任何其他人以一種侮辱惡毒的方式和我們連結，我們都必須採取必要的措施保護自己，但如果將來某個時刻，那個人願意以尊重的方式和我們連結，我們則是準備好開放自己的心。

家系圖工作在初期的目標，旨在幫助個案看到家庭成員是有其獨特故事的人，而不是一個「失敗的」母親、父親或手足。我們會說從系統觀點來看，我們任何一個人受各種生活情境所迫，都可能成為迫害者，就如同我們任何一個人可能成為受害者一樣。實際上，大部分的人可能在生命中的某個時刻扮演這兩個部分，因此，我們必須透過瞭解我們系統裡的這些所有人，來理解我們自己——「好人」和「壞人」。

如果個案被不當對待，我們的實務工作則是幫助他們面對被壓迫覆沒的感覺、取回自己的力量、做評斷自己的主人，而不是讓他人來評判自己。接著，希望當那個壓迫者願意以具意義的方式連結時，個案能夠將心門打開，讓他走過。

喬西‧維塔勒（Josie Vitale），一位三十歲的社工，來自西西里背景的家庭，是家中的老大，有一個弟弟和妹妹。因她和母親安潔拉（見圖5.1）在歷經一次嚴重的憤怒衝突後，她截斷和父母的關係，所以她前來尋求協助。安潔拉打電話給喬西，詢問她多快能回家，因為薩爾（即安潔拉的丈夫、喬西的父親）對她吼叫並威脅她。這已不是薩爾的第一次了，他之前就有過許多次用粗言穢語和人身恐嚇的行為舉止。喬西一天突然眼睛一亮，決定她必須離開家，因為她再也不能忍受母親逆來順受，不採取任何的行動對抗她父親的暴力行為，反而是當她無法忍受丈夫的虐待時，因挫敗沮喪而轉向子女，尋求支持。薩爾的公共形象極度正面，是一個成功的商界人士、活潑外向，不僅深受社區群眾的愛戴，還具非常棒的幽默感。但是，他家人在家裡

圖5.1 維塔勒家庭

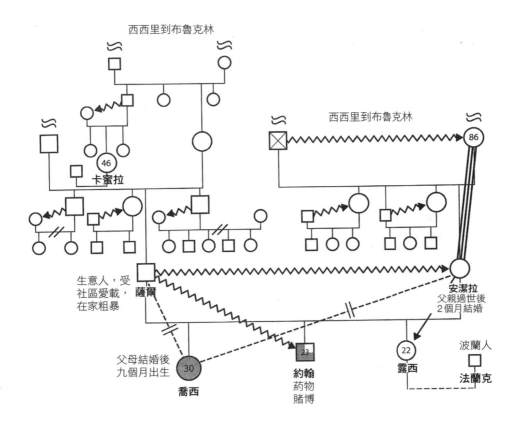

的經驗則是完全不同。他對二十三歲的兒子約翰肢體暴力最多，而這個兒子很顯然有嚴重的藥物濫用和賭博問題，但因父親最終都會幫兒子清償債務，所以約翰直到目前為止都未曾面臨過任何法律的議題。母親是家裡的老么，有兩個姊姊，喬西從她的表兄弟姊妹口中得知，兩個阿姨似乎也都經歷嚴重的婚姻暴力。

　　喬西尋求協助，是因為她知道她無法繼續過著和家人關係截斷的生活。她愛他們每個人，但她沒有辦法繼續過這種自從她有記憶以來，一直存在的「親近和個人情緒虐待」（up-close-and-personal emotional abuse）的家庭生活。當她講述這些故事時，我們發現情緒和肢體虐待常見於父母雙方家庭的世代

中。安潔拉和她八十六歲的母親關係非常緊密,她一天要和母親講到五、六次話。外祖母總是勸安潔拉要忍受、控制自己,不要回應她丈夫的攻擊。

喬西確定她的父母親會跟她一起前來治療,故希望立即安排家庭會談。我試著讓她慢下來,建議她和我仔細想想她的家發生了什麼事,而她要尋求什麼。她鉅細靡遺地告訴我多件家庭暴力的細節,但慢慢地,她變得遲疑了,於是轉移話題,開始告訴我關於她家系圖的故事。我們寫下她所有堂表手足的名字和年紀,她阿姨、叔伯姑姑、祖父母、外祖父母的婚姻狀態。我試著問關於移民的故事資訊,但她所知的非常少。她很確定,家中所有的男人都涉及非法商業和不道德的行為,儘管他們的公眾形象和名聲是正面的。

我建議我們先不要見她的家人,等到我們比較清楚她的目標時再說。她極力地催促我要見她的父母親,於是我提醒她,她才剛告訴我問題已經持續許多年了,甚至是幾世代了,而問題之所以有重大轉折是,她突然明白她不想繼續這樣的模式。我告訴她,我認為她,或許她的手足,都有這樣的感覺想法許久了,但每個人都陷入我們所謂的融合關係之中,而在這樣的關係中,人們很難有能力維繫他們的思路清晰,因此會捲入家中他人情緒勒索的情境之中。到了第二次會談,喬西告訴我,原本一開始拼命要她為所有家人找治療師的父母親,現在找到他們自己的治療師,不再願意跟她一起來尋求治療協助。我引導她正向地看待這件事,不管她對那個治療師的看法如何,至少那顯示他們一起尋求協助,是件好事。

任何案例中,很明顯地,喬西在此刻需要非常大量的準備計劃,以重新調整她和父母親的關係。

她開始跟爸爸的表妹卡蜜拉聊天。喬西從以前就被告知卡蜜拉「瘋瘋的」,但接觸後,她發現以家庭模式來說,卡蜜拉其實是一個風趣和非常直率的人。卡蜜拉的父親,也就是喬西的舅公,則是另一個「變身怪醫」(Jekyll and Hyde,此詞在心理學上常用來作為雙重人格的代名詞),是個有魅力的公眾人物,但關起門後則是對家人非常惡毒的人。卡蜜拉在她四十多歲時開心地再嫁,先生是個平面藝術家,她獨力扶養女兒,女兒現在在讀大

學。她設法保護她女兒免受父親的虐待，她雖然假日時都會去拜訪家人，但都是在她覺得可以保護她自己和女兒的情況下才去。卡蜜拉知道家人從西西里移民到布魯克林的許多細節。她聽過他們移民前幾近餓死的情況、他們在布魯克林發展出來的緊密保護的連結，因為當年到布魯克林時，他們都不懂英文，所以許多年間，他們害怕離開所在的核心社區。

隨著時間的推進，喬西也找到方法和她的妹妹露西連結，根據喬西所說，露西氣她「遺棄」家人。露西在當地的製藥公司獲得一份好的行政工作、遇見她的波蘭男友法蘭克後，她開始回覆喬西的電子信件。然後，露西開始同意偶爾和喬西見見面，建立他們關係的連結。當露西宣布她找到自己的公寓時，父母親對此盛怒，然後，當她搬去和男友同居時，她則接收到父親無止境的低俗咒罵和母親的謾罵。那段期間，露西的哥哥約翰已經進出戒治中心三次，但仍然吸毒和賭博。父母持續為約翰的行為忙碌、耗精神，卻從不對他真正地設限。

我們開始會談後，喬西常分別寫信給她的父母親，讓他們知道她有多麼地愛他們，希望和他們修復關係及和好。毫不意外，父母親接受的治療持續不久，而他們也拒絕喬西的邀請來加入我們的會談。她也努力和媽媽的姊姊們、父親的三個手足連結，他們全都住在同一區域，尤其是對她的姑姑，這個姑姑一直以來是她最喜愛的人。假日時，她照往例出席家族聚會，但都未久待，她不允許自己進到被孤立的位置上。

最後，她決定她已經準備好見母親了。對於她要跟母親說什麼，她思考許多，她想表達她看到母親處境的艱難，外公過世時，母親才十八歲，且就發生在她要嫁給薩爾前的兩個月。安潔拉接著懷孕生子，這讓她在丈夫面前處境更艱難，因為她在金錢上和情緒上都必須依賴她丈夫。

計劃和母親對話時，喬西想很多她母親對於她想談話可能會有的反應。依照過往對話的經驗，安潔拉經常會開始用粗暴的言語指責喬西多麼地自私、遺棄她的家庭。我們花許多時間談論她可以如何回應母親的反應。她決定她會對母親說，她很抱歉讓母親覺得被遺棄，但是她覺得離開家是唯一能

夠保有她自己理智的方法。她會冷靜地說出這些話,並試著在說時和母親保持連結,即使她心煩意亂、心裡不舒服。她打算安排在一個寧靜的餐廳和母親見面,她認為安潔拉不太可能會在餐廳失控。

她已經在寫給母親的幾封信中表示,她無法再為母親保守秘密,即父親對母親和弟弟的暴力虐待行為。自喬西很小的時候,母親便開始跟她細說丈夫的虐待,但強迫她要保密。喬西告訴母親她很感謝她們彼此見面,她知道母親是多麼地愛她和弟弟妹妹,並強調這對她是多麼意義重大。但是,她也說,她不認為以沉默的方式保護她父親的行為是個好主意,她不能夠再假裝虐待不存在於她的家中。

共進午餐時,母親異常地安靜,也沒有說一句抱怨指責的話。最後,喬西提議他們再見面,並且可以找出一個讓他們定期見面的方法。母親沒有說話,但數個月之後,她母親便在朋友的婚紗店工作,用她的裁縫技術修改衣服,沒有多久,她就擴大服務,為當地劇場做服飾。

同時,喬西開始寫信給她的父親,雖然她還是避免大部分的家庭聚會,但已經可以和父親單獨見面。

許多次,我們的工作意味著幫助個案面對許多情境,如這次涉及「毒害的」經驗或關係的案例,其他如:身體或性虐待、成癮行為或精神疾患,這些會造成家庭中暴力或是忽略的連結關係。長期否認的模式可能會持續非常多年,甚至是幾世代。這樣的情況並不會一夜間就解套,但是家庭成員能做的是,改變否認的模式或秘密,堅定地不讓病態模式繼續傳到下一代。

凱西‧布朗(圖5.2)在2013年猶太節慶之前,前來尋求協助。她表示,她的小妹葛洛莉雅剛告訴她,她們的哥哥肯性虐待她兩年,當年她七歲,哥哥十四歲。肯的朋友也性侵她,當他們輪流侵害她時,小哥馬克則守著門。葛洛莉雅從未告訴過任何人。但當父親,一位社區裡成功的律師,前幾個月過世時,肯的幾位朋友出現在喪禮上,其中一位甚至提及葛洛莉雅還是那麼地有情趣時,她覺得震驚沮喪,於是離開喪禮。她沒有參加為期一周的追思會,而對她的缺席也未給任何的理由。

圖5.2　布朗家庭

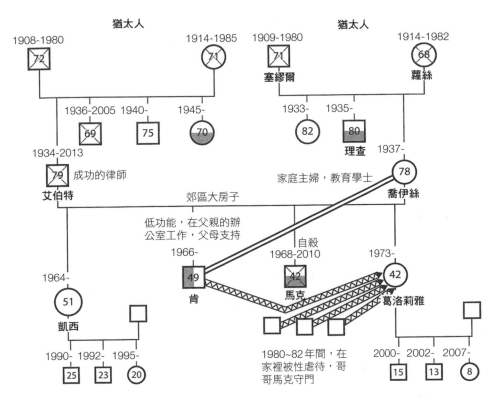

　　之後，她告訴她的母親，她認為面質哥哥肯的時機到了。母親則回應
說，那是發生在很久以前的事了，她應該「算了」，此外，她的哥哥無法「面
對」被對質。葛洛莉雅感到非常憤怒，但沒有告訴她的姊姊。直到猶太假
期到來，葛洛莉雅找了個藉口不去媽媽那裡時，凱西最後質問她發生了什麼
事。葛洛莉雅告訴凱西真相，並要求她不要和媽媽談論此事。凱西的第一個
衝動是去質問肯，但她擔心家會因而分崩離析，也認為母親年紀太大，無法
承受這個消息。但另一方面，她又覺得一定要做什麼，於是前來尋求協助。
　　首要任務便是讓她慢下來，這樣她才能真正去思索，當她聽到這個令人
震驚（妹妹的創傷、家人的反應）的消息時，她的立場為何；她還需要學習
更加理解為什麼這件事發生了這麼久，她都未察覺。治療師幫助她建構家系

圖，開始訊問家族整理歷史的問題。

　　當她處理這個關於她家庭的新資訊時，她開始明白，對她而言，主要的議題是她的內疚，她的不知道使得她無法阻止這件如此令人髮指的家庭事件發生。她想她這些年到底在做什麼。她開始反思每一位家庭成員，從葛洛莉雅開始，然後是肯、馬克，和她們的父母親。為什麼在他們的家裡，發生這種事，持續這麼久，卻沒有人知道？他們的父母親在哪裡？當小妹被虐待，而馬可站在門外「守衛」，對他的影響是什麼？那對他生命後期、酗酒和藥物濫用的模式的影響是什麼呢？他自殺前，成癮行為已經持續許多年，只是家裡從來沒有人真正正視討論它。而她所愛的父親在家中扮演的角色又是什麼呢？他總像個隱形人。

　　她開始讀關於虐待的書、文章，明白肯必定是發生了什麼很可怕、很糟的事，讓他對妹妹做出這樣侵害虐待的行為。他自己也是被虐待的嗎？如果是，是誰？他怎麼還可以跟那些人做朋友？這些朋友如今甚至表現出，他們的行為是被允許的。

　　然後凱西想到最近一連串爆發年輕女生被足球員性侵害，而大學試圖隱瞞的故事報導。她有一本日記本，幫助她釐清她所理解家中可能發生的事，以及思量她想怎麼做來改變現狀。她擔心她女兒可能受到傷害的脆弱性，擔心兩個兒子可能容易被捲入社會所允許之對婦女虐待的態度之中。她突然擔心她的姪子和姪女，巧合地是，他們現在年紀正是當年肯虐待葛洛莉雅的年紀。她繪製了她的家庭在1980年的家系圖，標註當年每個人的年紀，來幫助她想像到底可能發生了什麼事，導致如此可怕的情況發生。

　　往上看她父母親的家庭，她發現她僅知他們生活中的表面事實，其他所知非常的少。祖父和外祖父相繼於1980年突然過世，前後差兩個星期。或許這讓她的父母親覺得他們必須照顧母親，而雙方母親一直以來，都是屬於身體健康比較脆弱的一方。她的外婆總是身體不好，凱西也總懷疑她很早以前就因頭痛而濫用止痛藥。

　　凱西的母親有可能被她的哥哥虐待嗎？他是個安靜、低功能的酗酒者，

很少參加家庭聚會，總是在最後一分鐘藉故不出席。他經歷四段短暫的婚姻，他的太太們都要負責養他。之後，他就似乎處在一個邊緣的狀態，沒有人問太多的問題。

許多創傷會在家裡埋藏很久的一段時間。凱西非常確信，她的家庭在早期必定發生了什麼可怕糟糕的事，導致他們要掩蓋她這一代所發生的不幸，讓母親在面對女兒的遭遇時，所想的是擺脫這個令人驚恐的事實。在治療師的建議下，她開始跟母親談家系圖的模式，焦點不放在葛洛莉雅身上，而是她的外祖父母。

她的母親不約而同地告訴她，她的哥哥在他們小時候，的確對她做出不恰當的行為。原來，當外婆發現她丈夫外遇後就變得憂鬱，之後就幾乎變得完全失去功能了，當年母親七歲。那段期間，父母親兩個人均無法關照孩子，哥哥的行為也就失控。凱西開始跟母親談秘密和沉默的力量，慢慢地，目前關係的模式也開始轉變了。

治療的目的是幫助個案面對並解決他們的議題。在這種「教練」的狀況下，治療師都會在一旁見證這些，雖提供對話，但事實是啟發個案自身負起責任去面對議題。跑到個案的前面是沒有意義的。他們必須去尋求理解。否則，治療師很可能陷入系統中，變成過度重要，而失掉他或她的治療位置。治療師的工作是促進個案探索選擇，並鼓勵個案擴展她／他關係的彈性。但是，個案僅能在其情緒狀態準備好的情況下面對這些關係。所以，對個案來說，準備及演練接下來可能發生什麼是關鍵的步驟。你希望他們開始「開啟」對話前，能夠為自己和其他家庭成員會有的反應做好準備。你所希望幫助他們的是，避免過早將情緒卸載給父母，過早的卸載通常會導致家人的即時反應，很可能會使情況惡化，進而把自己情緒關閉起來。

對個案來說，重要的是他／她必須承諾，當他們面對父母回應的整個過程，都處於此時此刻，否則不要開啟和父母對話的門。舉例來說，如果個案意圖挑戰其中一人過去身體或性虐待的事，他／她必須做好如何讓對話持續進行的準備，即使該父或母一開始就否認所發生的事。為了重演當年的情

況，他們會做什麼？他們或許需要準備說一些像這樣的話：「看起來，你似乎還沒準備好討論這件事，但我希望總有一天你能夠跟我談，因為你是我的父親，而我們的關係對我來說非常重要。如果我們能夠面對此事，那真的是意味深長。但現在我不勉強，這話題就在此打住。」

訓練個案和父母親直接對談，對一個接受治療的人來說，是最富有意義的舉動之一。但它需要有所準備，個案必須理解這個對話不是要去數落父母，基本的原則依然要遵循，即尊重、仁慈、四比一的正負向比。這樣的正向指的是，個案必須相信，父母內心最深層的某處其實是希望做對的事，但因之前的困難或其他原因而掙扎著。個案也必須完全做好準備，面對否認，甚至該名父或母為扭轉劣勢而指控他們：「你試圖毀了我的生活。」或者，如同我一名十九歲的個案，當他想和父親討論過世母親的事時，父親說：「你母親會原諒你這麼說她的。」聽到這些話的是一位敏感的年輕人，他的母親在幾年前因為癌症過世，而他現在想理解母親在去世前幾年的殘酷和冷漠。幸運的是，這名年輕人得以和父親保持連結，強調他所說的話無意用來傷害父親或母親，他只是想理解。

信件、電子郵件、簡訊、電話和親自溝通

當個案決定要面對處理一段特定關係或一組關係時，出現了一個議題，即如何和其他家庭成員溝通。不管用信件、電子郵件、簡訊、電話和親自去溝通，都有其優劣勢，端看議題是什麼。比如：關係中毒害的程度和之前溝通的方式，可能使得一個人決定用寫信的方式，擴展隱藏的議題，或者是打電話，而不是親自溝通，好在互動中有更多的掌控權。但如果是像亂倫或虐待這樣嚴重議題而需要處理時，我們一般會建議個案先打草稿，然後和治療師討論過後再寄出。即使我們之中最棒的治療師，也常沒有察覺信件中所可能滲入的怨恨、防衛和敵意。

如果個案對於釐清關係中的議題有許多的困難，我們通常會建議先寫封「全盤托出」的信——永遠都不會被送出的一封信，這封信的作用只是盡

可能詳盡地將所有的議題攤開來，然後逐一澄清其卡住或困擾的經驗。個案可以自由抒寫，寫下和他人關係中的每一個面向，而沒有阻礙。此類的信件中，一個人可以開始澄清一直以來所掙扎的各種經驗和感受的意義。一個人實際上，要採取什麼樣的位置、運用什麼樣的策略面對另一個人，則是完全不同的議題。

伊雯・殷伯・布雷克（Evan Imber Black, 2003）發展出創意性的方式，來進行放下議題的儀式，比方說「全盤托出」的信，可能冷凍它或燒掉它，而在這樣的儀式中，認回了涉入其中的情緒力量。但是，為了改變自己的關係，重要的是先讓自己可以自由地回應，為了能做到此，必須牢記問題對整個系統來說最寬廣的意涵是什麼，可能下至曾孫、上至祖先。

這個目標通常只有在個案徹頭徹尾和另一個人探索他／她的議題後才會達到。然後，他／她討論並擬一封可能寄出的「策略性」信件。這封策略性信件的底線是，寫信的人的內心是清晰的，沒有攻擊、防衛、討好或威脅關閉的成分。

在過往有虐待歷史的情況下，一個人可能希望用最具「安全感」的方式進行互動，如信件，而不是面對面，因這樣面對面的互動可能會引發煩躁或憤怒的感受。以下的說明是透過卡特（未出版手稿）的案例，來描述整個歷程。案例是關於一個成年的兒子靠近曾在兒時虐待他的父親。通常會建議個案在寫信時可以如何開場，信的開端可以是：「我最近常想到你，因為我自己也即將成為父親。」或「我看了一部關於父親的電影，它讓我想到你。」或「我那天讀到一本書，談到和你所在乎的人連結，而我想……」等等。內容甚至可以涉及前幾代或後幾代：「我正想到你的爺爺，想像他現在可能會對我們說什麼……」

親愛的父親：

我最近一直思考著父與子……而我開始想起當我還小時，我和您在一起的時間。

　　我理解到，我以前常認為您不愛我，因為大部分的時間，您都在吼我和批評我。我現在想，您可能更多是回應了當年生活中的壓力，那壓力是我當年不明白的，而現在可能也還是不瞭解。

　　我不清楚您是否意識到，我多麼看重您的批評，把它們放在心上，直到現在依然如此。這些年過去了，我想我其實是想保護自己，不受到您憤怒情緒的影響。但我不再想這麼做了。我現在希望我們可以超越這個，能夠如同父親和兒子一般，漸漸認識彼此。我想跟您聊聊我們的不同觀點，並找到認識您的方法，也讓您更加認識我。我希望我們可以做到這些。

愛你的吉姆

　　在信中提出建議，不管這是來自治療師，或是在治療中想出來的想法，永遠都不是個好主意。如果父親或母親回信，僅提到他或她也想要這段關係，但一字不提問題時，個案可以回道：「那真是很棒，爸爸。我樂意跟您聚聚。或許未來某一天，我希望我們能夠聊聊那些不太好的事情，但還是讓我們先從正向的事開始吧！」

　　重要的是，包容對另一個有限回應的失望，才能建立關係，就從另一個人可以參與的點開始。目的是讓個案改變，而不是父母。

　　有時候，個案或許覺得帶一個手足或父母其中一人來治療會談，比較容易解決議題，但個案必須決定他們要走哪條路去拆解他／她的議題。信件是最有距離、最不即時面對家庭成員的一種方法，但也是送出正式信件前，一個人確認另一個人感受的最佳方法。

　　越是毒害的情境，越是需要用信件，因為信件讓我們在回應前可以有所思考。信件讓一個人的即時回應慢下來。如果他們在過去有些抱怨，抒寫也是有助益的，話語如：「我過去常想，當你打我時，你是不愛我的，但隨著我年紀漸長，我開始視那行為是你失去控制或因應你生活壓力的表現。」

　　當然，信件必須避免指控，但重點也不是去討好。信件應該清楚地說出所發生的事情，且一次只專注並談論一個議題。如果呈現的議題超過一個，

父母親可能選擇最不困難的那一個去回應，而忽略其他的。寄出信件後，個案永遠都必須準備好去追蹤，同時也必須準備好如果父母親不回應的話，要放下，不再探討該議題。個案自身必須努力讓自己持續地專注在什麼是自己所想要的，而不是他人的回應。

如果已經意識對方會否認，那個案可以說：「如果你覺得你還沒準備好要談它，你可假裝你沒有收到這封信，那麼我就會明白你還沒準備好要聊我們的過去。我不會說什麼，但我仍希望有一天，你和我可以開誠布公地聊我們過去歷史的那個部分。」

在現今社會中，我們用電子郵件或簡訊遠多於寫信，但要謹慎小心，如哈里特・萊納（Harriet Lerner, 2013）所提出的最後第106條婚姻準則：「不要按『送出』。」這其實是對我們的警醒，即我們不經思索、即時反應地送出一封憤怒訊息給家人，是件多麼容易的事。但是，不同於放任我們對他人粗心或苛刻行為所做出的衝動回應，分化和成熟的連結則需要更多。比起一開始就多加思索所要表達的東西，修復憤怒當下的表達所造成的傷害是相當困難的。所以，治療包含指導個案思索他們的底線、為每個互動中屬於自己的部分負起責任，連結時保持輕鬆和幽默。重要的是要記得，如同我的朋友羅基・羅賓斯（Rockey Robbins, 2015）所說的：「確保你挑戰的方式，是你明日還能夠跟對方對談的方式。」

把家庭成員帶進治療室

當寫信或打電話對個案來說行不通時，邀請家人來會談是合乎常理的。但這個邀請的前提是，個案必須能夠以尊重、好奇、感興趣的態度和對方連結。這也是個主觀的判斷，端看該特定家庭成員參與治療會談所可能帶來的焦慮或毒害的程度，還有他們的文化、社會地位、性別取向、家庭特殊歷史。對於帶進一個已經不尊重個案的家庭成員進入會談，治療師必須隨時都要謹慎小心。舉例來說，如果該家庭成員運用脈絡來進一步表達其對個案的不尊重，則該次會談便會降低個案的主體感（sense of agency），減弱對治療

的需求。在這樣的案例中,個別指導個案面對家庭關係,及避免家庭成員在共同會談時聯合起來羞辱他們,是有其意義的;同時,在這樣的案例中,個案很可能需要持續個別治療。

事實上,除非個案為了要有一位外部促進對話的顧問,並有興趣邀請家庭成員參與會談,一般來說,面對這樣的案子,治療師要避免捲入家庭成員的三角關係中。

個案有時候會詢問,什麼樣的問題他們應該提出問父母親。他們可以提出各式各樣的問題。在我的書《家系圖之旅》中每一章的末尾,我都列出一般性的問句,供參考之用。但事實是每個家庭都是獨特的,主要的重點是透過提問,傳達出對家庭經驗的真摯興趣。

舉一個例子來說,我和一對夫妻安迪和瑪葛・凱內利會談。他們已經見過其他六、七位治療師了,但依然為長期不快樂的婚姻所苦。他們告訴我,我是他們最後的一道防線。我一開始就預先告知他們,我可能會要求見他們的家庭成員。安迪當場就拒絕帶任何人來會談,但是和母親關係糾結卡住的瑪葛,不僅同意帶她的姊姊來會談,且很快就執行。對瑪葛來說,那是個非常具啟發且豁然開朗的一次會談。

在姊妹倆青春期早期,父親死於一場無情大火後,她們就一直因憂鬱的母親而彼此相互較勁對立。瑪葛是那個「聰明、優秀的」女兒,而姊姊是那個「笨、有問題、壞」女兒。讓人驚豔的是,成年的兩個人,彼此的連結是這麼地好,即使她們在兒時是較勁對立的。我視她們的關係是種創造力的證明,即當她們還是小孩的時候,運用了自己的創造力,戰勝了被捲入功能不彰之三角關係的可能。

當我們在太太的關係上工作時,先生維持著相當關閉自己的狀態,如同他一開始進入會談時一樣。他認為,他的母親是造成他問題的主要原因。他形容母親是個比生命還大的人物,她的不認同會關閉整個房間,且從他有記憶以來,母親一直都是批判和難相處的。他當場拒絕帶母親來會談。最後,因無法與他取得任何的平衡,我轉而問他問題:「你寧可誰先來會談,你的

母親或其中一位手足？」針對這個問題，他回說，他寧可邀請哥哥喬治。

　　我發現，在翻箱倒櫃尋找家庭歷史資訊時，帶進手足幾乎都相當有助益，除非，如前所述，手足已經對個案不尊重，且對治療持有負面態度的前提下，則另當別論。除此之外，我發現手足會談給予個案一個重新思考其自身的成長經驗，就如俗話所說的，沒有兩個手足是在同一個家庭長大。

　　喬治的確非常有幫助，他談到自己在剛進入成人期時受憂鬱所苦，進而讓他下定決心再也不離家太遠，直到現在。他同意安迪不帶母親來會談的決定，因母親年紀太大且脆弱，但他對母親多年行為的看法卻和安迪大不相同。實際上，他開玩笑地說，他幾乎不記得安迪緊抓住母親在他們兒時所做的事是什麼。不過，他的確記得一個例子，當時母親責怪安迪在車裡的一些粗暴行為，於是趕他下車，然後把車開走，獨留安迪一個人在拐角處。對喬治來說，那是個非常創傷的經驗，他大聲地說：「那是我做過最糟的事。」

　　當我問他為了什麼他要責怪自己，他說他只是說錯話。但我好奇他是否認為自己某程度引發安迪的不良行為，然後因為只有安迪受到指責，所以他感到愧疚。兩兄弟的對話開啟許多的議題，得以讓我開始呈現給安迪看，他和太太互動時的一些行為其實是從原生家庭複製過來的。我花了許多個月的時間說服他帶母親來會談。最後，他說他會考慮帶母親來，但他想要明確知道我會問她什麼問題。當我表達我無法確切地向他保證我們會談什麼時，他沒有給我明確的回答，僅說他或許會帶母親來，或許不會，讓我的心懸著。

　　出乎我意料之外，他隔週真的帶母親來；更讓人意外的是，他完全主導他和母親的討論。我有很多這樣的相關經驗，即一旦個案清楚明白自己的議題，他們便知道在該次會談需要處理什麼。安迪在會談一開始就告訴他母親，他之所以來見治療師，是因為他想成為一個更好的丈夫、更好的父親、工作上更棒的老闆，但是過去的某些事正侵蝕著他，而他需要和她談談以便釐清。這次會談中，他溫柔、心存感激地提醒母親各種他腦海中一直盤旋的事件，然後開玩笑地說：「我希望你沒做那事。」她的回應異常地溫柔，並且是一個好的傾聽者，最後安迪對母親：「我知道一個對話不能改變整個

關係，但我想我們的關係自今天開始，不再一樣了。」

實際上，和母親對談的數月後，他對母親開放更多，而且決定幫助母親照顧他殘疾的兄弟，而這位兄弟是他在治療中從未提過的。不久後，他說，聯合會談後，他開始理解他的母親是多麼愛他的兄弟，而他從未注意到有其他家庭成員協助過母親的照顧工作，於是他決定他要多支持他的母親一些，分擔照顧之責（該案例的進一步討論，詳見第十章）。

反轉

如果家庭中存有非常僵化的三角關係，則需要仔細思考如何將能量轉移，以開放系統。在個人親密關係的層面上，一個有興趣改變他或她在系統位置的人，可以透過鮑文常說的「反轉」（reversal）來執行之，即你所採取的行動是不同於以往的典型回應，以致於有可能能量會轉至不同方向。如果你總是封閉自己或捍衛你的立場，你可以轉而向另一個人表達他／她所說的非常有意義，你想要更通盤的瞭解。如果你總是和父親有不同的政治觀點，你可以轉而說你認為他所說的話有其重要性。

基本上，當一個人進行反轉時，另一個會感到有所困惑。如果你所處的家有不斷上演的模式時，你的突然轉變位置，家中其他人很可能會失衡。通常其他人會懷疑你，認為你不是認真的。但他們可能同時卸下防衛，並且回應你所未預期的東西。無論如何，只要你認真地改變自己的立場，其他人的即時性反應就會隨著時間的推移而降低。一開始他們可能有懷疑，甚至測試你，看看到底發生了什麼。然而，如果你繼續用不同的方式和他們連結，他們最終可能會冷靜下來，回應你的改變。

疏離

即使規則是從不去追疏離者，但若你不試圖為了取得訊息或秘密而壓迫他們，其實疏離者是可以被輕觸的。尤其有助益的是，當個案開始探索以求更加瞭解自己家庭時，可以建議他們提供家庭成員訊息或照片，而不是用要

求的方式。在個案重新定義他們在家庭的角色上，主要的觀點是要幫助他們思考：如果他們停止去追，他們還能如何連結。他們可以僅只連結而不要求嗎？他們能夠提供另一個什麼東西而不是要求嗎？他們可以真的努力傾聽而不批判嗎？

如果真有完全的截斷關係存在，個案可能需要我們所稱的「貨車培訓」（wagon training），意指在他們和「他人」的關係上工作，而這個「他人」也和疏離者是有關係的。也就是說，如果個案因為父親不認同她的性取向，而和父親有截斷關係，她或許能考慮她母親、她的手足、她父親的手足和父母（如果他們尚在世），以及他親近的朋友和宗教團體的態度和狀態。

這並不是說我們應該鼓勵個案，專挑和父親親近的人去發展聯盟關係，來作為靠進疏離父親的方式。發展這樣連結的首要目標是試圖更理解父親。這些親近父親的人是否有其他的方式，能夠幫助個案更瞭解父親？更瞭解父親或許能幫助個案找到父親最關心的話題，然後進行對話，以解決截斷關係的困境。

這就是所謂「沉默無法愚弄情感系統」（silence doesn't fool an emotional system）的情境之一。通常，當一個人截斷和另一個人的關係時，其他家庭成員會保持沉默，期望他們免於被「捲入」截斷之中。但如果他們是家庭的一分子，僅就家庭結構來看，他們就已經參與其中了。如我們所說，他們對家庭論戰的沉默無法愚弄這個系統，這是一個聲明。目睹家中的身體虐待或性虐待的小孩或伴侶，如果選擇忽略或保持沉默，都是在跟家中的其他人做一個聲明。而若他們不提所發生的事情，他們的沉默將會持續到永遠。目睹哥哥被父親毒打的弟弟，若他對父親、哥哥、母親和其他家人保持沉默，不提他所經歷到的，他將無法自由。即使三十年過去了，他的沉默依然是一種不支持哥哥的聲明。

因此，我們可以努力幫助個案去激化家庭成員，而這些成員是截斷他人關係者身邊且和改變系統有關的人。如果一個哥哥在對父親性侵妹妹一事沉默二十年後，最後決定跟妹妹、母親、父親或其他家庭成員說出這事，他即

創造了一個改變的可能性。我們必須肯定這種承認的勇氣和力量。

家庭成員決定開啟封閉的系統，是最讓人興奮不過的事了。卓越的愛爾蘭治療團隊第五省（Fifth Province）多年前引起我們注意，他們告訴我們一個重要的事實，即當一個孩子勇敢地說出她在家裡遭受性虐待時，她的「勇於說出真相」創造了一個可能性，並開啟系統。

一般來說，家庭一開始面對這樣的坦露會如同經歷一場正在「摧毀家庭」的災難。但是在系統中勇於說出真相則是開啟了希望。它創造了一個系統可以改變的機會。這也就是需要記得尋求勇氣去改變自身系統中所處的那部分。恭敬地說出真相，對系統來說，是一天的新開始。

任何系統是否封閉還是開放的關鍵特性，即，因無法獲得回饋，因此沒有改變；或是因開放而有彈性，能夠學習和改變（Senge, 2006）。如果家庭中的一個人敢於說出來，同時真摯地和他人連結，他或許會驚艷於系統所能改變的程度。

然而，這個歷程始於分析整體家系圖的模式，所以可以發展出脈絡，提出疏離者之所以疏離、被截斷者之所以被截斷的假設。這些議題永遠不是單次動作就能處理的，需要心理上和觀點上的徹底改變。一個人必須承諾在系統中扮演不同的角色，那就是第三章所提的關係指南，對於正在改變其關係的個案，可以成為「經驗法則」。

修復截斷關係

要幫助個案處裡家庭截斷關係，重要的是取得完整的故事，瞭解到底發生了什麼事，導致截斷關係的發生，即使這些事情是在多年前發生的。原則上，當截斷關係發生時，如同貝蒂·卡特所言，家中的所有一切在截斷的那一刻被凍結了。採取任何行動之前，個案需要盡可能全面瞭解所發生的事，以及伴隨截斷的家庭結盟關係。大多數情況故事多是關於另一個人是如何爛，「受害者」如何忍耐和長期受苦。要求個案一遍又一遍地講述故事是有意義的，因每次述說，便能從不同的面相理解他人的反應。

舉例來說，個案可能提出一個像是解釋截斷關係的說詞：「當我跟父親說我要嫁給一個非裔美國人時，他要我滾出這個屋子。」

如何回應？治療師或許可以依據以下的問句脈絡引導個案思考：

- 「他對種族必定是非常地害怕。你知道他成長過程中關於種族或種族歧視的任何經驗嗎？」
- 「他父親在他十六歲時就過世了，是嗎？他可能不知道如何當一個成年女人的父親。你的看法如何？」
- 「他曾經跟你說過他可能害怕失去你嗎？每個父母都會。我好奇他的害怕是什麼？」
- 「對他來說，要跟他的社群解釋他不再見你，可能是極度痛苦的事。你認為他會如何自圓其說？」
- 「他必定有猶豫或後悔的時刻。你知道這些時刻嗎？」

基本原則是去開始戳破這個系統，讓其對導致截斷關係的原因給予不同的解釋和意義。最根本的信念是，透過提供更多可能的脈絡和系統性觀點來看所發生的情況，破壞個案對事件解讀的限制和僵化。若其他所有方式都失敗了，你則必須讓個案自己決定為什麼其與父親的關係是重要的。

❖ 醫學生的父親洗劫他的大學基金

有一次，一位醫學生（見圖5.3）聽了家庭系統的演講後，前來諮詢。他述說他的歷史，提及他是家中的老大，有一個弟弟和一個妹妹，他們的母親在他十六歲因癌症過世。念醫學院一直都是他的夢想，所以他大學時很認真念書並存錢。他以優秀的成績從大學畢業，也存足了第一年醫學院的錢。但當他要去領錢支付學費時，他發現他的父親竟然偽造他的簽名，取走所有的存款，帶著他春天再婚的妻子去歐洲度蜜月，他的帳戶所剩無幾。不過，他還是想了辦法去念醫學院，他現在已經快要畢業。他規劃成為一位外科醫

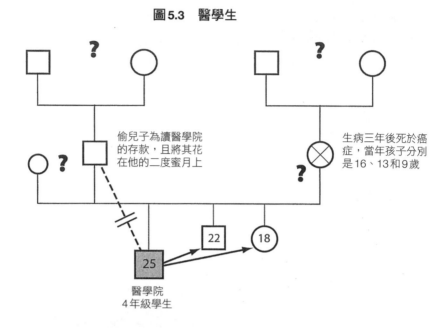

圖5.3 醫學生

偷兒子為讀醫學院
的存款,且將其花
在他的二度蜜月上

生病三年後死於癌
症,當年孩子分別
是16、13和9歲

25
醫學院
4年級學生

師。近四年來,他沒有和父親說過一句話。故事令人痛心,但他很清楚,他尋求幫助是因為他知道他必須做些什麼,來改變他的情況。他告訴我他對弟弟妹妹感到抱歉,他們還住在家裡,而他必須偷偷地和他們聯繫。我把我所有能想到顯而易見之系統性的解釋,跟他一起探討。

「你的父親可能覺得你比他更有能力和力量,否則他永遠不會做這樣令人髮指的事情。而他是對的,你不管怎樣,已經要完成你的醫學院學業,而未錯失一步。或許他內心深處痛苦不已。有誰能偷自己兒子的錢,尤其是失去母親的兒子,還自我感覺良好呢?我猜,做出這樣自我為中心的事後,他可能永遠都會很難覺得自己不錯。」

「我好奇他早年發生了什麼事,讓他有這麼扭曲的父職概念,墮落到這種程度。」

「我不知道他會不會告訴他太太他所做的事。他要怎麼解釋啊?而當他想到你母親時,他又應該怎麼想呢?」

最後,這名學生明白了,他父親的某部分觀點必是偏差到極點,以致做

出如此的事情來。於是，他寫了封精彩、展現敏銳洞察力的信，他理解了失去母親對父親來說是件多麼傷痛的事，而他想尋求合解。父親的回應非常地正面，雖然他並沒有承認他所做的。兒子很清楚他的目標，便接受父親的提議，回家吃晚餐。當他第一次返家，他立刻感到滿足，他的弟弟妹妹覺得輕鬆，見到他很開心。過往他和弟弟妹妹的聯繫總充滿緊張和壓力，和哥哥親近會有恐懼和不忠誠的感覺。現在，他們能夠放輕鬆，明白和哥哥聯繫不具任何的威脅性。

　　如果一個人看待截斷關係的議題是關乎輸贏的事，那麼，繼續堅持或讓步，什麼事都不會發生，都不會改變現狀。然而，另一方面，如果是像上述的醫學生的例子，他可以讓自己說：「想像一下，如果我對他是溫暖和和善的，狗娘養的兒子會有何感受，難道他不會覺得不好意思！即使他確定他永遠都不會承認，但你想他會多麼地不自在。」然後，他也可以找到方法，讓他的生氣從他的回應中消失，他之所以要這麼做是因為他想要成為那樣的人──意即，一個人最終清晰可知的目標：為自己是誰而定義自己，而不是讓任何一個人用行為定義他。如果一個人無法是圓融具足的，則多少的教導都沒有用；無論另一個人的回應是什麼，我們都清楚，這麼做是為了我們自己。

　　如果涉及截斷關係的人有成癮行為或是精神疾患，改變模式的可能性或許很小。但是你仍然可以盡全力努力。雖然你不會坐在家裡讓你患有精神疾患的女兒虐待你，你也不會花一整個星期六下午和你酗酒的父親一起在酒吧，但是你會透過便箋和女兒溝通，或是拜訪你女兒，且只要她的行為不暴力、不虐待，你會盡可能地待久一點；你或許會選擇父親還沒開始喝酒的早上去看他。

　　一段截斷關係往往會帶來更多的截斷關係。舉例來說，如果一個父親截斷和兒子的關係，疏離隔閡往往會在系統中向外擴展，最終可能影響並分裂還未出生的世代。兒子的孩子可能永遠沒有機會認識他們的爺爺；姊妹也可能和這個被截斷的兄弟及他的子女不親。截斷關係的修復需要大家共同的努

力，否則，傷害會不斷地滲入，甚至影響後代。開始系統化思維的重要層面便是去觀察有多少人的行為是受到截斷關係的影響。

❖ 父親截斷同性戀女兒的關係

在芬內利家庭裡，當大女兒曼蒂告訴父親她是同性戀時，父親便截斷和她的關係。他說，從那一刻開始，他認定他的女兒死了。他去掉遺囑裡女兒的名字，並且不准她參加任何的家庭聚會或度假。太太和先生站同一陣線，認為這是宗教議題，是罪惡的。弟弟不想徒增困擾，所以也不接姊姊電話。總是和姊姊很親的小妹卡拉，則是依然保持聯繫，但對於自己沒有和父母站在同一陣線屏除姊姊，感到極度地混亂和有罪惡感。

卡拉花了兩年的時間才找到勇氣，告訴母親她被背叛的感覺，因為母親選擇了截斷和曼蒂的關係，並強迫其他人選擇假日時不和曼蒂在一起。慢慢地，卡拉在她和母親的關係上做工，最後，她還邀請母親參加她為姊姊和其伴侶所辦的生日派對。她幫助其他家庭成員看到，他們對父親截斷作為的沉默，以及母親的沉默對他們的意義。母親拒絕卡拉第一次慶祝曼蒂生日的邀請，但隔年她來了，她找了個藉口，跟先生說她要出城的原因。幾年後，母親終於採取行動，不再讓她的先生決定誰可以來他們家、誰不行，她決定邀請曼蒂來家裡。當她決定採取行動時，她也清楚地告訴她的先生，她是多麼地愛他。修復截斷關係是個非常複雜的支持和挑戰的組合，不但讓另一個人明白自己是被愛的，同時也堅持他／她已建立連結的方式。

關於融合和截斷關係的實務問話

▶家裡是否有人在回答問題前，似乎需要彼此相互檢視確認呢？比起自己的需求，是否有任何家庭成員更看重其他人的需求呢？（當然，如果我們是在談論父母一方和小小孩，或是照顧殘疾或嚴重精神疾患家人的成員，這樣的關心會是妥當的。）

▶有任何家庭成員是不住在一起，但一天要通上五通電話的嗎？

▶有任何家庭成員是從不說話的嗎？

▶過去家族曾有截斷關係的歷史嗎？

▶當截斷關係時，其他關係發生了什麼事？其他家庭成員會談到被截斷的人嗎？還是從來都不提及他／她？

▶家庭活動是否因截斷而被要求要選邊站？例如：「如果你邀請他或她，我就不會去。」

▶如果個案想要修復截斷關係，其他家庭關係會發生什麼變化？誰會最不開心？其他家庭成員會如何因應這樣的修復呢？

▶如果截斷關係未被修復，那麼會對孫子、孫女有什麼影響呢？

▶為了修復截斷關係，什麼事是必須做的？一個人要有什麼樣的潛能，去改變和被截斷者的關係呢？

▶關於以前所發生的截斷關係，家庭成員認為其對他們的生活和關係有什麼樣的影響？

▶截斷關係如何影響家庭成員對家庭歷史的認知？

▶如何讓截斷關係符合每個家庭成員的個人價值觀？

▶需要付出什麼樣的努力，好讓個案面對自己的內在聲音？如：「為什麼我是那個採取行動的人？」

CHAPTER

6

三角關係和
去三角化

我朋友的朋友是我的朋友。
我朋友的敵人是我的敵人。
我敵人的朋友是我的敵人。
我敵人的敵人是我的朋友。

——古語

雙方、三方和三角關係

　　最小的人類關係系統便是兩人系統。但當兩人之間的關係有壓力時，常見的釋放壓力的方法便是「三角關係」。第三個人成為注意力的焦點，便能釋放頭兩人間的壓力。

　　三角關係雖常見，卻是失功能的模式，其發生通常是因為兩人的關係緊張，於是捲入第三者，依據和第三者的關係，來決定兩人的關係狀態。三角關係不只是三個人彼此之間的關係——而是三方（triad）。三角關係只發生在兩個人開始依據第三個人來安排兩人的關係。三角關係的第三角可以是物件，也可以是人；可以是酒精、電視、電腦、網路，也可以是一段外遇，或者是生病的人或行為不良的人（關於三角關係和去三角關係的影片摘要，可造訪網頁：www.psychotherapy.net/McGoldrick，完整的影片則參閱我們的網站：www.multiculturalfamily.org）。

　　一般來說，兩人的親密關係會發生，是因為他們能以真實的面貌呈現在對方的面前。若僅有兩個中的其中一人坦誠溝通，則不可能達到親密。雖然三人關係中要發展出真正的親密更難，但不是不可能，還是可能會發生。但是，當情緒壓力出來時，可能的最有效方式是由兩個人直接解決，因為每兩個人的組合的細微差異非常複雜，難以釐清。因此，夫妻或許能和一位朋友發展很親密的關係，但底線是，當他們自己關係的議題出現時，他們需要兩人一起去面對解決，而不是和朋友一起——這樣的三角中，他們不僅要處理朋友的焦慮，也要處理自己的焦慮。

　　除此之外，當第三個人存在，兩個人關係的議題會變得不一樣。統括來說，三角關係會是二對一的狀況，或是根據第三者來決定關係的情況。三角關係和焦慮息息相關，它轉移原本兩個之間的關係壓力和焦慮。如今，兩人關係的狀態是繞著第三者而動的，而三角關係中也包含兩個人原本的焦慮。

　　分辨一個人是否在三角關係中的最好方法，便是觀察家中衝突和聯盟的模式。如果兩個人總是處於聯盟的狀態，或總是處於衝突的狀態，你可以猜

他們可能處在三角關係中，他們不斷重複和對方連結的方式則可能是較大模式的一部分。在一個非常僵化的三角關係中，不論討論什麼，兩人幾乎不是完全同意，就是完全不同意。三角關係的最主要問題是，隨著時間的演進，這樣的關係似乎會往外擴展，納入越來越多的人。因為每個人都是相互連結的，所以三角關係從不會只存在最原始參與的人身上。當兩人關係緊張、有壓力時，和他們有連結的人選邊站，進而捲入，形成三角關係，在這動盪關係的疏離和親近中，扮演著僵化的角色。事實是，人們需要時間來覺察並理解截斷和三角關係所造成的傷害；除了最初的關係之外，許多人在這過程中「受傷」。

去三角化（detriangling）的第一步便是你要決定，你想要每一段關係如何根據其自身的功用來發揮功用。

意指我們要覺察三角關係的功用，其不但可以降低我們的焦慮，還可以讓我們在短期間裡覺得有好朋友和明確的敵人，讓自己感覺更不錯，也就是說，相較於誰，我們會感到有優越感。

探索家系圖時，第一步要找出的便是三角關係的模式，因其很可能是問題的核心，並讓個案來找你治療。因此，我們需要探索如何能夠辨識三角關係，以及三角關係是如何運作，如此你才能夠在實務工作中注意和處遇它。

產生三角關係的系統會變得功能失調。身為治療師，我們臨床任務之一便是幫助家庭成員從三角關係中解除，打開彼此的關係。雖然這些都會在探索整個家系圖的脈絡中進行，但是當我們探索家庭問題是如何產生、如何惡化和如何解決時，三角關係和去除三角關係是非常常見的，其原理原則會在本章詳細探討。

在任何三角關係中，每成對關係之存在的功用是因其他關係而運作的，並不是依其自身的優勢。依自身優勢運作是我們最終期望能夠區分三人的狀態。換句話說，三人之間不管是哪種關係的組合，都只是三個人而已。當關係變得糾結，每段關係都必須依賴其他兩人，而不是自己獨自站得穩穩時，三角關係便形成了。鮑文曾說最小的系統是兩個人，但也是最脆弱的系統。

當兩人的任一方變得焦慮，便需要形成三角關係以降低焦慮。.

這個觀點是，當兩人關係由三角關係取而代之時，兩人關係則會變得依據第三人而運作著，最初引發兩個人之間關係壓力的議題，還是沒有獲得解決。我們都相當熟悉國際政治是如何運作的，兩個國家會因擁有共同的敵人彼此聯盟，然而，一旦敵人失去它的力量，這兩個國家可能會再度打起來，因為他們之間最先開始的議題並沒有被解決。

從系統的觀點來看，每個人都有自己存在的位置。所以，三角關係中沒有所謂的「無辜」（innocent）的角色，對整個系統來說也是如此。不採取立場也是一種採取立場。對另一個人來說，選邊站的人便是採取了立場。因此去三角化，在系統中與彼此發展人際關係的遠程目標，並不是件容易的事。

在系統中，迷人的事是三角關係會向外擴展，彼此相互交織糾結的模式，常會複製到家庭的下一代，或在組織的階級中複製著。舉例來說，在工作體系中，老闆上班前和太太吵了一架，到辦公室時心情不佳。倘若他又有兩個助理，他可能覺得需要拉近其中一人，好降低他的一些焦慮感，同時讓另一人成為代罪羔羊以釋放蒸氣壓力。於是，他把他的焦慮和「好」的盟友及「好」的敵人綁在一起了。成為代罪羔羊的那個助理可能不覺得自己有足夠的力量，直接面對這樣的情況，所以他可能又將同樣的模式複製在他的兩名秘書身上，和一人結為密友，斥責另一個人的不適任。那個被斥責的人可能複製這樣的模式，直到最後，警衛或保全將他的不滿帶回家，把他的挫折發洩在他的狗或孩子身上，踢了狗或責罵他的孩子。

相似的模式也發生在家庭裡，而且代間相傳的三角關係常是相當固定、僵化的。媽媽和孩子同一陣線對抗爸爸，或是爸爸和兒子同盟對抗家中的女人。較大的文化團體和核心家庭結構的模式，以及壓力發生的時機點，全都是三角關係發展或持續的影響因子。

身為中間的姊妹芭芭拉·貝茲（圖6.1）說，她覺得自己被困在姊姊和妹妹的衝突中。姊姊蘿勃塔甚至聲明解除和小妹克萊拉的姊妹關係。母親對此感到很煩躁，她不斷打電話給芭芭拉，報告她和蘿勃塔或和克萊拉的對

圖6.1　貝茲家庭的三角關係

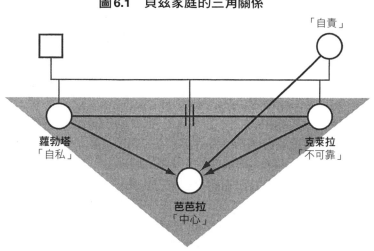

話，但她不是批評姊姊就是批評妹妹，她還憂慮自己是不是做錯了什麼才導致女兒間這樣的決裂，要截斷關係。蘿勃塔和克萊拉也打電話給芭芭拉抱怨彼此。芭芭拉覺得自己被卡在中間，開始失眠了。她愛她的姊妹，想像著家庭分崩離析的情況：她們再也不會一起出現、出席或一起討論未來的假期、家庭旅遊、孩子的畢業典禮或婚禮，甚至面對老邁父母照護的議題。每個姊妹都鉅細靡遺地描述誰對誰說了什麼，誰表現出比較自我為中心或不合宜的行為。

　　有時候，芭芭拉想從她的位置上辭去，不想再當家庭的中央切換器（central switchboard），除了跟隨蘿勃塔的腳步，和家人保持距離外，她不知道要如何做。她試圖幫姊妹向對方解釋，讓母親的罪惡感不要那麼重，不要管她怎麼扶養女兒、怎麼帶她們的。這個過程讓芭芭拉覺得精疲力竭。蘿勃塔下了個結論，認定克萊拉是個從不負責任、從不遵守承諾的人，總是在盡家庭義務時令人失望。克萊拉則認為蘿勃塔總是自我為中心、不合群，總是批判、控制和不認同克萊拉的生活。

　　有時候，芭芭拉感受到自己想威脅截斷和蘿勃塔的關係：「如果克萊拉不是你的妹妹，那麼我也不是。」但是，如果將這些話和蘿勃塔講，就只會

複製原本蘿勃塔截斷和克萊拉關係的問題。其他時候，她會思考要如何「整修」克萊拉，好達到蘿勃塔接受的標準，但是她也意識到，她總是為了家人而試著「打造」克萊拉，並對她的父母親和蘿勃塔隱瞞克萊拉的不負責任。反而是她自己，因為失眠和對情況的焦慮，讓她來尋求指導。治療中，她開始畫自己的家系圖，擴展三姊妹和兩個父母的脈絡。實際情況是她刻意忽視她父親，因為他幾乎從不參與任何的電話或討論，似乎在劇目中未扮演任何的「角色」。治療師開始畫出四代的家系圖，探索父母的原生家庭的手足模式，以及三姊妹孩子的表手足模式。

　　探索模式的重點是瞭解每個姊妹的行為，以及父母親對姊妹們和自己手足的行為。如此毒害的截斷關係，很少只存在一個世代和一段關係中，如果你仔細檢視，你會看到家庭歷史中早期互補的模式。瞭解這些模式是洞察目前情境的意義的最佳方法之一。

　　當芭芭拉說出她是母親和姊妹的中央切換器時，我們詢問問題，並假設這個故事背後到底發生了什麼事。至於父親在討論中的隱形，這對我們的意義又是什麼呢？如果我們系統化地思考，每個人都有其所處的位置。所以，如果女兒們彼此爭論或截斷關係，父親的沉默則是送出了一個不支持修復關係的訊息。同時，他也送出一個不關心三個女兒或太太的訊息。為了什麼他要這麼做呢？或許父親已經過世了；或許他有過被自己手足截斷和他關係的經驗，而他的父母親並未做出任何關愛的反應，或者是一點反應都沒有。兩種反應都蘊含相當的情緒在內。

　　如同鮑文常鼓勵的，芭芭拉可能需要採取一些策略性的行動，以激化並解開家庭中環環相扣的三角關係：每個孩子和每個家長之間，或每位家長和他們各自的手足或父母。這樣做的目的是在擴展脈絡，在脈絡中理解當下的截斷關係和三角關係，並面對處理它。

　　舉例來說，芭芭拉可以去跟父親聊她所面臨的壓力，即他太太的罪惡感和蘿勃塔拒絕承認克萊拉是她的妹妹。我們可以為芭芭拉假想各種她可以回應家庭成員的話語。以下建議或許可以激化並解開三角關係：

對父親：

- 「爸爸，我很困惑，我不理解媽媽對於蘿勃塔截斷和克萊拉的關係為何會感受到罪惡感。我擔心她。你覺得她是為了什麼有這麼深的罪惡感？我對此感到非常地不安。她試著跟我說，可是我不知道怎麼幫她。我認為你是唯一能幫她的人。」

- 「爸爸，考量她和她的姊妹、你和你的姊妹，我很驚訝媽媽對於蘿勃塔和克萊拉之間所發生的事感到如此不安。你有什麼看法？我以為衝突是手足關係的一部分。」

- 「爸爸，我認為無論家庭什麼時候出現截斷關係，它反應了隱藏的秘密。你覺得呢？你認為媽媽和蘿勃塔或媽媽和克萊拉之間有秘密嗎？」

對母親：

- 「媽媽，您跟我說關於蘿勃塔和克萊拉之間的事，我覺得很難過不安。即使您和您的姊妹不再講話了，我們的家還持續維繫著，但是我想這或許是我們當一家人的結局。我相當地擔心。外祖母會怎麼想？」

- 「媽媽，爸爸對蘿勃塔截斷和克萊拉的關係保持沉默這事，我有些擔心。我害怕他內心深處有某事困擾著他。你覺得他是不是埋藏了什麼關於我們當他孩子的事，而這事現在正影響著他呢？或者，你認為這事觸發了他和他姊妹之間的什麼事嗎？」

對蘿勃塔：

- 「蘿勃塔，我想克萊拉必是傷你很深，遠多於我所預期的，以致你採取這麼激烈的手段切斷你們的姊妹關係。對么妹能有這麼大的權力，著實令人驚訝。不過，我從來沒能理解你和克萊拉的關係。」

- 「蘿勃塔，你想你惱怒克萊拉，會不會是因為我是爸爸媽媽的最愛而

被觸發的呢？有可能嗎？」

對克萊拉：

- 「克萊拉，不管其他人怎麼說，我認為你依然是蘿勃塔的妹妹，但是我希望這裡沒有一些埋藏起來、且我們都未察覺的秘密。我希望這件事的發生，也不是因為你的孩子在學校和運動場的表現都比蘿勃塔小孩好的緣故；或者，因為你的先生比較成功。我痛恨家裡發生這樣的事情。」
- 「克萊拉，你認為這就是你和蘿勃塔關係的結局嗎？你認為她也有可能某日這樣對我嗎？」
- 「克萊拉，你覺得蘿勃塔的議題有像莎莉阿姨和媽媽之間的議題嗎？我總是認為那是因為外祖母比較偏愛媽媽所造成的。你覺得呢？」

這些所有回應的目標都是要轉變話題的層次，找出真正造成家庭裡暗潮洶湧的潛藏歷程。我的假設是如果蘿勃塔截斷和克萊拉的關係，家庭裡必是出了什麼大差錯，不僅僅是她們兩人之間，也包括蘿勃塔和家中其他成員之間。她的行為不只是截斷和克萊拉的關係，也打斷他們所有的關係。對她來說，她的行為顯示出不管什麼讓她憂心煩惱，她都不覺得有任何她足以信任的人讓她可以跟他們聊，或是找到管道去解決她的問題——那個人不是芭芭拉、不是克萊拉、不是爸爸或媽媽、不是大家族裡的任何人。蘿勃塔的部分似乎少了什麼連結，在她截斷和妹妹的關係前，她沒有辦法向其他家人尋求協助，同時，其他家人似乎也覺得沒有責任去處理她和克萊拉的關係。

按照整個系統的運作來說，這個案例或許提供了思考三角關係的架構。它展現家系圖在實務工作上是如此地重要：因為我們很可能在特定的關係中迷失（如同我們可能迷失在蘿勃塔和克萊拉的關係，以及芭芭拉應該如何處理中），沒有以較大脈絡的目光去檢視議題，然而，以較大脈絡去理解家中三角關係的運作其實是非常重要的。

　　常見的是，當人們截斷關係，他們其實沒有意識到其他所有的關係都會受到該截斷的影響。基本上，他們相信這只限於他們自己和那個他們覺得挫折的人之間。實務工作的處遇介入都會先幫助個案將截斷關係放在較大的脈絡中，然後開始去理解它。

　　當處理家庭衝突時，重要的是不要太陷入誰對誰說什麼的細節裡。當然，這裡也有影響關係的性格上的議題，以及影響兩個人如何互動、溝通時機點、一端的情感表達或揮灑和另一端的克制或壓抑的文化模式。

　　在任何的案例中，和這樣的家庭工作，你會希望能夠完成一個大規模的家系圖，探索目前三家關係的脈絡，尤其是父母親那一代手足模式的細節，而祖父母、外祖父母又是如何處理這樣的模式。有任何平行線、無交集的關係存在嗎？上一代手足之間有任何截斷關係嗎？如果有，是發生在相似的生命週期時間點嗎？當手足之間有衝突的時候，其他家庭成員的反應如何？姊弟或兄妹的關係和姊妹間的關係有不同嗎？有任何不合時宜的失落或其他創傷或傷害發生，導致手足有不被感激或被貶低的感覺嗎？

　　一般來說，手足間的三角關係通常和誰比較受寵、誰為父母親付出較多有關。如果父母親因為貧窮、成癮、身體或精神疾病、缺位，或其他一些原因，以致無法提供適當的照顧，較年長的手足（通常是長女）可能會犧牲她的童年來照顧弟弟妹妹，而當弟弟妹妹長大後，很可能不會感激這樣的犧牲，反而對大姊「跋扈的」行為感到不滿。這種缺乏感激的原因其實是結構性的。孩子他們基本上會渴望父母親的愛，通常希望是由父母親來照顧他們，但若這期待落空，即使年長的兄姊補位、來幫忙，最終弟妹可能還是會視兄姊是趾高氣昂或控制型的，無法理解兄姊為了承擔照顧的責任，放棄自己童年。兄姊通常也不會理解弟妹的不滿，常常覺得受傷、被拒絕和不被感激。

　　從貝茲三姊妹案例中的父母親回應來看，可推測出他們早年可能在親職上有些失職，未能滿足女兒們的需求。我們希望幫助個案理解她母親的回應，為什麼有罪惡感？為什麼她不讓女兒們對彼此的回應負責任？蘿勃塔對待克萊拉的態度是如此的自我為中心，有可能是因為父母親從未處理她的行

為嗎？蘿勃塔怎麼這麼孤立，以至於她截斷和妹妹的關係，而沒有從父母那裡尋求其他的解決方式呢？如果克萊拉確實是不負責任，那麼父母怎麼沒有回應呢？為什麼女兒成長過程中，父母沒有談論這樣的行為呢？父親早期在哪裡，現在又在哪裡？為了什麼沒有人轉向父親尋求他的智慧或幫助，解決手足之間的問題呢？是什麼原因父母沒有相互支持，一同回應女兒間的問題呢？這些問題的答案可能都和原生家庭有關。而這也將是環繞這些衝突的實務工作的重點。

換句話說，為了理解任何特定的三角關係，必須探索整個家系圖，在脈絡中看看這樣的關係是如何形成的。否則，身為治療師或實務工作者的你，只能從冰山一角試著去理解衝突的意涵。僅是探索現在的議題，是無法讓你充分理解所聽到的訊息內容的。你通常聽到的是最近、最新發生的行為。但是，我們所有人都生活在家庭裡不斷演變的關係中，我們必須理解這些關係，才能理解其對現在的影響。

去三角化

以實務觀點來說，處理任何三角關係的重點是要幫助每個人或具改變動機的任何一個人，擴展他或她在系統中的彈性。處遇的第一步是讓他們注意到他／她一直所扮演的角色。然後，他／她能夠想想是否不同的行為能夠打開此局面，讓其從這樣的關係中解脫。當然，理解他／她現在所扮演的角色的最佳方式，便是探索他／她的其他關係，以及上一代在相同生命週期階段時的關係。當我們在其他地方找到相似的模式時，給了我們一個深度理解這樣關係的機會，不僅幫助我們解構問題，或許還能幫助我們擴展理解和解決問題的脈絡認知。

去三角化是一個人開始退出三角關係的歷程。其最終的目的是達到每個關係均只有兩個人牽涉其中。當兩個人有衝突時，會習慣性地拉近第三人，要他或她靠向一邊或另一邊，而去三角化就是這個被拉進的第三人持續和衝突的雙方保持連結。如果你的母親向你抱怨你的父親，你被夾在他們兩人之

間形成三角關係，你可能站在和母親同一陣線，你可能試圖介入，代表母親和父親爭論。或者，你可能跟母親說父親做出讓你厭煩的其他事情，好讓母親安心，並知道你是站在她這一邊的，且她是對的、他是錯的。這或許能夠降低她當下的焦慮。你可能也會因為和她聯盟而感覺不錯。但是，長遠來看，她將越來越不能夠直接處理她和他之間的議題，而你自己也可能在面對他時，遭遇更多的困難。一天終了，這樣的三角關係並沒有幫助到你們任何一個人。

　　然而，去三角化之所以複雜，是因為一旦關係形成三角關係，將會抗拒改變，即使這三角關係是非常失功能的。舉例來說，如果你處在一個總是和母親一同抱怨父親的模式裡，以致父親在關係中是「壞人」，你則是和母親結合起來，建構你們比他「好」的狀態，任何你想靠近父親一點，或是讓自己遠離聽父親八卦的意圖和作為，都可能讓母親感到不自在，甚至她可能覺得你背叛她。

　　這也可能讓父親感到不自在。因為你變得比較靠近他，他反而會覺得要跟你有更親近的關係而感到有壓力，如果他已經習慣你的疏離，那麼這樣的親近會讓他感到不舒服。他甚至可能會對你想與他連結的企圖感到「驚慌失措」，擔心你會要求他更親近，而這超出他所想要的關係；或是強迫他處理他不想知道的秘密。因此，任何幫助個案脫離慢性或僵化三角關係的意圖，均需要非常多的策略計劃，而這些計劃是要考量其原生家庭和系統反應的。如同俗話所說，「你認識的魔鬼比你所不認識的魔鬼更容易應付」（明槍易躲，暗箭難防）。

　　再者，如果你靠向你的父親，你的母親可能會覺得被冷落，更加深她對他的負面情緒。或者，她轉而去啟動另一個三角關係，靠向你的姊妹，跟妹妹說你不好的事情，期盼你會因此回到原來的狀態。你可能也會覺得你背叛母親，因為我們都知道，女人在現今這個社會並沒有被公平對待，而你父親確實也把母親視為理所當，在談話中貶低她。去三角化意味著，你需要注意其他人可能的所有反應，這些反應的目的都是要讓你回到舊關係模式中。你

圖6.2　三角關係和去三角化

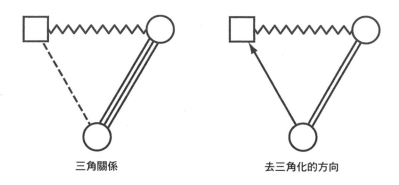

三角關係　　　　　　　　　　　去三角化的方向

必須防衛自己的情緒反應，因為它可能會削弱你接觸父親、停止和母親一起抱怨父親的勇氣。

　　現在讓我們想想如何面對三角關係的另一邊。如果你基本上和母親有健康的關係，你能夠老實地告訴她，當她說父親壞話時，你的感受是不舒服的，因為你自己正努力找尋與他保持連結的方式，而聽到她批評他，使你的努力變得更加複雜。即使你不再和母親一鼻孔出氣，負面對待父親，你還是要努力保持與母親的連結。你必須繼續傳達訊息，讓她知道你不是要離開她，你只是想改變你和她連接的方式。如果她真的說你背叛了她，那麼在你向她表達你想與父親連結的需求同時，也要更加努力地維繫你與她的關係。

　　換句話說，去三角化需要和三角關係中「親近」的那個人保持連結，同時朝「疏離」的那個人前進，以建立更好的連結（見圖6.2）。

　　去三角化也需要看看其他交錯互鎖的三角關係，這些關係和你目前所涉入費勁的三角關係有何關聯。繼續舉你和父母親之間三角關係的例子，如果你想改變和父母間的三角關係，你必定需要考量任何與手足形成的三角關係，以及父母親和他們父母親及手足的三角關係。為了理解你想如何定位你和母親的關係，你會需要探索她和她母親、她父親的關係，以及和父母親相比，她和手足的關係，還有她和你的手足的關係。你也會想檢視任何存在父親家中的三角關係，即他和他父母親之間，或是父親的父母親和他們其他孩

子之間的關係。當你以不同的方式和母親連結時，這些其他的三角關係將是很重要的參考資料。舉例來說，你可能會說，你記得她父親是個不容易相處的人，但你深信她必須試圖和父親連結，故詢問她打算如何做。如果她告訴你，他讓人無法忍受，那你可能會問，就因為他是如此地難相處，她要怎麼做才能一直站在母親那邊支持她，又不會被捲入。

如同另一個例子，麥克，一個四十五歲的愛爾蘭裔個案（圖6.3），難以和他非常成功的哥哥丹維持連結。麥克是一位苦苦掙扎的藝術家，從小就患有糖尿病，身體狀況不佳。他經常覺得他哥哥只是容忍著他，等著掛掉電話。有一天，當丹認為他已經掛了電話時，麥克聽到哥哥跟他妻子抱怨麥克的問題是多麼令人厭煩。對於丹對他的負面評價，麥可覺得被羞辱，但害怕直接跟丹說。當他談到他們的歷史時，他提到哥哥因為認為麥克是母親的最愛，他的感受是什麼。同時，麥克認為，自小，丹就是那個天生沒有問題的孩子。丹聰明、英俊，是運動型的人，他的父母親總是讓他自己一個人，不會干擾他，然而他多麼渴望他們的打擾。反觀他，麥克總覺得自己是個「矮子」、掙扎地應付學校課業、身形奇怪，還長年看醫生。

他記得小時候，他的父母親表面上對手足是多麼地和善，但當他們單獨時，他們就會在背後說他們手足的壞話。他討厭他們的不直接。他考慮下次打電話給丹時，跟他提他的擔心，擔心丹對他們上次的談話感到挫折、沮

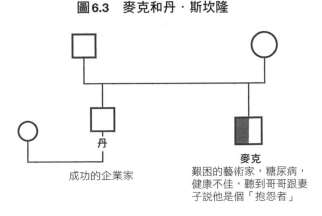

圖6.3　麥克和丹·斯坎隆

丹
成功的企業家

麥克
艱困的藝術家，糖尿病，
健康不佳，聽到哥哥跟妻
子說他是個「抱怨者」

喪，並會間接地提到，當丹認為電話掛了時，他聽到丹跟他妻子說的一些細節。

但不知怎麼了，他越是思索這件事，似乎越覺得他在重複兒時記憶中，他所不喜歡父母親的不直接模式。於是乎，他決定和丹見面，直接談論這件事。起初，當麥克告訴丹他所聽到的負面評語時，丹似乎把自己關閉起來了，無疑地是對於被聽到一事感到羞愧。他對於自己那天的「心情不佳」，找了幾個藉口。

但是，麥克繼續跟他的哥哥說，他一開始聽到丹所說的時，他感到生氣，但當他開始思索他自己如何和這件事連結時，他理解到他的談話對丹來說，必是「令人沮喪洩氣的」，因為他總是跟哥哥分享負面的事情。他告訴丹，當他理解到自己在他們談話時從未帶入任何正面能量一事，感到多麼地驚訝。他說，他最近一直回憶起童年的事，他們現在的狀況和他記憶中父母親與自己手足的情況是多麼相似。父母親會抱怨，但從不直接和手足談論，取而代之的是他們在背後述說手足的不是。

他說，他想那大概跟手足間爭寵有關，誰比較受到祖父母偏愛，誰覺得「比較不受偏愛」，尤其是祖父母的偏愛似乎總是那麼明顯。

麥克告訴哥哥，他想要有所不同，儘管他有健康的議題和其他壓力，但他希望自己不要像幾個叔伯阿姨一樣是個「抱怨者」。他接著告訴哥哥，他希望哥哥的幫忙，讓他在關係中展現最好的自己，如果哥哥可以這樣做，對他意義重大。最初，丹的回應是靜默的，但接下來的幾個月裡，麥克為他所做的決定而努力，並開始感覺到跟丹和他家人更親近。他還努力重新與他的阿姨聯繫，儘管這個阿姨多年來一直因各種身體問題所苦，卻是一個令人敬佩、了不起的不抱怨者，她現在已經九十歲了。他也更加積極地與丹的兩個兒子連結，因他以前曾跟丹抱怨丹的兒子不在意他。當他開始承擔更多與他們聯繫的責任時，他們也變得更加熱絡。

這個例子中，理解三角關係如何運作的最佳方式便是探索更大的脈絡。它們能強調改變模式的重要性，以及增強家庭成員轉化舊有行為的動力。

姻親關係和其他局外人的三角關係

　　三角關係的一個重要面向是每個人在三角形中「局內人」、「局外人」
的狀態（圖6.4）。家中最常見的局內人三角關係是父母親和一個小孩，或是
兩個手足和父母其中一人或兩人。但是系統中非常常見的是與局外人形成的
三角關係，這局外人可能是非家庭的成員，例如兒子的女友，或者是親家：
婆婆和媳婦、大姑和弟妹、小姑和嫂嫂、老婆和前妻，也可能是手足和繼親
手足。

　　在所有這類的局外人三角關係中，明顯缺乏的是與這個局外人關係的歷

圖6.4　局內人－局外人三角關係

A.婆媳

局外人關係

B.姑嫂

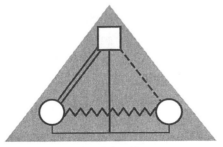

局外人關係

C.前妻和新妻子

局外人關係

D.手足，繼親手足

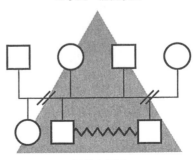

局外人關係

史連結，這容易使得系統的能量負面地流向這個人身上。局外人不是手足關係、親子關係或夫妻伴侶關係中的重點。面對任何家庭系統，我們必須教導家庭成員注意並區辨局內人間的關係，以及與局外人的關係。

我們自始至終都必須注意誰正捲入三角關係中。除非我們能夠區分系統中關鍵關係的本質，否則無法解開這個情緒歷程。所有非局外人關係的存在是因為我們與系統中核心的那個人的關係（我們的父母親、我們的手足、我們的小孩，或我們的孫子孫女）。不管我們主要的家庭成員選擇什麼人當伴侶，我們都需要維持禮貌，但我們不需要和那個人建立關係。舉例來說，我們不需要愛我們手足或小孩所選擇的伴侶——但是如果這樣的事能發生，我們則是非常幸運，那個連結建立起來，即表示我們獲得了一個現成、準備好的家庭成員。我們的責任是尊敬他們和保持禮貌，畢竟我們的親戚選擇了他們。僅此而已。

這樣的局外家庭成員，透過和我們主要家庭成員的連結，進而和我們有了間接的連結。同理可證，一旦我們長大後，父母親所選的新伴侶也是如此。我們不必要愛這個人，僅需要表現大方、禮貌，並接納他／她是我們母親或父親所選的新伴侶。常常，我們的家庭成員搞混這些議題，他們認為自己有權力對那個人和關係進行價值評判，但事情卻不是如此。我們家庭成員要選什麼樣的伴侶，那是他們的選擇，我們唯一的責任是以感恩、有度量和和善的心，接受他們的選擇。

同樣的道理也適用於再婚家庭，新伴侶帶他們的孩子進入家庭時，我們沒有必要去愛新伴侶的孩子，但我們的任務是寬厚地對待他們。他們是成套交易的概念。任何時刻，若我們陷入如「你愛他比愛我多」或「我拒絕你兒子和我們住一起」的征戰中，我們便在錯誤的思維上。我們始終必須要能區辨主要關係（如：與我們父母親、手足和孩子的關係）和那些姻親或繼子女的關係。對於後者，如果我們能夠和他們相處融洽，那是我們運氣好，但他們和主要關係不同，他們不是關鍵的關係。

特別是父母親，還有兄姊，往往會陷入與姻親的三角關係中，這個從他

們的正義憤慨、辯解憤怒狀態中可獲得證明，如他們會藉由指出孩子對伴侶的品味不佳，來「幫助」孩子。這當然是荒謬的。如果你想鼓勵你的成年子女做出最好的選擇，你則須和他們保持連結，大方地展現你對他們的信任，相信他們能夠解決自己的問題。當然，如果成年子女患有精神疾患或成癮問題，則要相信他們的判斷是不合乎常理的。但是再一次，當孩子選擇「不良」伴侶時，我們必須提防自己，不要驟下判斷，將他們視為有「精神疾患」的徵兆。

　　家中最常見的三角關係是婆媳間的三角關係。實際上，任何姻親關係都容易因為他們是系統中的新成員，而變成三角關係中的局外人。他們常不清楚其他家人關係的規條，局內人很容易經驗到他們是入侵系統的人，於是提出他們的想法意見，以致許多年來，沒有局外人可以在家裡有立足的位置。我兒子的太太似乎「偷走」了他的注意力，比起責怪兒子的太太，要承認兒子不如我所希望的關注我並責難他，是件難上加難的事。

　　所以，媳婦容易成為婆婆的目標。相類似的情況發生在媳婦身上，她會因先生不會處理議題，而責怪公婆。兒子甚至可能用父母親當藉口，「我父母親堅持，所以我必須做」。在這種情況下，我們的問題會是，丈夫實際上的立足位置在哪裡？去三角化意味著，我們會將關係的重點重新導向，讓夫妻面對彼此，夫妻各自面對自己的父母親，而不是去面對親家。和父母的往來應由他們自己的孩子來安排，而不是孩子的伴侶。因此，如果需要和父母設立界線，應由他們自己的子女出面，從來都不是孩子的伴侶。

　　公公或岳父也會卡在三角關係裡。蓋瑞‧帕努奇挫折地打電話進來，表示她兒子的未婚妻在破壞他和他兒子彼得的關係，彼得正準備截斷和他的關係（圖6.5）。

　　當彼得五歲的時候，蓋瑞的第一任妻子在一場車禍中受了嚴重的傷，自此從未恢復原本的功能。於是，蓋瑞變為主要照顧者，既成為過度高功能的父親，照顧彼得，也一直待在妻子身邊直到彼得去上大學。之後，蓋瑞便和妻子分開。彼得和梅麗莎訂婚時，蓋瑞和女友同居了六年。

圖6.5　帕努奇家庭

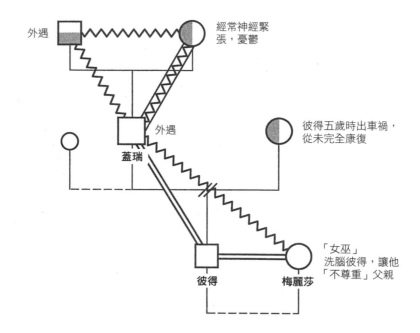

外遇

經常神經緊
張，憂鬱

外遇

蓋瑞

彼得五歲時出車禍，
從未完全康復

「女巫」
洗腦彼得，讓他
「不尊重」父親

彼得　　　梅麗莎

　　蓋瑞自己在一個不穩定的家庭環境中長大。他的父親酗酒，她的母親經常憂鬱，情緒過度緊張。他多年來一直尋求諮詢，幫助他處理他與妻子和彼得的關係，現在則是處理他和女朋友的問題。但是，他來諮商，主要的問題是那個「女巫」偷走了他兒子的理智，還對兒子洗腦，讓兒子不尊敬他這個父親。一開始，蓋瑞的話題都是繞著他惡毒的媳婦，他甚至無法冷靜下來談他自己的問題是什麼。

　　慢慢地，事情逐漸清晰，蓋瑞真正的恐懼是失去這個對他意義重大的兒子。隨著我們談論他的目標，我強烈鼓勵他寫一封信給他的兒子，幫助蓋瑞在我們的治療過程中，心能夠穩定下來。信中，他會寫下他想讓兒子知道的事，彷彿是他給兒子的最後一封信。我通常會引導個案去思考他們的最終時刻，還幫助他們專注在生命中的重要議題和關係。我要他不要擔心信件是否不切實際。重點是他直接表達他所想說的任何事。這封信幫助他釐清，他的

媳婦不是主要的問題，只是威脅，因為他害怕失去他的兒子。

　　蓋瑞的第一封信尚未聚焦，即他和兒子。他的信顯示他依然想從彼得未婚妻手中「解救」彼得。

親愛的彼得：

　　我寫這封信，是因為我非常地擔心你。我覺得梅麗莎似乎有許多的問題，你和她在一起，處境堪慮。我想幫你看清事實，我這一生都是這麼地愛你，希望你幸福快樂。她正企圖撕裂我們之間的關係，你一定要堅強，不要和我們的家庭分開。我愛你。

爸爸

　　和蓋瑞一起閱讀完這封信，我引導他重新將注意力放在他和兒子的關係上，不要在他的信裡扯進梅麗莎。幾次草擬後，他最後的版本如下：

親愛的彼得：

　　在過去的幾個月裡，我對於我們關係中發展出來的裂痕感到害怕，我希望讓你知道我的一些感覺，而這些感覺是我難以在我們共處時啟齒的。首先，我想讓你知道，在這世界上你是我最愛的人。你說過，我犯過許多造成你痛苦的錯：我在遇見你母親前，和其他女人的關係；我的離婚；我在經濟上的困境；我頑固的本性，而這本性有時讓我在應該聆聽的時候，講太多。我對這些錯感到羞愧，過去這十年，我努力在改。

　　但我是這麼地以你為榮，樂於當你的父母。我對於發生在你母親身上的事感到抱歉，如果可以讓她從那場意外中完全復原，我願意付出我的一切。她愛你，總是想給你最好的，我知道你也總想保護她。一直以來，你都是個很棒的兒子，你現在長成的樣子，我非常以你為榮。

　　我非常為你感到開心，你找到你所愛的人。我希望找到方法和梅麗莎連結，同時也和你連結。請幫助我找到和你保持連結的方法。我父親過世前的

許多年，我便失去了他，因為他拒絕和我連結，這對我來說，是件非常痛的事。我不想同樣的事發生在你身上。

愛你的爸爸

　　蓋瑞的信中，最困難的部分是他承認他過去的外遇和投資錯誤的判斷。這很有趣，因為他在治療中，談相當多他對這些選擇感到懊悔，卻很難在他的兒子面前承認他的脆弱。直到他最後對自己說「我做這些到底是要保護誰」時，他才真正意識到，沒有理由用這些他對自己說過許多次的事去防衛他的兒子。這是一個不被認同的廣義主張，而這對他來說，是源自他原生家庭的一個重大議題。他意識到，他是唯一一個能夠評判自己行為的人，他是一個「大雜燴」（mixed bag），他做過一些非凡的事，如：克服嚴重的閱讀障礙，成為一個勤勞和成功的中年人。他是個非常細心照料兒子的父親。同時，他和許多女人有性關係。隨著他的成熟，他明白他這樣的行為模式就和他父親許多的外遇狀況是相類似的，用這種不尊重的方式掩蓋自己的無能感。

　　去三角化並不容易。個案最初的覺察常常是他們卡在一個感覺不好的關係中。他們實際上不認為那是三角關係。一旦他們開始探索他們家系圖的模式，他們會開始注意到許多互動的重複性並不符合他們的價值觀，或無助於他們實現人生目標。

　　舉例來說，當個案沒有從父母親或手足那獲得想要的認可時，他們必須達到靈性或心理轉化的狀態，不需用外界的認可來衡量自己，他們需要的是自己的認可。說比做容易。但是，去三角化的先決要件便是開始取回自己的力量，定義自己的人生，不管其他人是否認可你。如果你的父母親依然氣你未成為他們所期望的醫師，或者氣你還不生小孩以圓他們當祖父母的夢，如果你對自己沒有疑義，就沒問題。然後，你可以承認他們的失望，但不攬在自己身上或把它當成你的失敗。這是去除三角化關係的前提要件：認知陷入困境的關係，你希望主宰自己每一段的關係。

　　只要一個人覺得需要他人的認可，就有兩種可能的回應：(1) 讓步，以

取悅這個人；(2) 反抗，做相反的。自由意味著人有彈性決定是否要迎合他人所想要的。當你處在衝突中時，要意識到這些其實並不容易。你可能覺得「讓步」不是自由，但你需要真的理解，這真的不是場競賽。然後，你可能因為許多的原因選擇遵循：因為那本來就是你想做的；因為你想對他人展現寬厚大方，且這議題對他或她深具意義；或者因為你明白你的優先事項不是要捲入衝突裡。當一個人決定迎合另一個人，若是覺察到那事在較大事情的發展上並不重要時，我們就會認為它是「放手」。也就是說，對這個人來說，「獲勝」並不重要，而對對方敞開則是更為重要。

　　在鮑文一個著名的案例中，一個丈夫覺得和母親的關係很糾結，母親老是要帶他去逛街，於是他不斷地想，如果他能不買任何母親要他買的衣服，他就「贏」了。但他所不明白的是，做母親要他做的，或是不做，其實都一樣。也許，最自由的決定是，選擇母親所選的東西、和顏悅色地買，見到母親時盡情地穿來討好她，至於其他時間，則想穿什麼就穿什麼。

　　三角關係對象可以是物件或議題、人，此可由許多衝突都是和電視、網路、外遇和錢有關得知。家庭的能量通常會聚焦在議題的內容上，理解和改變模式則取決於解構圍繞議題發展的三角關係。

　　分化和成熟的一個重要面向便是定義一個人的價值觀，以及他在另個人生命中所承擔的責任。這意指區辨他人的責任和自我負責。當然，父母親對他們孩子有責任，而成年子女對他們的父母親也有責任，尤其是當父母親逐漸年老後。但是，一般來說，一個人對家中其他人需盡關懷、大方寬厚和尊重的責任，但不是他們的生命。去三角化涉及一個人對另一個人負起合宜的責任，既不是不負責任，也不過度負責。如果個案能夠改變他的行為，即使父母堅持表示個案正在「要了他或她的命」，都能展現出對父母親的尊重，那麼他或她正穩穩地走在分化的路上。

　　矛盾的是，一個過度負責的人實際上是以不負責任的方式對待另一個人。只要你對待別人時，是處過度高功能的狀態，你其實是低估他們為自己做選擇和決定的能力。接管他人決策的權力或許真的是不尊重他們。

　　但是，在特定的例子中，要判斷什麼是「對某人負責」（responsibility to），而非「為某人負責」（responsibility for），則是不容易的。若一位父母、伴侶或小孩的確失去功能，那麼過度高功能的問題就會變得很難區別。在什麼樣的狀況下，為早年失智的父母、患有成癮行為的伴侶、患有精神疾患的小孩負責，是屬過度高功能？一般來說，當人們失去管理自己事務的能力時，保護他們的人的支持似乎是唯一的愛和明智之路。但是要知道何時這條路是必要的，確實是一個挑戰。成年子女可能因為父母之前在他們生命中所扮演的強大角色，所以會等很久才會為年邁父母承擔起責任。另一方面，父母親可能為他們的子女承擔過多，而成為過度高功能者太久，便擔心害怕孩子無法獨立運作，因此不知不覺地增進了子女的低功能。

　　治療過程中，治療師對個案負責也是如此。身為臨床實務工作者，我們的任務不是去承擔回答問題的責任，而是教導個案在他們現在所處的情況下決定什麼是合適的行為，並且落實它。南非作家和社工辛迪維・馬戈納（Sindiwe Magona）曾說，好的問題是會幫助個案思索要如何面對自己現階段的處境：「如果你的曾孫女此刻在這裡，她可能四十年後才出生，會希望你怎麼做？如果你的曾祖父此刻在這裡，他可能一百年前過世了，會希望你怎麼做？」

　　治療師有責任提供最好的諮詢服務，幫助個案在生活中做出明智的決定，但不要為個案的生活負責任。以同樣的方式教導個案尊重家庭成員有不同選擇的同時，治療師本身也需要尊重個案，落實其第一步的準備程度。如果個案沒有準備好去回應，治療師有責任義務持續保有尊重的態度，並願意和個案工作，除了一些特殊的情況之外。假若個案覺得告訴父母兒時的虐待，或者目前的一些生活經驗，會「要他的命」，那麼治療師的責任是指出，這一切都是假設，並建議個案探索說與不說的結果各是什麼。當個案剝奪他／她父母親處理議題的機會時，很可能是他們認為父母親無法面對這難題，於是乎，此刻值得治療師去指出個案用一種傲慢和不尊重的態度對待他或她的父母親。但是，一旦給予解釋，個案必須是那個決定是否和父母親談

話的人。即使個案決定不談，治療師依然必須準備好自己，以防個案將來改變主意。

面對威脅

不幸地，威脅不承認某家庭成員是常見的狀況。我們要如何諮商一個個案，如果他或她的家人因為其某些特定行徑，而威脅不承認他或她呢？如：「我要切斷我們的關係，如果你⋯⋯」或是「如果你⋯⋯，我會認為那是背叛。」

然而，表達這種勒索威脅的人，會深切地感受到他們關係的失敗。如果一位家庭成員說：「如果你那樣做，那會殺了我。」他陷入這樣的威脅裡，並不是你的責任。我們相信每一位成年人都要為自己的身心靈健康負責任。家庭成員必須有能夠依照自己信念而活的自由，而不是遵照他人的價值觀而過活。因此，如果一個父親說：「我要切斷和你姊姊的父女關係，如果你和她說話，就是直接違反我的指令。」這時個案就必須決定，他和姊姊、和爸爸的關係要如何往前走，而不是讓父親的威脅界定一個人未來的行為。當然，這種截斷和家人關係，並試圖拉攏其他家庭成員一起加入截斷的情況，相當常見。但是，是否要照做，其實是其他家庭成員他們自己的決定。伴侶或成年子女拒絕參與這種截斷關係的做法，或許是將系統打開的開端，其他家庭成員也可能會拒絕聽從截斷關係的指令。但是，他們也必須不截斷和威脅者的關係，以仁慈寬厚的心回應，努力打開他／她的心房。

和患有精神疾患或成癮行為之家庭成員的三角關係

三角關係很常因功能不彰的家庭成員而形成，如生理疾病、精神疾患，或成癮行為。最常見的問題之一便是過度高功能，相對於具有成癮行為或精神疾患的成員來說，我們提供幫助和建議，沒有發現其實這些家庭成員並沒有要尋求我們的建議，且我們所說的這些，他們早就聽過許多遍了。

因此，根據過往處遇這種情況的經驗，雖然我們會設立適當的界線，保

護其他家庭成員免於危險（例如保護兒童免受成癮家庭成員的傷害），但是不會過度高功能，為他們找藉口、試圖掌控他們，或是監督和提供建議的方式讓他們無法展現自我管理的能力。

截斷和功能不彰之家庭成員的關係、過度高功能回應他們家庭成員之功能不彰，都呈現其未察覺何謂適當的界線。這種情況所涉及的情緒拉扯和波動會很強烈。舉例來說，如果父母試圖向他們成癮的成年孩子表達其立場，他們通常很難在避免談論問題和自己的過度高功能之間，找到平衡點，畢竟當你面對所愛的人正走在自我毀滅的人生道路上，你很難忍住不做什麼。當早期家庭成員出現功能不彰時，某些家庭成員變得過度高功能是相當常見的現象。長遠來看，這樣的過度高功能會造成耗竭感，尤其其他家庭成員對這樣的付出沒有任何的回應時。然後，這就容易造成截斷關係的情況發生。雖然這種情況下的去三角化是種自我拯救的歷程，但是不再需要過度負責任的擔心害怕，卻是相當具挑戰性的。

和上帝或宗教的三角關係

當家庭成員形成三角關係的對象是上帝時，或是用宗教來支持相對的另一位家庭成員的位置時，如：「你這麼做是違反上帝旨意的。」就可能很難回應。就一般規則來說，反對宗教立場的論述通常成效不彰。例如，指出「聖經」中有幾處提及同性戀，不太可能會轉化父母親面對他們子女是同性戀之事的感受。我們一般會教導個案避免用邏輯來思考這些情況，因為這種衝突通常不是驅動力。就我們的觀點，更重要的是人與人的關係，故盡量迴避宗教議題。

對提出「上帝反對」的人來說，在個人關係的基礎上提出異議，更為明智之舉。「即使你和我因各種理由對這個議題持不同的意見，我知道你是為我好，所以我想找到一種方式，讓我們儘管意見不同，都能保持連結。」關係的力量似乎更可能改變家庭成員的想法，而非腦袋上的爭論。因此，我們強力地鼓勵個案，將重點放在他所想要的情感連結上，而不要進入理論立

場的邏輯中。凱特琳・瑞恩（Caitlin Ryan, 2015）在家庭接受計劃（Family Acceptance Project，見http://familyproject.sfsu.edu）中，有一部分是談論宗教和青少年及其家庭對同性戀議題的關聯性的影片，其對於那些正在努力解決此類三角關係議題的家庭成員來說，可能會非常地有幫助。

秘密

秘密，就像截斷，有能量將系統綁入僵化的三角關係中和凍結行為。秘密讓相關參與者無法得知關鍵系統訊息，它不僅使家庭成員神秘化，也使所有人難以發揮其最大的創造力。在治療中，可能需要花很長時間才能讓秘密現形。

在其他時候，像許多性虐待的案例中，公開的秘密把家庭帶進治療室。秘密的揭露很可能是開放系統的關鍵點。如果你覺得卡在系統的歷程中，掉入僵化的最深處，以致你難以看到外面時，如果你願意，那麼轉折點就是你轉個身向上和朝外，轉向彈性和關係中的自由。第三章中我們談到薩帕塔家庭，因他們十五歲的女兒瑪麗亞最近自傷的行為和自殺的念頭前來求助。治療中的某一刻，母親提到她自身早期曾有過自殺念頭。但，進一步詢問她是否和瑪麗亞談過這樣的經驗時，她轉移話題，這顯示和女兒分享自己的經驗，讓她感到不自在。在我們看來，這樣的封閉更有可能使功能障礙延續，而不是將其化小。如果母親可以敞開分享自己曾有的掙扎，或許可以成為女兒發展自己復原力以及與母親連結的資源。

有時候，個案會在治療中說出秘密，若這秘密已經深深印記在其生活中，解開將是相當大的挑戰。

二十五歲的西比爾，是家中的長女，底下有四個弟妹，她因不明原因的焦慮（圖6.6）前來治療。評估中，她透露母親兩年前曾告訴她，弟弟羅傑是她外遇所生的，而外遇的對象即是她最好朋友艾莉絲的父親。母親對西比爾施壓，要她承諾不告知她的弟妹們。雖然西比爾有其他議題需要處理，但很大一部分的臨床工作是幫助她找到解決方法打破那個不合理的承諾，因為

圖6.6　西比爾和秘密

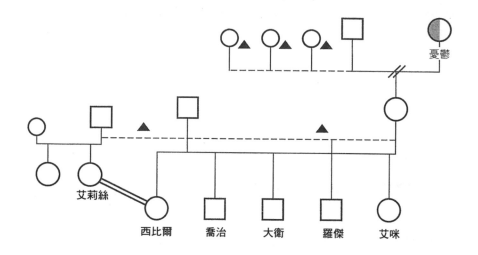

這個承諾已經讓她疏離她的手足與父親。這個秘密也在西比爾和她最好朋友艾莉絲之間建了一堵牆，因為他們不能分享各自父母的秘密。

隨著我們談越多，西比爾開始理解到，她的承諾讓她無法跟手足分享她面對父母親時所感到的各種挫折，而手足的支持對她說非常地重要。她察覺到羅傑和手足的關係總是有些距離，每個人也似乎都對此感到愧疚，但沒有人理解其中的原因。她寫了封信給她的母親，而這是打破與母親和其他家庭成員間之病態三角關係的第一步。

親愛的母親：

我知道當您告訴我羅傑不是爸爸的親生兒子，並要求我保守秘密時，您的立意是好的。但我發現我沒有辦法保守這個秘密。它讓我疏離羅傑、艾咪、喬治、大衛和艾莉絲，還有我跟爸爸。

關於您告訴我這個實情，我有個結論。您知道是阻止這個秘密影響我們家的時候了。我相信真相是我們家的唯一選擇。我知道您會找到因應的方法，幫助羅傑、爸爸和我們。我很抱歉您受這個秘密所苦這麼久。

　　我想到您兒時經歷的所有失落——您父親離開，把您留給您憂鬱母親的痛；當您母親告知您父親的外遇時，您挑戰母親的勇氣。我理解到，您第一次和我分享這個秘密，是多麼地勇敢哪！我知道您會找到方法，面對這個事實，因為它是我們生命中重要的一部分。

愛您的女兒，西比爾

　　當然，單單一封信是無法改變現狀的。但是一個人願意改變他／她在家庭中三角關係的涉入狀況，便是讓其從這種變態家庭模式中解放的關鍵要素，否則這樣功能不彰的模式將一代傳一代。

　　西比爾母親最初的反應是生氣的，氣西比爾沒有信守她的承諾。在西比爾寫這封信之前，她和我其實在治療中有過幾次的討論，所以母親的反應是我們所預期的。我們假設如果她母親拒絕和其他家庭成員公開這個秘密時，她可能的各種反應和作為。西比爾最後結論，她就只要不斷重申，雖然母親有能力面對這種狀況，但她無法繼續保守這個秘密。

　　她決定，如果母親並沒有找到方式向其他家人公開這個秘密，她會先等一段時間，然後先告訴她的父親，再來是她的手足，艾莉絲則是留到最後。一旦她深思家庭的狀況，並有自己的看法後，她似乎心中已有答案，並清楚知道要怎麼做了。

　　有趣的是，她一開始前來治療的焦慮問題，在她寫信之前便消失了。她說她感到有信心，而這個信心是她自兒時之後就沒有過的感覺。事實證明，情況出現戲劇性的變化，母親在收到西比爾的信後一個月，決定告知她先生這個秘密，然後一陣子之後，夫妻倆一起跟羅傑說。西比爾也不需要跟艾莉絲說。

　　西比爾並不必要告訴艾莉絲，因為艾莉絲的父親已經跟她說過這件事，而她帶著這訊息來找西比爾。沒有出現任何令人震驚的結果，但一年後，西比爾口中說那個在校問題重重、不斷因周末喝醉惹麻煩、交壞朋友的羅傑，生命似乎轉了個彎。本來，他是四個弟妹中唯一一個不會上四年大學的人，現在計劃上社區大學，主修電腦。西比爾住在紐約，離家約一小時。她說現

在回家，都覺得家裡的氣氛輕鬆自在許多了。她另外兩個離家去讀書的弟弟，對於羅傑是同母異父的弟弟，沒有太大的反應。反觀最小的妹妹艾咪，似乎和羅傑的關係更加親密了，這是以前從未有的狀況。

很重要的是，我們要澄清許多時候這樣的結果不是僅需要家中的一個人採取立場和行動。這工作的關鍵部分是，不管系統如何反應，個案對家中的其他人和社交系統，所採取的立場是更加明確的。有時候，改變需要很長的一段時間，才能看到結果。

在這種情況下，關鍵的變化是西比爾對自己的澄清，當母親試圖把她捲入秘密中形成三角關係，她不再順著母親這樣的作為，因為秘密讓她和其他家人、她最好的朋友疏離。一旦她清楚這個部分，不管母親或其他家人選擇怎麼做，她已從孤立她的拘禁約束裡解放了。舉例來說，假設當她決定不再順服母親的情緒勒索時，若父親或羅傑聽到消息後，變得生氣或抑鬱，她都已準備好自己面對這樣的結果。

教導個案去三角化關係

有時，個案是為了要終結緊張的截斷關係而前來接觸治療，而這截斷的對象通常是父母親，但如果這是來治療的驅力的話，我們則必須引導個案慢下來，在採取任何行動前，先理解周遭的關係。卡特（1991）總是說，在沒有理解和討論三角關係第三者所可能有的反制行動時，冒然進行原生家庭中雙向的互動行動，都不會是個好主意。即使之前這可能發生過，但重點是要幫助個案理解其和其他家庭成員連結的模式，思索三角關係如何運作，彼此又是如何地相互連結。

通常，第一步是主動規律探訪父母親或是其他重要的家庭成員，花時間和他們個別連結。

如果個案有個「追」的母親，他／她則可以研究，若他／她回過頭去追母親，則會發生什麼事。我們的預測是，可能會是他／她追母親跑的景況。就僅是研究關係系統如何運作，便能轉換個案和他或她父母親的經驗，如果

這個人又能夠讓自己可以有足夠的空間和自由，去追那追的人的話，則結果更不同。當個案決定「追」時，第一件事是他／她必須先練習呼吸法、願意好好坐定、真正傾聽他母親所說的。一旦個案開始執行，他／她可能會注意到，母親有時會顯得非常地不自在。沒有回應也沒有關係。所以第一步都必須是建立關係。唯有成為真正地研究自己家庭的研究家，才能有機會改變模式。這條路沒有捷徑。

艾麗莎·巴爾哈（圖6.7）是一位三十歲的臨床心理學家，是家中三個小孩中間的那個，因為「家庭衝突」前來尋求幫助（這個案例的部分細節可在我們網站之三角關係和去三角關係的影片中可看到。完整的影片則參閱www.multiculturalfamily.org）。艾麗莎的父親是名麻醉師，也是德國猶太移

圖6.7　艾麗莎·巴爾哈家庭

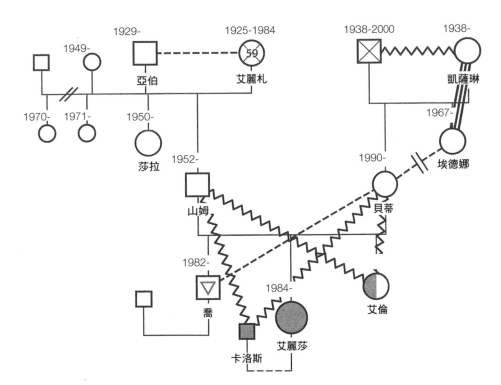

民的後裔，她的母親則是布魯克林的第三代美國愛爾蘭裔護士。艾麗莎和來自波多黎各的卡洛斯在工作中認識，進而相戀，卡洛斯是名社工。但是艾麗莎的父母親非常反對她所選擇的男朋友，她則是對父母親的批判反應非常反感，覺得他們不但沒給卡洛斯一個機會，還讓他每次的造訪都感到不自在。

一開始，艾麗莎認為主要的衝突是父母親不認同卡洛斯，但當她開始和治療師探索她的歷史並畫家系圖時，她清楚地看到三角關係的模式。整個家族出現非常多的三角關係。艾麗莎的父親山姆有個姊姊，似乎自兒時起，他就和父母親有著三角關係。他和母親非常地親近，而父親則是一直是掌控和批評的。山姆父母親的關係相當疏離，長大後，他多半會確認父親不在家，才回家探訪。艾麗莎出生前的三個月，山姆的母親突然因心臟病發過世，所以艾麗莎是依據祖母之名而命名。.

艾麗莎的母親貝蒂有個妹妹，她的成長過程中，也和父母親形成緊密的三角關係。父母親間關係的敵對是眾所皆知的，彼此之間幾乎都沒有任何的交集。貝蒂雖然和父親的關係親近，但父親也可能是掌控和專橫的。她和母親的關係則是很徹底地負面。她認為母親既批判又迷信，對她的回應不是沉默就是負面批評。貝蒂總是覺得母親偏愛她的妹妹埃德娜。十四年前，在一次事件中，貝蒂覺得那是她被埃德娜羞辱的「最後一次」，故她認為最好的決定便是截斷和妹妹的關係，自此兩人便完全不聯繫，姊妹關係完全截斷。

艾麗莎的哥哥喬青春期時出櫃，向父母表明他是同性戀，且決定去西岸念大學。自那時起，他便住在加州的灣區，在資訊產業中非常成功。他曾和他的伴侶同居，住的地方離家很遠，很少和父母親聯繫，幾乎也未曾回家看他們。

小時候的喬就是父母親關注的焦點：從母親那獲得正向回饋，父親那則是批評。然而，就在他宣布他的性取向後，父母親兩個人均疏離他，並將他們的注意力轉向兩個女兒，幾乎一起忽略喬。

山姆的母親過世後，他的父親很快再婚，並搬進和新太太同住，山姆並不介意。艾麗莎那時剛出生，是父親的掌上明珠。她的頭髮甚至是深紅色

的，就像她的祖母一樣。彷彿山姆失去最深愛母親的傷痛、自早年就覺得與太太、兒子沒有連結而感到的失望，都讓他對女兒艾麗莎產生獨特的情感──直到她遇到了卡洛斯。

艾麗莎的母親貝蒂也將她的重心放在艾麗莎身上，放重心的形式則更如同她父親跟她的親密關係，卻更掌控。現在，貝蒂無法停止批判卡洛斯，並強力要求艾麗莎要找別人。

艾麗莎六歲時，妹妹艾倫出生，但妹妹似乎自一出生就注定經歷困境。艾倫出生前的一個月，母親貝蒂在浴缸裡跌倒，自此都覺得她的臀部不太對勁。山姆捲入齷齪的政治戰爭中，失掉他的工作，並且控告醫院。現年二十四歲的艾倫，大學第一學期休學、自青春期開始便抽大麻和喝酒、從未保住工作超過數個月，似乎總是交錯男友，男友不是喝酒、沒錢，就是「出生貧苦」。多年來，艾倫跟家人的話題都圍繞著「她現在做了什麼？」。

父母親似乎從來不會提到喬，彷彿他從未存在過。艾麗莎總是喜愛這個哥哥，但若她提到他，父母親的反應就如同他們被羞辱了。

回到艾倫的話題，艾麗莎盡其所能地思索她能夠如何幫助艾倫「振作」。她總是找到新的方式幫助艾倫，或者把她保出來。她給父母親建議，尤其是她的母親會跟她說艾倫又惹上什麼麻煩。

最近，批評似乎轉向針對卡洛斯，艾麗莎對母親的負面，容忍度變少了，且開始回嘴。她也開始向父親抱怨母親，這似乎讓父親感到非常不自在。也因為這樣的模式，她最後尋求治療的協助。

治療中，我們繪製出三角關係，顯示核心家庭、父母與祖父母關係的模式，發現似乎在許多方面是平行的。然後我們開始規劃去三角化關係的策略，想像去三角化後，她和父母親、手足的關係會是如何，以及和她大家庭的關係又是如何。

經過一年半的時間，艾麗莎在不同層次上有所進展，她增加自己和父母親、兩個手足、祖父母、姑姑的關係上的彈性，她還蒐集更多關於大家庭歷史的資訊（透過祖譜和大家庭親戚的研究）。

　　她一開始決定不從最困難的關係著手，即她的母親，那總是情緒非常高張的狀態，但因她覺得自己和父親及哥哥已經有很好的連結，所以決定從這兩個關係開始探索。她的研究讓她有個有趣的見解：當年父母親兩人想結婚，他們的父母親嚴屬地不滿和不認同（圖6.8）。他們結婚前懷了喬，而他們的父母親不認同他們伴侶的宗教信仰和文化背景。雙方的父母親都覺得自己的孩子「太優秀了」，對方配不上。

　　詳細小心的盤算後，艾麗莎直接跟她的父親說，父親對卡洛斯的負面態度讓她感到非常苦惱，因為她知道父親是多麼地愛她，且信任她的判斷力。她提醒父親，他是多麼愛她的母親，一個堅強、精力充沛的女人，他總是欽羨母親做決定的勇氣。她直接請父親停止對她男友的負面評論，相信她可以找出她在伴侶關係中需要什麼。她說：「請您就讓事情順其自然地發展吧！努力不要做任何的評論，因為我知道您的父母親和媽媽的父母親從來沒有這樣對待您過。」

　　她和父親的關係夠好，讓她可以有這麼直接的做法。當艾麗莎決定和父親重新連結時，她父親並不意外，接收和回應的狀況相當好。而當她和祖父的第二任妻子、她的小孩和孫子孫女見面並共度時光時，父親的反應也不再那麼激烈。

　　同時，艾麗莎開始主動接近哥哥。她和哥哥持續保持聯繫，但是從未跟他談過父母親，或者跟父母親討論過他。現在，她決定跟父母親分享哥哥的事，尤其是好事，不會因為他們的壓力和沉默的回應而不說。她會說的事像：「喔！猜猜喬剛剛跟我說什麼？我真是以他為榮。」然後，她會轉到下一個話題，既不期待父母親有所回應，也不會讓父母親澆熄她的熱情。

　　很快地，她知道自己已經準備好探索更多她與母親衝突的議題。她意識到自己不能從卡洛斯的議題開始，如採取立場不再聽母親的批評。相反的，她決定嘗試轉移她與母親的談話，從抱怨卡洛斯或她妹妹艾倫，轉到母親和她自己母親的關係是多麼地難，尤其她母親總是展現出對貝蒂妹妹埃德娜的偏愛。

圖6.8　影響艾麗莎‧巴爾哈家庭三角關係的情境

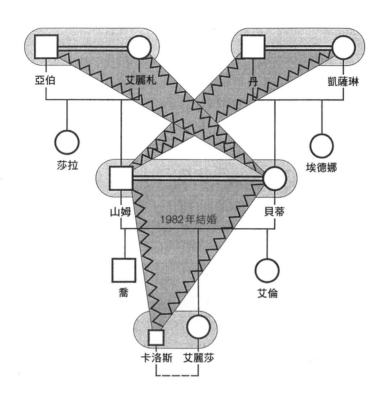

　　如果母親說一些關於卡洛斯的負面評論，艾麗莎會試著說：「媽，我知道您並不喜歡他，而我希望這種情況能改變。但您知道我在想什麼嗎？我在想相較於埃德娜總是獲得您母親的支持和認同，您母親給您的日子是多麼不好過，即使您在許多方面都是非常出色的。那段時間必定很艱難。」

　　這樣的方式，艾麗莎展現她聽到了母親對卡洛斯的批評，但不回應。事實上，她依然期待母親的觀點會改變，但她不用和母親談論這個話題，或者急於現在就要改變。

　　關於去三角化的一個重要層面是，要小心你是如何強調議題的。你希望將議題浮現檯面，不允許它繼續隱藏。但你不會希望在討論任何議題時，強迫家人進入一個全有或全無的情境中。你會希望將議題放入家庭歷史和未來

連結的脈絡中來探索。

透過系統性的方式，將話題轉到母親的關係，她得以擴展三角關係的意涵，同理母親在另個三角關係中身為局外人的部分。因此，當艾麗莎突顯家中三角關係時，她能夠展現對母親的同理。

所有去三角化關係的努力，重要的是不要將精力放在他人如何回應你，而是將任何一個回應都視為是資訊，協助你瞭解系統如何運作。

舉例來說，如果母親在聽到埃德娜名字時反應激烈，艾麗莎可以說：「喔！我不是故意要讓你不開心的，我只是最近常想到她和外祖母，想到您所經歷過的一切。」

重點是，進行此類工作之前，個案心中是要覺得踏實、不需要父母的認同。父母的任何反應性回應都只是顯示他們在那裡被卡住的訊息。

艾麗莎變得非常擅長觀察這些訊息，很快地她和母親的關係也改變了。她對自己承諾，不管母親說什麼，她都不和母親衝突。需要她付出相當多心神的互動面向即是母親、妹妹艾倫和她之間的三角關係。母親總是抱怨艾倫。過往，艾麗莎會同情母親，自己添加一些關於艾倫壞運氣的故事，或是提供建議。現在，她意識到她必須停止，不再參與關於艾倫的八卦，對於母親該如何面對艾倫，她也絕不提供建議，因為這樣的做法，在結構上，把艾麗莎放在父母親的位置，而不是手足的位置。

艾麗莎理解到，她需要從頭建立她和妹妹的關係，畢竟她忽略妹妹許多年。她開始寫電子郵件給她、傳笑話和有趣好玩的照片給她、熟悉妹妹的臉書內容（這是她之前從不感興趣的）。和母親的對話，她開始隨性地將話題轉移到只有她和母親身上，她會說：「喔！媽媽，我忘了跟您說那天我工作所發生的事……」或「那聽起來真的不容易，但我相信您會想到辦法的。但我現在必須要走了……」當她在父母家看到妹妹時，她會確保自己花幾分鐘和妹妹寒暄。艾倫一開始的反應是無理和不屑一顧的。

或許艾倫擔心艾麗莎又帶著她的某項計劃來「改進」她的生活。但幾個月後，艾麗莎注意到出乎她意料之外，艾倫其實非常地幽默，她之前從未注

意到這個部分。她發現很難遏制她內在的「治療師」上身，往往想提建議，尤其當她看到妹妹是這麼地聰明、有天賦，卻沒有完成學業，或沒有找到有趣的工作，痛惜艾倫能力的浪費。

　　與艾麗莎、母親和艾倫三角關係交錯的關鍵三角關係，即貝蒂、埃德娜和他們的母親。這也和艾麗莎與她八十六歲的外祖母非常親近有關，艾麗莎總能感受到母親的憤恨。外祖母常貶低艾麗莎的母親，批評她是個「沒有愛心、自我為中心和太自以為是」的人。現在，因她和外祖母的關係夠親近，她決定問外祖母，為了什麼她要這麼負面地說她女兒。他們之間發生了什麼事？外祖母告訴艾麗莎，貝蒂是個非常聰明的小孩，但有閱讀障礙。外祖母帶她去接受補助的幫助，但貝蒂不喜歡並痛恨。即使她學到克服她的障礙，她卻沒有從憤恨中走出來，怨恨因有問題而被挑出來。她非常忌妒外祖母給予埃德娜的注意力，總是憎恨她的貌美，從不欣賞她自己是多麼地有天賦。貝蒂的學習障礙被診斷出時，埃德娜剛好出生，那可能也造成貝蒂對埃德娜的忌妒。

　　艾麗莎和外祖母討論母親是多麼地天資聰穎，然而有時她批判的方式，似乎是把其他人推開，她所展現出來的傲慢，可能是她內在不安全感的一種反映，而非優越感，但這很容易被誤解。艾麗莎告訴外祖母，她會更努力地去認識她的母親，她覺得她誤判母親許多年，把母親的批判解讀成是貶低，而非不安全感。她避免給外祖母任何的建議，僅說關於自己的部分。圖6.9說明她過去一年來改變她的家庭所做的主要工作：

1. 直接向父親請求信任，相信她選擇伴侶的判斷力；
2. 直接親近她的哥哥，這個對她來說沒有任何議題的哥哥；
3. 一系列間接的作為，以迴避母親對男朋友的批評、承認母親不喜歡他、希望母親的感受未來會改變，並將對話轉移到自己和母親之間的其他問題上；
4. 一系列間接的努力，避免加入母親對妹妹的八卦中，輕輕地帶到母親

圖6.9 艾麗莎重新連結的重要努力

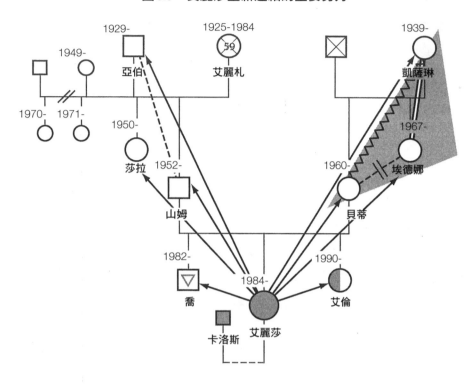

與她自己的母親和妹妹之間的三角關係；

5. 一系列輕柔的作為，讓艾倫感受到她想多認識她，而不具威脅；

6. 一系列直接的動作，向外祖母詢問母親的歷史，訊問外祖母對母親負面態度的原因；

7. 一系列針對祖父的直接作為，採取輕柔的作為去接近他的新的家庭，以便更認識祖父；

8. 一系列的作為去認識她的姑姑，從她的觀點認識家庭歷史。

在將來，一旦與她母親的事情真正平靜下來，她想聯繫阿姨埃德娜和她的孩子們。她還計劃繼續努力透過堂表兄弟姊妹和家譜研究，來瞭解家族早期的歷史，追蹤他們的遷徙史，以及特別關乎親子和手足三角關係的資訊。

❖ 艾麗莎努力的成果

歷經十八個月的教導式會談以及會談間的努力，艾麗莎面對她的家庭關係，來到了非常不同的位置。即使艾麗莎和卡洛斯在家人的面前不完全百分之百地感到自在，但基本上家人對卡洛斯的批判停止了。她開始意識到她感到不自在的部分原因是因為他的不自在，但這個問題她留給他自己去面對處理。

她和哥哥的關係變得非常親近，她去加州探訪哥哥兩次，回家後和家人分享他們兩人的冒險，以及他和他伴侶艾力克斯在一起，似乎很快樂。她現在規劃在紐約跟哥哥見面，並邀請父母親和妹妹一起吃晚餐。

至於艾倫，艾麗莎越來越覺得自在，母親幾乎停止她的抱怨。雖然艾倫依然失業，但她最近開始跟一個新的對象約會，而這個人似乎相當友善、隨和，令人驚訝的是，他還有責任感。

在艾麗莎重新和祖父、祖父的新家庭聯繫後，她和父親的關係經歷了一些「顛簸路」後倖存下來了；他的父親也改變他對卡洛斯的行為，現在會做出一些明顯的努力，雖然不總是成功。例如，他試圖讓卡洛斯加入他，去打高爾夫球。

與此同時，艾麗莎從外祖母那裡獲悉的訊息，讓她更加瞭解她母親的歷史；祖父能夠告訴她許多關於父親和祖母的故事，如她以祖母的名字命名，都讓她對自己的傳統多了一些新的歸屬感。

她希望隨著時間的推移，家人會更歡迎哥哥、妹妹找到一條好的人生道路、母親和阿姨埃德娜會和解。她想，當自己和母親之間平靜下來時，她會聯繫阿姨埃德娜和她的孩子。她的研究幫助她看到的其中一件事是，她母親截斷和妹妹關係的那一年，正是哥哥喬出櫃承認他是同性戀的那一年，而同年外祖父也過世。

幫助個案探索衝突、截斷、外遇、失落和家庭問題發展之間，發現未被辨識出來的時機巧合，其實是相當重要的。

艾麗莎也計劃繼續努力，透過表堂手足和家譜研究，學習並認識更多家

庭早年的歷史，追蹤他們家移民的歷史，特別關乎親子和手足三角關係的資訊。

艾麗莎的父親似乎已經開始關閉他和父親之間的鴻溝。他開始偶爾跟父親通電話、講講話，並計劃去佛羅里達州看他。艾麗莎同時也跟父親的姊姊莎拉談祖母艾麗扎，希望知道更多關於她天賦、幽默感和與他人建立暢通連結的能力，而這些正是艾麗莎本人在工作中所運用的。

這個案例顯示了整個系統去三角化關係的原則，且建議不同的面向去處理最具毒害、封閉的三角關係，然後透過學習前人的歷史，以在更大的系統中重新連結和開放關係。當艾麗莎努力與她直系親屬中的所有成員、延伸網絡中的許多人建立更多的個人關係時，她能夠讓自己專注。

相較於要求那些不負責任的人站起來負責任，那些過度負責任的人可能更容易放下一些、撤回一點。但是對所有關係來說，原則都是一樣的：要解決，即不再玩三角關係的遊戲，讓你和關係中的每個人都有其獨特的連結，並盡一切努力理解他人的經驗和觀點，以用更具靈活和彈性的方式和他們連結。

去三角化關係真的是終其一生的工作。在壓力下，系統傾向形成三角關係，而個案（以及治療師）需要注意在家庭和工作系統中，有意識不捲入三角關係之中。

關於三角關係和去三角化的實務問話

▶你和你的母親（或是疑似三角關係的局外人）總是意見不合嗎？當你和母親不同意彼此時，你的父親做什麼？如果你真的認同母親的意見一兩次，會發生什麼事？你想她的反應會是如何？若你開始同意她所說的，其他家人會怎麼反應？

▶如果現存的三角關係減少了，你認為對家庭的未來世代會有什麼影響？

▶若你家庭上一代的三角關係解決了，你認為會有什麼影響？

▶在這種情況下，必須發生什麼事，才會讓你想要終止三角關係？什麼樣的因素會讓你決定終止三角關係？什麼樣的因素讓你難以終止三角關係？

▶當內在的聲音說「為什麼我是那個要採取行動的人？」時，你會需要做什麼呢？

失落的遺物：
協助家庭哀悼失落

死亡雖結束生命，但不結束關係，關係在生者心中掙扎著，尋求一些可能永遠找不到的解決方案。　　——羅伯特・安德森，《我不為父唱歌》

終了，最重要的是：你活得如何？愛得如何？又放下了多少？　　　　　——佛教徒諺語

　　死亡是我們一生中最難面對的事，也可能是我們最容易卡住的點。* 因此，最重要的議題是我們和個案一起探索症狀發展下最有可能的根本問題，這些症狀包括焦慮、憂鬱、恐慌、衝突、關係截斷，甚至有些家庭成員無法離家，或無法建立和維持關係。如果家庭成員試圖避免失落的痛苦，其創傷層面將會流連不去。

　　失落和威脅的失落會迫使我們面對我們最終的優先事項，它也可能成為家中隱藏的力量，使我們能夠面對價值觀，並更直接專注於真正重要的事情上。因此，如果我們只能專注於一項家系圖的主題，我會建議探索失落——尤其是那些不合時宜或創傷的失落。對於臨床實務工作者來說，幫助個案面對失落是我們最重要的課題之一。家系圖包含的一個很重要的概念，即過往經驗是非常重要的，那也就是為什麼我們要運用家系圖去檢視家庭歷史，作為現在和未來的指引。家系圖中的鬼魅如果不加以處理，對家庭可能有巨大影響，即便是那些在失落發生時尚未出生的人。

　　潘·克萊納（Pam Klainer）在她的回憶錄（未出版之手稿）中，描述她童年失去父親及這事對她家庭的影響：「舊的、未癒合的悲傷不會消失，但會持續灼痛至我成年的經驗和關係中。」這是對現實未哀悼之失落悲傷強而有力的描述，它不會消逝，但確實會延燒至未來的關係中。家庭很常因為失落的傷痛，而讓自己從痛中解離出來，並常帶著完全困惑他們之謎樣的徵狀來尋求協助。唯有透過詳細瞭解歷史，我們才能幫助個案理解他們自身的經驗，就如同第二章所提過之約翰·弗雷曼的案例，他覺察到自己疏離妻子，卻沒有明確的理由。當我們開始探索他的家系圖歷史時，他可以看到自己出生前父親心臟病發過世的傷痛，可能重新觸發他的反應，而現在他即將期待

---

*本章借鑒於《超越失落：家庭中的死亡》（*Living Beyond Loss: Death in the Family*）第二版一書中我所寫的章節。該書由佛洛瑪·華許（Froma Walsh）和我編輯，由 W. W. Norton 出版社於 2004 年出版。對該議題有興趣並想知道更多的人，請參閱網站 www.psychotherapy.net/McGoldrick 中《面對未哀悼之失落與創傷：建立韌性》（*Facing Unmourned Loss & Trauma: Building Resilience*）部分影片。更多影片可參閱我們的網站：www.multiculturalfamily.org

自己孩子的出世。

　　透過檢視失落的多世代漣漪影響，可以幫助你的個案瞭解他們的家庭是如何運作的；當他們覺得被卡住時，檢視發生了什麼事情；以及他們能夠如何改變這些模式。失落一方面可能使倖存者更堅強、引發他們的創造力、激發他們的成就，另一方面卻可能留下破壞性的遺毒，遺毒如果沒有得到解決，可能會變得更強大。家庭傳承了數個世代的一些模式，這些模式建立可能是早期世代因應失落悲傷的方式，但後代卻一無所知。檢視失落之長期和隱藏的影響，可能是解鎖目前家庭之所以卡住之最有用的探索策略。

　　家庭在經歷失落後必須重組。有一些功能必須由其他人接手負責。每一階段的生命週期和季節性儀式，都會提醒曾有過的失落。系統不僅會要求持續性之融合記憶的轉化，還會要求改變家庭結構和互動狀態。當家庭不進行這些改變時，他們的時間就很可能會在那個點上卡住，關係變得僵化，並出現逃避的行為。

性別和哀悼

　　幫助家庭面對失落的一個主要方向，即是探索性別模式。我們的世代傾向區分男孩和女孩、男人和女人，並在壓力（大多數是面對失落的時候）之下遏止他們連結。我們對男人和女人面對死亡的期待是截然不同的（McGoldrick, 2004a）。一般來說，女人可以自由地公開擦眼淚，男人則可能會因為害怕失控而否認、退縮，且逃避悲傷。根據現在的觀察，大多數情況是婦女自己——或被丈夫送來——因關乎失落的憂鬱或其他壓力徵狀而前來尋求協助，反觀所觀察到的男人，則似乎按照我們社會規範的要求，運作良好，不需要為自己尋求幫助。

　　男人通常會逃進工作中，遠離他們妻子的公開哀悼，因他們視這樣的公開哀悼對其需保持控制是種威脅。婦女可能經歷丈夫的逃離而覺得雙重失落。一位有三個兒子的母親，在大兒子過世後兩年，跟我見面時說：「我的眼睛流淌了我們全家的淚水。」她前來尋求協助是覺得自己瘋了，因為她丈

夫和兒子均認為她有病理性憂鬱和情緒激動，於是被轉介到個人治療，來處理「她的問題」。反觀父親及弟弟們無法哭泣、無法談論他們的經驗或者和彼此分享他們所受的苦，均未被他們自己或其他人視為問題。直到太太對丈夫的感覺遲鈍感到挫折，並把他帶到我辦公室，事情才開始有所不同。

這種扭曲的悲傷模式是我們文化的常態，且孕育疏離。不能分享失落經驗的家庭成員反而讓自己無法接觸他們最重要的療癒資源之一：他們彼此。我們和個案所能執行之最有用的臨床實務任務，便是挑戰他們打破傳統性別的限制，增加家庭在經歷失落後的情緒和有形的彈性。重要的是，面對他們的不平衡，鼓勵家庭質疑他們自己、彼此和文化上的這些回應。當一個家庭成員必須獨自哀悼，其傷痛的狀態是更深、更糟的。考量我們文化對「真正的」男人不能哭泣，而女人是情感照顧者等這樣的教條灌輸，我們帶著一種理解的態度來解讀這些反應，對幫助家庭面對自己和對方的反應，是非常重要的部分，這樣家庭不僅能有更多的容忍度，也更能負起責任，修改自己功能不彰的反應。

幫助家庭哀悼時，我們應該積極主動地協助擴展他們跨性別和跨世代的連結，挑戰他們經常限制家庭關係的傳統支持。

當然，當家庭他們正因失落而遭遇許多的難題，你不會想對家庭說教性別的議題。所以，打開話匣子討論性別的主要路徑是詢問家系圖三代關於哀悼的問題。

- 你的父親如何因應他母親的過世？
- 是否有關於失落的一些事情，你期待他跟你或跟其他人分享？
- 當你過世時，你期待你的兒子如何面對？你的女兒呢？
- 你的母親如何哀悼？
- 許多男人覺得要展現情緒是困難的。對你而言，那是個議題嗎？對你父親而言，是個議題嗎？

　　幾個世紀以來，瀕死者的照顧一直被視為婦女的責任，而這樣的情形往往造成手足間所有的難題，例如，雖然兒子們在遺囑及父母親的情感上常常受到偏愛，但他們卻不會分擔照顧的重擔，姊妹們因而對他們心生怨懟。生命週期的終了，姊妹們通常會成為彼此最大的支持，甚至會住在一起。年紀較長的婦女尤其很可能會仰賴其妹妹們、女兒們，甚至姪女們的支持。但是，對男人來說，未參與照顧，如未參與孩子的照顧，削弱了他們整個跟人之間的連結，讓他們易成為疏離孤立的一群。

　　對治療師而言，重要的是，如果婦女是家中唯一關心家庭關係維繫的人，那麼治療師會主動鼓勵手足之間的聯繫，尤其是在面對失落的時候，畢竟它會削弱家庭的優勢。

　　我們的臨床實務工作是要提出減少性別角色分裂的問題，使所有的家庭成員都能經歷自己的悲傷，成為彼此在面對及適應失落時的支持。我們的目標是讓所有家庭成員分享悲傷、哀悼和分擔照顧瀕死者的責任，這是感受親密關係的必要條件。面對死亡，給男人一個機會，挑戰我們文化的解離和情感疏離的障礙，並與他們自己的人性面連結。

照顧者的家系圖

　　要瞭解關於失落的照顧目的和氛圍，建立照顧者家系圖可能會有幫助，其可指出，不管所需的照顧是哪種型態，又有哪些家庭成員已經參與其中。幾年前，我畫了自己家庭的照顧者家系圖（(McGoldrick, Gerson, & Petry, 2008)，其顯示了我父母親和祖父母的那一代，每個成員都需要長期的護理照顧，而實質上，提供照顧的都是女人。對我來說，我學到的最重要一課是，我沒有女兒，除非我以不同的方式教養我兒子，或者我對我的媳婦或姪女非常地好，否則不會有人照顧我們這一輩。此在臨床實務工作上是相當有用的，讓家中的每個人從家系圖中，去注意到誰負擔過重的照顧責任，去看到哪些人可能因付出心力卻未獲得任何支持或資源而耗竭。

　　透過視覺化特定時刻的家系圖，有助於讓家庭成員看見，在當時所需

要的照顧對家庭的影響可能是如何。在我自己的家庭中，我的生活中有許多不同的時間點，照顧議題成為主要的議題。失落不是不合時宜的，所以對孩子的影響是小的，但是賦予婦女的壓力卻是大的，很可能在系統中的某個地方影響了三角關係。我母親的第一次照顧者角色是她當母親的時候，當時她承擔非常多的責任，卻沒有任何的權力。那些她照顧她父母親和公婆的歲月裡，她還需要照顧我們和我父親。我現在看到，我母親生命中擔任照顧者的第一段時光，是我和母親關係壓力最大的時候。我現在能夠看見她當時承受的壓力有多大，並心存感激和欣賞。

之後，當我父親嚴重中風後，她則成為父親的主要照顧者。那時候，她開始同時負有責任，也享有權力，因為她掌握了家中的經濟。她變得較少防衛，顯出較多柔軟有愛的那一面，儘管她還是承擔許多。她在第二段提供照顧期間，不僅角色變了，在系統中的權力也變了，對我們來說，她成為一個有效能的領導者，而她的這些領導技能之前因為她身為「妻子」的角色而受到嚴格限制。

唯有探索照顧模式和性別、權力及生命週期的關係，我才更能理解我家庭中的互動狀況。繪製我自己家庭的照顧家系圖，增加我對未來照顧狀況的敏感度。如果我們注意到那些需要我們照顧的人，以及哪些可能需要照顧我們的人，我們可能會更加細心體貼守護我們的關係。

失功能的失落適應

當悼念過程被阻擋時，關係往往會變得僵化，家庭如同時間停止般地關閉自己，感受也因各種形式的否認而變得簡短或短暫（詳見McGoldrick，1996，以及《面對未哀悼之失落與創傷：建立韌性》，觀看訪談影片的部分橋段則至www.psychotherapy.net/McGoldrick）。這些模式必須作為任何臨床實務評估的一部分。

當家庭無法哀悼，他們似乎會被卡在過往的夢想中、現在的情緒中和對未來的恐懼中。有些人可能會非常擔心未來可能的失落，而無法參與現有的

關係，他們擔心再度去愛，因為那意味著再次失落的可能。另有些人則是專注在未來的夢想上，試圖用新的關係填滿失落留下的缺口，並逃離傷痛，只是這樣的新關係往往是建築在幻想上的。那些倉促進入關係以縮短哀悼的人通常會發現，當他們的夢想因新關係的現實而讓步時，他們的傷痛會回來纏住他們。家庭在其他發展週期轉變（如婚姻、轉變至父母身分、或孩子離家）所面臨的問題，通常反應了時間流的停滯，此停滯是源自於未哀悼失落。

有時，家庭會變得更僵化，甚至完全封閉，無能力跟任何人連結或建立關係。如果倖存者拉進家中的另一個人來取代已逝者，加上又有些僵化，他們的關係便會看似穩定。然而，當替代者開始展現出任何自己個體的狀態時，這樣的關係就行不通了，顯而易見的是替代者畢竟不是已逝者。然後，它會引發延宕的反應，即使那最原始的失落經驗發生在很久之前。當家庭無法接受死亡，他們可能會發展出固定和人連結的方式，因應他們對未來失落的害怕。另一個否認的跡象則是家庭在經歷死亡後，不願意做任何的改變。他們把已逝者的房間轉為紀念館或陵墓，拒絕處理物件，或者改變屋內的任何擺設。

失落可能被埋起來了，唯有多年後，當家庭在生命週期轉換時遇到問題，僵化才會浮現。

唐納德·貝爾（圖7.1）是一個五十六歲的非裔美國科學家，為了他八十八歲、據他所描述有憂鬱問題的父親奧斯卡前來尋求協助。唐納德也想尋求幫助，解決自己過去六年對父親的不滿。

唐納德詳細地描述他在母親罹患絕症，兩年後過世到現在的這段期間，竭盡所能地幫助他父親。唐納德是家中獨子，在費城長大，是受良好教育移民者的兒子，父親來自牙買加，母親來自千里達。唐納德八年前，即他四十八歲時，搬去紐澤西，並和一位他幾年前在研討會上遇到的女子結婚。他形容他的父母親是非常聰明、有教養和懂人情世故的人，但他們的家在他們晚年時變得相當殘破，還一度雜物堆積到幾乎無法住人的地步。他試著探訪他們，但他們很獨立，不要他幫忙任何的事。他母親還曾經跌倒而住院。唐納

圖7.1　唐納德‧貝爾家庭

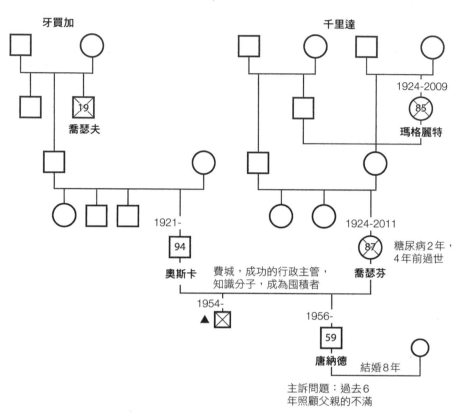

德試圖介入去幫他的雙親，但是父親似乎偏好讓多位鄰居幫他，反而拒絕唐納德的幫助。

隨著我詢問關於家系圖的問題時，我得知他的父母親雙方都是家中的老么，均擁有碩士學歷，在非營利組織從事行政工作。當我詢問他手足資訊時，唐納德說，他幾年前才從一個阿姨那得知，他有一個哥哥，出生後沒多久就過世了。他說，他的父母親從未談過這件事，他很困惑為何他們要保守這個秘密。

當他母親的健康惡化，父親似乎更受鄰居的影響，也更加疏離唐納德。母親一過世後，唐納德懷疑鄰居拿父親的錢，或說服他娶他的管家。唐納德

花了非常多的心力安排父親搬到紐澤西，雖然一開始父親拒絕這樣的提議，甚至還去了費城的退休社區住。經過仔細的會計計算、辛勞和一年的努力後，唐納德得以重新掌握父親的財務，將他搬到紐澤西，在那裡，他才能更輕鬆地看管父親的健康。

雖然唐納德成功設法拯救了父親的錢，不讓他把錢給別人，但是他無法擺脫他當時所感受到的苦和不滿。為了幫助父親釐清其財務狀況，他必須投資，最後，父親終能感激，明白兒子是在幫助他，而非貶低他。

唐納德說，他真正的問題是他不知道如何擺脫他那些年因父親被管家「下蠱」所累積的怨懟。我們同意邀請他父親來會談幾次，會談中，父親回顧所發生的事——他太太的生病和過世，他受到管家及她朋友的影響。他說，失去太太讓他感到非常地絕望，他有許多年過著行屍走肉的日子。

漸漸地，我們開始談到唐納德早年和他父母親的關係，以及他的第一個兒子。父親說，他和太太從小就被教導應該要堅強，不能向「軟弱」低頭，如失落的傷痛。唐納德講述他的姨婆瑪格麗特，就是那個多年前告訴他哥哥存在事實的人。於是，當時他回家，質問他的父母親關於哥哥的事。他的父親沉默地坐在椅子上，母親則是回到她的房間哭了兩天，甚至沒有吃任何的東西。兩天後，她走出房間，對那個失落隻字未提。唐納德開始搜尋他的家庭歷史，取得哥哥的出生和死亡紀錄資料。我們的會談中，他質問父母親對他哥哥一事的多年沉默。我則問，是否因為這樣的痛苦失落，讓父母親覺得他們不能真正地投入心力在第二個兒子身上，害怕也失去他。父親在這個話題上，難以啟齒。

唐納德思索了這個情況，他有了結論，他的父母親必定針對他哥哥的過世有沉默的協定，這個協定造成夫妻倆一同的疏離，最後，更導致父親在他太太離世後無法正常運作。我們討論打開該議題的一些想法，或許做些什麼事來紀念死去的哥哥，因哥哥從未被取名字或有墓碑。

父親說，他會想要幫大兒子取名字，然後跟他兒子討論他們可以如何紀念這個失去的孩子。自從我們開始會談，這是父親採取過最主動的部分。唐

納德說，他覺得沉重的重擔從他肩膀上移開了，他的怨懟化解了。然而，兩周後，父親再度把自己關起來了，並說他不要再談任何關於大兒子的事了。他拒絕討論這個議題。不過，唐納德覺得解脫、自由了，他理解到他為沉默所付出的代價，於是決定自己找出紀念死去哥哥的方法，並去執行——他幫哥哥取名約瑟，以紀念他母親喬瑟芬和父親的叔叔喬伊。

喬伊曾是一位擁有偉大夢想的年輕人，但他在十八歲時因傷寒過世。唐納德決定以哥哥的名字立獎學金來紀念他，因他沒有機會受教育，且父母親是這麼地看重教育。唐納德說，立獎學金的決定讓他從家庭一直活在失去第一個兒子的禁錮中解脫出來。唐納德認為他無法改變過去，但是看到父母親因他的哥哥而關閉自己，他決定他可以改變因應失落的沉默模式，讓他哥哥的記憶永久存在。同時，他也理解了父母親所感受到的痛，故能夠克服他因代表父親付出而曾出現的不滿和怨懟，即使他選擇的路是承認過去的失落，而非沉默。.

後來，父親開始分擔創造哥哥的紀念意義的責任，開始談論失去兒子對他和太太的影響。唐納德用獎學金的方式來紀念哥哥約瑟，不僅父親引以為傲，也漸漸習慣約瑟這個名字。

家庭運用否認或逃避

我們觀察到家庭許多功能不彰的模式——外遇、喝酒問題、疏離、孤立、害怕外人、持續性的關係衝突、憂鬱、工作狂、逃入電視或網路——常常反應出他們無能力面對失落，最終，因擔心會再度經歷失落，而變得無法與任何人有連結。

家庭經常創造神話來偽裝創傷性失落的羞恥，如自殺。然後，他們需要家庭持續共謀，來掩蓋經驗的真實本質。這樣的神話往往會隨著時間的前進而延伸擴展，納入越來越多關於失落的記憶，以至於傳承歷史給下一代的過程中，增加的部分變成不可觸碰的禁區。這樣的神話很自然地會影響孩子，他們通常會成為已逝家庭成員的替代品，即使孩子可能完全沒有意識到這樣

的關聯性。當他們被當成未埋葬之過去鬼魂的替身來扶養時，往往會發展出嚴重的情緒議題（至網頁www.psychotherapy.net/McGoldrick觀看《面對未哀悼之失落與創傷：建立韌性》的部分橋段）。為了讓自己自由，個案需要去發現他們身分背後的謎團，並且「驅除」過去的鬼魂（Paul & Paul, 1989；《面對未哀悼之失落與創傷：建立韌性》影片可至網頁www.multiculturalfamily.org觀看）。

關於死亡的治療主要目標是充權和增強家庭哀悼他們失落經歷的能力，然後繼續前進。這包括：

1. 承認死亡的事實並分享失落的經驗。如果死亡的事實尚未被接受，治療師可以協助家庭學習該事實的資訊，並接受現實，開始將失落放在脈絡中來看。
2. 幫助家庭重新獲得時間的移動感，從過去、到現在，然後到未來。
3. 依需要重整家庭系統，因失去的人不在了，且需要運作必要的功能。

分享失落可能包括喪禮或紀念儀式，無論這樣的儀式延宕多久；再來就是分享其他經驗，包括哀悼、生氣、傷痛、悔恨、失去的夢、罪惡感、傷心難過、思念已逝的人。這種分享可以透過一起講述已逝者的生命和過世的故事，同時也透過促進家庭、文化和人類的連續性和連結性，來幫助家庭整合他們的失落經驗回歸生命中。講述家系圖是相當獨特的經驗，能夠去除過去失落經驗的遺毒，給予孩子更穩當的歷史覺知。為了發展從失落經驗生存下來的征服感和能力，家庭成員，尤其是男人，或許需要鼓勵，打開他們和在世者的關係，且更全面地理解他們的家庭——家庭的歷史、文化背景、不同家庭成員的觀點和故事。

當家庭在超越失落時卡住了，擴展原本檢視該失落的觀點可有所助益。否認或未解決之哀悼的最困難的層面，即是沒有家庭可以在沒有任何故事的情況下還能幫助他們理解經驗。如果事件不能被提及，或家庭設立之創傷性

失落的「分界線」（party line）不能被擴展，那麼對家庭來說，要一同理解歷史幾乎是不可能的任務，便無法給下一代指引，教導他們如何整合日後的失落。治療能夠幫助家庭創造故事，促進和加強他們失落的整合。

協助家庭維繫某程度的掌控感

我們否認死亡的文化，意指我們通常不會去討論我們想如何死，或者如何被紀念。縱使沒有立遺囑可能對在世的人造成極大的困難，還是有非常多人根本沒立。死亡是個非常私人的經驗，但由醫療機構、宗教機構或殯儀館來決定儀式和習俗的過程中，個人層面的死亡意義很容易就喪失了，因這些機構和死者或家屬沒有任何的連結。通常家人對喪禮的記憶是，當神職人員念「悼詞」或講述時，他們感受到疏離感，因為神職人員並不認識已逝者，或者他們的價值觀和家人的不符。臨床實務工作者所能做的，便是幫助家庭重新取回他們自己的哀悼儀式，為家庭帶來持久的效益。.

臨床實務工作者可以認可家庭在處理死亡事宜與機構交手的經驗，這樣他們才不會覺得，因為自己的瘋狂才造成他們遇到的這些問題。臨床實務工作者也可以幫助家庭，將努力的能量引導至他們想為瀕臨死亡的人創造什麼樣的經驗。儀式化失落包含三個部分：

1.承認並哀悼失落；
2.象徵化家庭成員想結合或從已逝者身上取得的東西；
3.生命往前進的象徵。

幫助經歷失落的家庭建構個人意義的儀式，是促進其情緒和結構轉換非常重要的部分。在婚禮、週年紀念、甚至另個家庭成員過世的悼詞中舉杯，不僅能夠回憶已逝者，還能將他或她放回家庭關係的脈絡裡。一個年輕人的嫂嫂兩年前因車禍過世，於是他決定在感恩節時，讓家人為他們與她的美好快樂回憶舉杯。如此整合失落的儀式，即使已過世很久，依然能夠為家庭帶

來深刻的療癒迴響。一名婦女在她兄弟自殺後二十五年，他生日的那一天舉行追悼儀式，開啟了四分之一世紀前停止的和解歷程。另一個年輕的個案，母親過世時她才十七歲，於是，她非常堅決地要求父親在他梅開二度的婚禮上紀念他的第一任妻子，即她的母親，她擔心關於她的記憶會被抹滅。

治療計劃：一起會談或個別分開

　　處理失落時，治療要多麼結構化的問題便出現了——什麼時候給作業、什麼時候與全家人見面好幫助成員處理死亡，以及何時個別教導家庭成員處理他們的失落。治療師必須仔細衡量家庭賦予和治療師會談的污名程度有多少，即家庭可能有潛在反對讓局外人參與討論失落的價值觀。與家庭成員進行單一長時間的會談，討論重大危機，進而去除深藏起來的失落毒害，開啟家庭關係，這可能對改變長期模式有深遠的價值。治療師的在場，對某些不敢彼此討論傷痛失落的家庭來說，可能可提供一個安全網。

　　另一方面，對某些家庭來說，一個陌生人見證他們最隱私的討論，可能會毒害他們面對傷痛的經驗。每個家庭成員所處之面對失落的階段不同，或是處理情感方面的因應機制也可能非常不同。一個家庭剛經歷家人自殺，一些成員可能覺得他們需要談，但一些成員可能覺得傷痛太鮮明刺痛而不想談，因此和準備好的家庭成員個別工作是較為合理的做法，鼓勵他們和其他家庭成員工作，一個接著一個，最後為整個家庭開啟了漸進的療癒歷程。

　　治療師可以引導那些動機強的成員，運用不同的家庭假期和宗教節慶、隨時間走程發展生命週期儀式，將失落融合進去（Imber Black, 2016）；治療師也能夠引導家庭成員在其個人更私人的脈絡裡去除失落的毒害，如寫信，以及探訪墓園、家庭故居，或其他具特殊意義的地方等；或和某位對家庭來說在失落上具重要意義的親戚談話。有時候，讓家庭成員在一起有助於哀悼的歷程，即使每個人所處的階段不盡相同，他們可以共同營造出一個信任的氛圍，在那裡，他們或許可忍受並見證其他人的經驗，就算他們無法真正地彼此分享。

關於失落的實務問話

　　如同我在本書一直強調的，問話是最有力的工具，擴展家庭對其歷史的理解、覺察他們的現狀，並賦權他們掌握未來。幾乎不記得死亡日期或幾乎沒有被尊重嗎？家庭成員能夠多自在地談論死者和其過世的情況？有正面和負面的記憶嗎？與殯葬業主任的交手、觀察到的儀式、誰在喪禮上說話和誰沒有——這種種訊息都顯示出家庭成員之間如何連結、他們相信什麼、他們害怕什麼，以及他們珍惜什麼。

　　家庭成員所擁有的訊息越多，他們獲得越多自己和其他人生活的觀點，越有機會以開放的心和態度面對未來。我們詢問關於失落的問題，可以幫助我們理解前代的適應力，其又如何為現在的家庭關係奠定基礎。這些問句不可被單獨提出來問。當個案探索家庭家系圖提到失落的部分，這些僅為建議的重要問話面向，幫助個案瞭解家庭失落經驗：

- 家庭成員如何表現出他們對死亡的反應？眼淚？退縮？憂鬱？逃避？瘋狂的活動？照顧他人？他們彼此之間是否談論失落？
- 過世的當下，有誰在場？誰「應該」在場卻未出現？誰看到遺體、誰沒有？
- 已逝者有任何未解決的議題嗎？過世時，家庭關係的狀態如何？
- 誰安排喪禮？誰參加？誰沒有參加？誰說悼念詞？
- 遺體是火化或埋葬？如果是火化，骨灰如何處理？有墓碑嗎？
- 過世時，有發生衝突或截斷嗎？
- 有立遺囑嗎？誰獲得遺產？對遺囑，有意見分歧嗎？
- 誰去墓園、多常去？誰會提到逝者、多常會提到？逝者的遺物如何處理？
- 關於過世時的情況，有任何的秘密嗎？有任何實情是不讓家內人或家外人知道的嗎？

- 逝者過世後，有任何關於他或她的傳奇或神話被創造出嗎？他或她被塑造成是一個聖人嗎？
- 若逝者多活久一點，他們覺得會有什麼不同嗎？什麼樣的夢想因逝者過世而被切斷？
- 家庭成員有因逝者而被汙名化嗎？（如：自殺、因愛滋或酒癮過世）
- 生者因他們與逝者的關係，其生命受到什麼樣的影響？他們從逝者那承襲了什麼？是否發展出任何反映了情緒停滯的特徵，如：成癮、操弄、自我中心或保護其他存活的家庭成員？
- 他們對死後的文化和宗教信念是什麼？他們的信念如何影響他們理解失落的意涵？
- 家庭成員有什麼其他信仰，或許持續幫助著他們面對失落，例如：生存感或個人感、家庭或文化使命感？

顯然，這些只是建議的問話問句，但都必須在脈絡中提出，每個問話都是跟隨個案回答前個問話的答案而來的。當然，臨床實務工作者蒐集資訊時，應該看著家系圖，或甚至將家系圖放在家庭面前，如此，每個人都可以分享他們的思緒歷程。

協助家庭面對未解決的哀悼

我經常採用諾曼‧保羅（Norman Paul）的創意方法（Paul, 1976; Paul, 1980; Paul, 1986; Paul & Grosser, 1965; Paul & Paul, 1982; Paul & Paul, 1989；也參閱影片《面對未哀悼之失落與創傷：建立韌性》，影片可至www.multiculturalfamily.org取得），這方法尤和家庭敞開其埋葬的失落有關。

保羅探索個案的家族歷史，是因鬼魂的影子阻擋了生命，然後努力「驅魔」。他特別會回歸到失落經驗的情感否認部分，打破人們所築起來的牆，這道牆可能因人們難以悼念失落而花一輩子建造。他經常運用影片，帶出家庭成員之阻塞經驗下所隱藏的那一面。他不僅錄影失落的討論，也會放給其

他家庭成員看，他甚至還因鬼魂似乎一直主導著生者或替代者的生命，運用戲劇技巧，將放大的家庭「鬼魂」圖像附加在生者或替代者的形象上（本案例的影片可參閱《面對未哀悼之失落與創傷：建立韌性》，可至網頁www.psychotherapy.net /McGoldrick觀看）。透過這個替代現象的鮮明影像，保羅用戲劇的手法，展現家庭因未哀悼失落而產生情緒扭曲的部分。當個案在影片中，看到他們自己和逝者「鬼魂」影像重疊時，他們通常會開始與其之前未曾覺知的家庭歷史有了情感上的連結。

我也會鼓勵個案錄影會談過程。我建議他們觀看，並思考他們的家系圖，盡可能地探悉家中真正發生了什麼，不只是他們記得的，而是他們可以從他人身上學到的。

保羅會要他的個案在第一次會談時帶他們的家系圖來，他事前會告訴他們，他有興趣的部分是幫助他們成為專家，不僅更懂得檢視自己，還檢視如何看待自己和給人印象間的差異。他會要他們錄影或錄音會談，不定時地聽，以更知悉自己。諾曼・保羅在發展錄影技術上，不僅是先驅之一，也是最具創意的治療師，他讓個案能夠去經驗他們對自己和對彼此的即時情緒反應。也對我們的記憶是如何扭曲我們的經驗感到印象深刻，尤其是當我們情緒高張時。他感興趣的部分是協助個案和自己有更好的接觸，如此，這些扭曲的歷程就不會發生，或者能夠被導正，個案能夠更真實地理解自己。

這些精闢的見解正說明了使用家系圖作為主要架構的重點，追蹤個人或伴侶夫婦生活的模式。家系圖帶人們超越其扭曲的記憶，來到他們歷史的事實，這可幫助他們應對真相，並理解扭曲是如何阻礙他們看到真正的自己以及他們所在的位置。觀看他們在影片中的即時反應就像參與家系圖中連結模式的實際訊息。它挑戰個案自身經驗的真實面，而不僅用自己或許已被扭曲的感覺和記憶。

舉例來說，諾曼・保羅自身是以其母親的哥哥命名的，有趣的是，母親其實相當妒忌這個哥哥。這個舅舅在十九歲時，因被其他反猶太的年輕人襲擊而淹死。無疑地，以這個死於創傷的舅舅命名，可能會帶出父母或其他家庭成

員其他深切的感受，此往往意味著過去的感覺正阻斷其傳承至下一代的情感經
驗，只是他們通常沒有意識到發生了什麼或是他們回應的是哪齣戲碼（更完整
的創傷失落的描述記載於諾曼‧保羅之生命的《面對未哀悼之失落與創傷：建
立韌性》影片中，完整影片可至網頁www.multiculturalfamily.org觀看）。

　　保羅也會送他的個案去他或她父母過世的醫院，或者造訪家庭成員被殺
的集中營，來幫助他們和埋藏的感覺接觸。他要他們紀錄其體驗到這些經驗
的反應。這些技巧的目的是要分辨生者和逝者的生命，讓個案從他們的「責
任義務」感中解放，這些責任義務感可能是他們從逝者的遺贈中所吸取的，
或者家庭因避免失落的傷痛而發展出來的神話。任何幫助家庭成員重新和解
離的失落經驗連結的方法，均有助這個歷程的進展。結合家系圖，幫助家庭
面對未解決的哀悼之可運用的技術包括：

- 造訪墓園；
- 寫信給逝者，或寫關於逝者的信給生者；
- 看老照片；
- 閱讀舊日記或信件；
- 整理紀念品和所有物，然後決定什麼要留下來、什麼要送給他人作紀
  念，以及如何銷毀剩下的；
- 寫關於夢想、回憶和反思的日記；
- 和親屬討論失落；
- 觀看「誘發」強烈的失落經歷感受的電影或閱讀書籍，可能的電
  影包括：《我不為父唱歌》（*I Never Sang for My Father*）、《飼養
  烏鴉》（*Cria Cuervos*）、《吾愛吾父》（*Dad*）、《鋼木蘭》（*Steel
  Magnolias*）、《新手人生》（*Beginners*）；相關的書籍則為：《家中
  喪事》（*A Death in the Family*）、《伊凡‧伊里奇之死》（*The Death
  of Ivan Ilych*）、《寧靜而死》（*A Very Easy Death*）、《卿卿如晤》（*A
  Grief Observed*）和《迷人的比利》（*Charming Billy*）；

- 聽音樂——或許是個案、家人或逝者最喜愛的音樂。

　　家庭成員一旦克服失落悲傷的路障，我們或許就能幫助他們透過紀念碑或典禮，儀式化他們的失落，不管失落是多久前發生的。這意味著修改他們對歷史的述說，包括曾經被失落淹沒的經歷，重新恢復逝者在家中被隱藏的角色，可以幫助他們修正目前因無法悼念而陷入僵局的關係。

　　家庭經常未儀式化他們的失落。他們可能根本都沒有舉行任何的喪禮儀式，或者只是舉行一個小型且家人未參與規劃的儀式。重要的家庭成員可能沒有參加悼念儀式，無論是出於情緒因素，還是因為距離或疾病。輕視失落的情感體驗的家庭尤可能特別容易受到沒有儀式化的傷害，這能讓他們多年來都處於情緒的困境中。

　　喬治‧考克斯（圖7.2）帶他的九歲兒子班來接受治療，因為班在學校的退縮和分心。喬治似乎沒有意識到主訴問題和未解決的哀悼有任何關聯。在初次會談中，我詢問家庭的家系圖的狀態，發現班四歲時失去他的母親安妮塔。安妮塔死於腎臟疾病，過世前兩年，她的健康是逐漸惡化的狀態。

　　喬治希望減少班的傷痛，於是並未讓他參加喪禮。他幾乎立刻再婚，娶了一個有兩個兒子的女人，但六個月後他們分開了。一年後，他又和瑪姬結婚。瑪姬和前段婚姻有兩個小孩。喬治和瑪姬則一起生了兩個小孩，一個是兩歲的女兒，另一個是六個月大的兒子。.

　　喬治說來治療是學校的主意，他毫無概念他自己為了什麼要在這裡。家系圖讓我們很快地做出假設，即某種程度上，班「被卡在」母親過世時的時間點了，無法成為新家庭的一員。我們小心翼翼地提出這點，但父親對此想法無動於衷。

　　但當父親來第二次會談，他把過世妻子寫的信交給我們，我們非常驚訝。他自己試著逃避不讀它，但我們敦促他對他的家庭讀這封信，這樣，擁有這訊息的人才會成為他們，而不是只有他或我們。這封信是他第一任妻子的回顧信，非常感人。她回顧了她與家人的關係，感謝她從每個人身上所獲

圖7.2 考克斯家庭

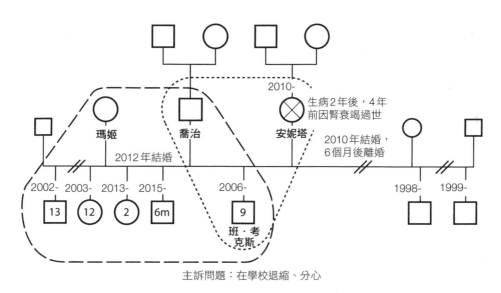

主訴問題：在學校退縮、分心

得的愛和支持——她的丈夫、父母、公公婆婆，甚至先生的祖父母。妻子表示她希望先生再婚，但促請他確保他的第二任妻子會愛班，如同她愛班那樣的多。

　　她寫到她對班的未來和整個家庭未來的想望。閱讀這封信讓班印象深刻。他在治療師的提示下，進一步問父親許多有關他死去母親的問題，而這是他自母親過世後的第一次。這次會談結束時，治療師建議父親和兒子在家中進行屬於他們兩個人的私人儀式，共同分類安妮塔的其他紀念品。下一次的會談，班似乎變得更加有生命活力。喬治談到因為班長得就像他的第一任妻子，對他來說，是一個活生生讓他回想起太太的人。自此，父子關係變得更自由，而父親很快就回報班和他的繼母、手足的相處也漸漸好轉。

　　有時簡短的處遇措施可以釋放隱藏的優勢能量，使面臨失落的家庭成員找到自己的方式，整合他們的失落。在這種情況下，你不會知道何時個案會與將注意力放在失落議題的建議真正產生共鳴，就如同這個案例一般，父親出人意料將信交給治療師一樣。彷彿多年來，他就在等待這一刻，他一直想

找到能將他太太的訊息傳給兒子的方法，但從不知如何做。結果是，他曾多次讀這封信給他的現任太太瑪姬聽。我們竭盡所能幫助父母創造一個儀式，協助孩子面對失去父母的失落，因它會強化他們現在的關係，同時承認過去失落的事實。

揭露被埋葬的哀悼

　　通常，臨床實務工作的第一個議題，便是呈現家族歷史與主訴問題間的關聯性，克服個案對必須「打開舊傷口」的抗拒。治療中偶會有魔法時刻發生，有時一個「對」的問題便會帶出轉化，但更常見的是，透過細心和耐心的提問、仔細地聆聽，有助於個案看到他們的問題與他們潛在的家庭關係議題之間是有關連的，如同下面的例子所示。

　　亨利‧格里斯特（圖7.3），一位非常成功之五十九歲、具洋基血統（Yankee ancestry，俗稱北方佬）的商場主管，在他的太太安要求停止拖延離婚，而前來尋求治療。他和太太已經分居兩年了。亨利之所以離開安，是因為他覺得他們的關係「已死」。他和太太兩人有個共同的目標：讓他們的婚姻神奇般地修復，使亨利想再次結婚。

　　他表示他對他的原生家庭不感興趣，也不覺得討論家系圖有其意義。只有在他個人、和姊姊、和三個小孩的會談中，我們反覆及詳盡地討論到他對自己、對事件和對他家庭關係認知的差距時，他才逐漸意識到談論原生家庭和家系圖的重要性，才願意分享他家庭中的失落經驗。他的父母親均過世得早，父親過世時五十四歲；母親過世時五十九歲。他姊姊因為亨利在她心目中的「金童」（golden boy，意指前途似錦的人）形象，為他全心全意付出。她承認她對「為鬼魂翻查家裡」之事並不熱衷，但與她會談有助於亨利意識到「不言」的規條在他們家裡的威力有多麼強大。他的孩子基本上對父親的情緒無感而感到挫折，所以與他的孩子會談有助於他意識到，至少以一般的方式，他是想要與他的感覺連結的。

　　歷經八個月的治療後，他終於去位於康乃狄克州鄉村的家鄉旅行，拜訪

圖7.3　格里斯特家庭

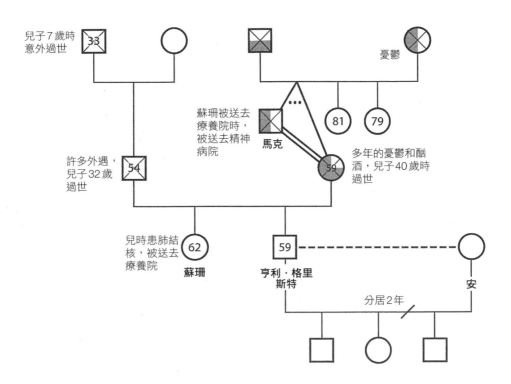

他父母那輩僅存的兩個阿姨。他已經許多年沒見過她們了。在接下來的會談中，他興致高昂地擺出他母親自他童年就保存的相本、信件和日記。與阿姨們的會談，照片和日記觸發了亨利的情感歷程，這是他第一次能夠與母親的創傷生活、自己痛苦的童年有所連結。

　　隨著他的談話，他提到他父親的死，然後他開始哭泣，這是父親過世後二十七年，他第一次哭。他記得他是如何陪著奶奶走到棺木前，也記得當奶奶看到亨利五十四歲的父親躺在棺木裡，她是如何地呻吟「我的寶貝、我的寶貝」。當父親過世時，他唯一的感受是生氣，他氣醫師的失職。現在，亨利開始和他的感受連結。他理解到，他的過去因父母親自身所經歷的失落而被鎖著了。他能夠讀到母親日記關於某些時刻其字裡行間的意思，如她最愛

的攣生哥哥馬克被送去精神病院，同時她七歲的女兒蘇珊差點死於肺結核，且必須待在療養院幾近一年的時間。這個舅舅馬克最終在精神病院過世，自此不曾被提及。

亨利從母親的日記裡感受到她和馬克的關係是多麼緊密，失去他對她而言，是件多麼悲慘的事。他也看到母親在面對幾乎失去她女兒蘇珊時，是多麼地絕望無助。他意識到他母親似乎被許多她自己的夢想所套牢，而這些她丈夫和攣生哥哥無法完成的夢想，她期望在亨利身上實現，她期望和亨利親近，卻因太憂鬱而無法達到。

和這些回憶、夢想及反思連結，讓他從哀悼父母親中解脫，然後他得以和他的家庭連結，這是目前真心感興趣的事。他發現幾個秘密，父親的「外遇」和母親的酒癮問題，這兩個部分從未在他的家庭歷史中被承認過。有史以來第一次，他開始以真誠的方式和太太連結，向她承認他無法滿足她的需求，如同他無法滿足他母親的需求一般。

亨利和安最後離婚了，但幾年後，他和他的第二任妻子發展出一段親密和愉悅的關係，兩人都接納對方的孩子。他變成大家會找的親切爺爺。在他的餘生中，他努力讓自己保有開放的態度，意識到親密關係對他而言，是多麼地寶貴。

近期失落

所有家庭都會受到他們共同經歷的失落的衝擊。當失落發生時，家庭成員可能經常被迫要以親密的方式對待彼此，但如果他們就已經是漸行漸遠的狀態，那麼這樣的要求可能變得窒礙難行。多年來一直沒什麼關連的手足，突然在壓力下被迫分享痛苦的經歷。這雖然可能讓家庭成員在一起，因為他們在最後的幾天必須分擔醫院看護的責任，自己和彼此重新定義家庭關係對他們的意義，但它也可讓舊有的衝突浮現。話說家中有人過世，其實提供了一個修復舊有關係的機會——冒險說出到現在還未說的事、重新開啟已經關閉的關係——但是，它也可能會加劇舊傷痛的苦。和經歷失落的家庭成員工

作一段時間，可以提供一個幫助他們扭轉這個過程的機會，甚至改變長期功能失調的模式。

凱蒂‧帕帕斯（圖7.4），希臘移民的孫女，就讀生物研究所時，因嚴重的壓力前來尋求治療。她就讀中學時奉子成婚，但那之後的十年，她的父親喬治截斷和她的關係。

凱蒂的母親罹患癌症多年，且處方藥上癮。當凱蒂八歲、弟弟提姆六歲時，母親因服藥過量（可能是無意的）而過世。凱蒂母親的過世加劇父親喬治和母親家庭間既有的衝突，因家人將她的死怪罪於他。喬治對他太太的家人和他們的錢感到無力感。的確，岳父岳母贈予他們女兒房子，即現在喬治

圖7.4　帕帕斯家庭

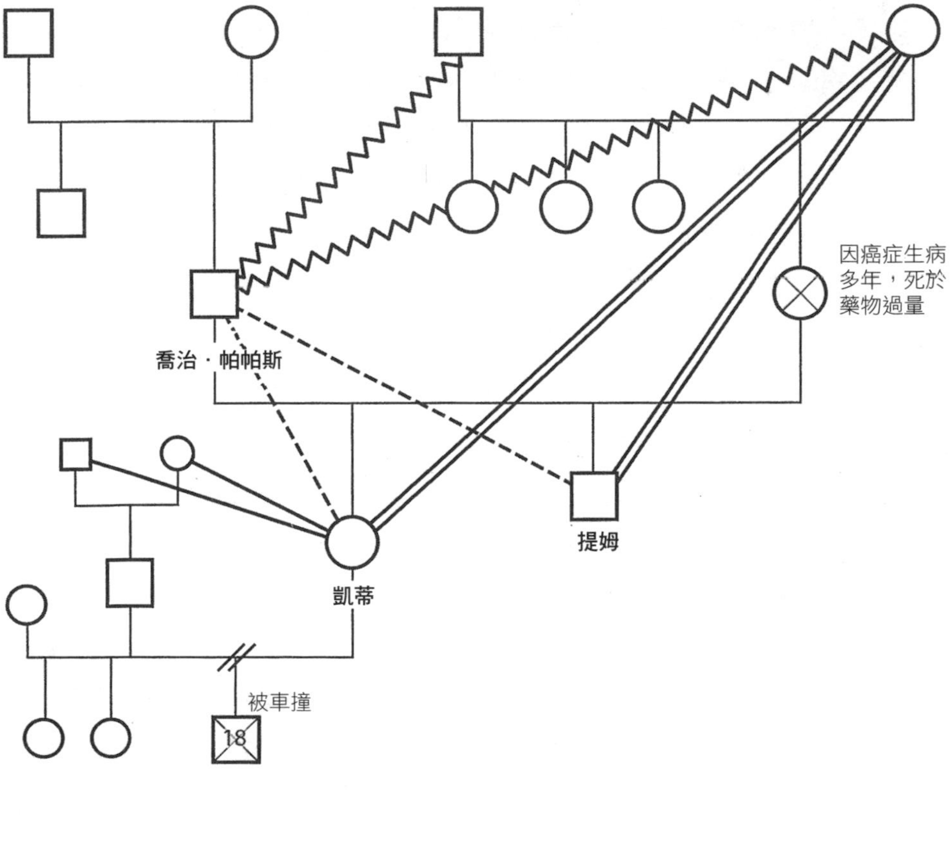

和孩子們居住的地方，而孩子們也繼承了這棟房子。當岳父岳母削弱喬治教養小孩的權威時，喬治也感到無力。岳父岳母會買奢華的禮物給孩子，並告訴他們不要信任他們的父親，因為「他的不成功殺死了」他們的女兒。兩個孩子都很早就開始叛逆，不聽喬治的話。

雖然凱蒂的父親因她的叛逆截斷和她的關係，但她藉著繼承外公的部分遺產和她先生家人的支持，不僅讓自己念完大學，並開始念研究所。此時，她先生為了另一個女人離開她。她因這個失落，以及和青春期兒子間的問題，前來接受治療。她把她先生和先生的家人變為了替代家庭，現在她不僅感到失去了這種支持，也覺得被背叛。

治療期間，我幫助她修復她和父親的關係，她把自己所擁有的房子一半的所有權，交回給父親。她也增強她和阿姨們及尚在世的外婆的關係。她努力和她前夫成為合作父母，並和他的家庭保持聯繫。

不幸地，就當她要結束治療，兒子即將上大學前夕，兒子和酒駕的朋友一起出車禍，而她兒子在車禍中喪生了。因為我很瞭解她，所以便由我來引導她，走過一個人最難忍受的經歷，即孩子的過世。她不僅要面對淹沒她的悲傷，還要處理父親和母親家人之間的衝突和截斷關係，同時也和前夫、前夫的第二任妻子、前夫的繼女一同分享喪禮的經驗。顯然地，前夫現在的家庭把他們自己視為她兒子的家人。

她還要能夠面對她兒子在車禍中未受傷的朋友和朋友的家人。這對她來說尤為困難，因為她想到死亡的模棱兩可的狀態（模糊的狀態讓她聯想多年前母親的過世），她覺得很難責怪這個朋友。

因為在凱蒂接受治療的初期，她和父親已經重新連結，父親現在能夠當她的父親，而父親這個角色，是凱蒂自母親過世後未能享受過的。

當凱蒂告訴他，對她來說看到她所愛的父親和所愛的母親家人不說話，是件多麼痛苦的事時，父親便為他與岳父岳母的關係負起責任。他在葬禮上做到了這點，他和岳父岳母說話，同理他們的痛苦，並在談話中提到他死去的妻子。這是治療過程中非常重要的部分，不僅對他是如此，對整個家庭來

說也是，這是他給予女兒最重要的禮物，使她能夠獲得支持，且不必再因為自己家庭的忠誠議題而陷入困境。

喪禮後的幾個月，凱蒂能夠去許多親戚那裡，不僅談論她失去兒子的失落，還能談她的母親。這種談論的方式是她從未經驗過的。她理解到，成為科學家一直是她母親的夢想。這使她有種延續感，為母親完成某件事情，這樣的連結在她掙扎地努力合理化兒子生命短暫的事實時，深具特殊意義。這個歷程中，她設法掌控她的經驗，而這對她來說，非常地重要。

這種失去兒子的傷痛讓凱蒂和她的家人得以將其注意力放在強化這個多年前短路的療癒歷程。正如一個失落可以復合另一個失落，一個療癒經驗可以包括或併入另一個。

面對這樣的失落也幫助凱蒂發展生存感和一些整合失落的脈絡。經歷許多不合時宜或創傷失落的家庭，可能會有一種厄運感，甚至被詛咒的感覺，但治療師可以幫助他們檢視他們的家系圖，這樣，他們才能夠找到其他方法，串連他們的家庭歷史，消除這種面對厄運的無力感，視自己是倖存者，創造未來的先驅者。

面對矛盾

關係矛盾情況下的失落可能特別難以解決。著重於承認矛盾、鼓勵倖存者面對其所有面向的反應，可能有助於避免多年掩飾失落事實的狀況。

瑪姬・麥克尼爾（圖7.5）在她六十一歲的丈夫喬突然因心臟病發過世後，前來求助。最初，她形容她先生是個堅強和敏感的人，受到每個人的愛戴。她則描述自己是個配角，她現在不知道在她先生──家庭的核心──過世後，她要如何繼續過活。之後沒多久，她提到先生「可能」是酒鬼。這段話完全不符合她對他們共同生活的描述。很明顯地，她因他分歧的形象而困擾著。

我提醒她理想化家中鬼魂所要付出的代價，建議她如實並客觀地寫下他的生平。她寫來的是十五頁驚人的歷史，詳盡地描述他的喝酒、他多年來

圖7.5　麥克尼爾家庭

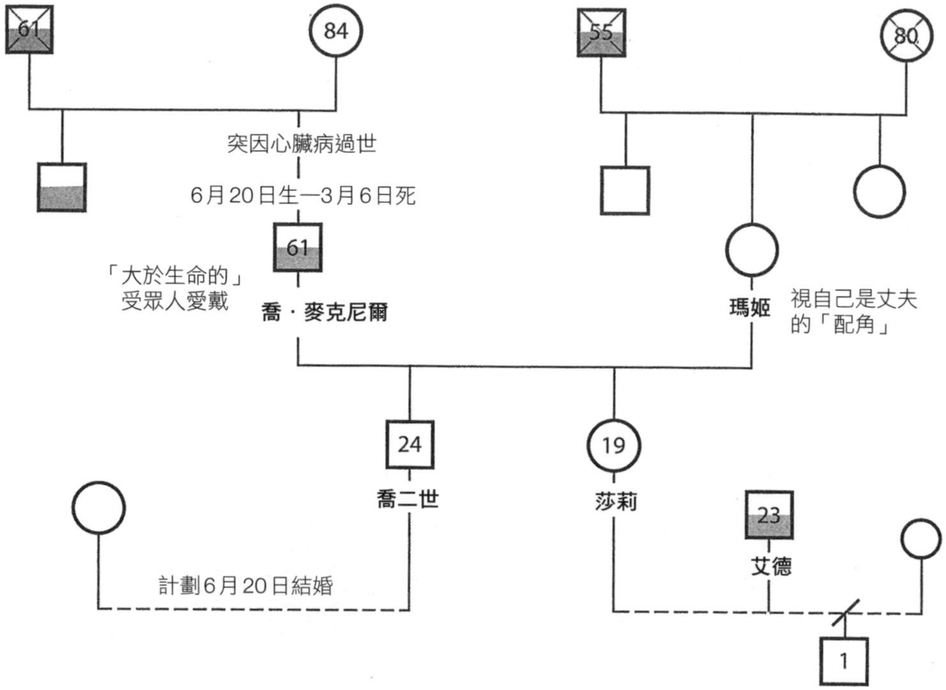

的改變、許多他們從未彼此談過的事、他們之間的誤解、他的逃避、他的幽默、他們的親密關係——整個複雜的關係。這是份感人而深刻的文件。她個人的儀式幫助她釐清他們的婚姻關係在他們家裡的意義。她報告說，當她兒子看到她在寫東西時，問她在做什麼，以及他是否可以讀。她冷靜地回覆，她傾向不要，因為那是份非常私密的文件，她為自己寫關於她先生的事。他尊重她的界線，並不再施予壓力；彷彿釐清婚姻某種程度也有助於釐清家庭的界線。她之後提到，那幫助她決定她需要在她與孩子的關係和與她手足的關係中，做什麼樣的改變。寫那封信並沒有帶走失落、帶走失去喬的傷痛、或是他們關係中曾經錯失的機會。但是，擁有真相，使她更得以往前看，並考慮她在其他關係中，需要做出什麼樣的改變。

　　舉例來說，她先生過世後一年，她的兒子決定在他父親生日當天結婚。

家人同意這樣的安排，但是瑪姬察覺自己的憤怒，並使她的媳婦成為代罪羔羊，把她說成「膚淺」，不「適合」這個家。她發現自己跟女兒八卦這個新媳婦，說她對家人的哀悼無感，刻意地讓她進這個家門時不好過。

　　一旦她誠實地面對自己的婚姻狀況，她意識到她自己憤怒的部分和婚禮選在她先生的生日有關。她可以有選擇，挑戰她兒子對日子的選擇，或是和兒子對婚禮日期的選擇和平共處。透過她重新思索她先生在他們生活中的角色，她明白她也可以重新思索喬的生日的意義。她能夠欣賞她兒子藉由將父親生日的意義擴展為他自己的結婚紀念日之舉，重新賦予父親生命一個新的意義。一旦瑪姬能夠有意識地改變她對兒子——喬二世——所選之婚禮日期的解讀，她便能夠用新的觀點看待此事。修正她對媳婦的行為，這對家庭來說是正面的加持。原來，媳婦也擁有一些瑪姬先生非常棒的特質，尤其是她的幽默感。

　　至於她十九歲的女兒莎莉，瑪姬面臨不同的考驗。她一直非常認同莎莉，莎莉非常地聰明，但害羞又似乎缺乏自信。她就讀一流的大學，卻在大學裡認識二十四歲的艾德，並和他交往。艾德似乎和喬一樣，有英雄般的性格和飲酒問題。艾德大學休學，並和一個他幾乎不認識的女人有寶寶。他現在除了自給自足外，還必須自行扶養這個寶寶，還有一些資源的進駐協助。瑪姬對這段關係感到非常焦慮，過度涉入莎莉和艾德的關係。在她誠實地寫了封關於喬和她與他的生活的信給自己後，她變得較能夠退出莎莉和艾德的關係。在莎莉是個聰明、知道如何過她生活的女孩的概念上工作；瑪姬能給予最棒的幫助是，確保她把自己的關係都安排得很好。

認可療癒儀式的需求

　　家庭因為移民或家庭問題導致文化中斷，而無法完成他們的儀式，那麼，確保多層次之家系圖連結的治療建議是，要能夠認可他們哀悼的需求，讓他們解脫，且伴隨療癒的儀式，用自己的創造力來重組和增強家庭。

　　一名四十二歲的非裔美國人，弗雷德·道格拉斯，為了他們中間的那個

十四歲女兒懷孕，和妻子一起來尋求治療協助。治療著重於各種的家庭衝突和截斷關係，以及弗雷德對他大家庭的某些成員有很深的依附，這依附似乎阻礙他設立合宜的界線，讓他免於被佔便宜。弗雷德在城內貧民窟成長的時期，經歷了多次失落，他一直很努力地想逃離那個地方。治療期間，他獲知繼父突然過世，然繼父的女兒卻把喪禮日期安排在他能抵達的時間之前。

弗雷德再來會談時，顯得相當地愁苦，不僅因為他錯過喪禮，他還得知他弟弟已經氣他非常多年，因為弗雷德未能在父親過世時及時告知他這事。我們審視他的歷史，討論伴隨其他失落後，他們家庭關係的瓦解。我鼓勵弗雷德思考他想做什麼去「平反」、去哀悼失去他依附很深的繼父的失落、去修復兄弟關係，即那位自從他們父親過世後，便和他疏離多年的弟弟。經過考慮，他立即想出一個計劃，與他弟弟一起去他們父親生前曾住過的小鎮旅行、去看看他住過的家、去他的墓園，也去他繼父的墓地。

我們也討論他如何能不讓他對繼父女兒的怒氣繼續惡化，以致造成另一段關係的截斷，他的家庭中已經有太多的截斷關係。他爽快地同意，拜訪她和她的家人，「聊聊往事」可能是她目前所想維繫連結的狀態。當兩兄弟至家鄉旅行時，他們拜訪了繼父的女兒，而當她分享許多關於繼父的新見解時，增強了他們關係的親近感。

即將發生或預期發生失落時的治療

死亡即將發生的時刻，可能是極佳的時機點，去動員家庭解決他們家系圖中長期存在的問題，否則他們在其他時刻很可能會抗拒。死亡可能會幫助他們重組排列他們的優先順序，完成他們未竟的事宜。臨床實務工作者能夠藉由督促家庭成員，透過對過去和未來的提問，探索家系圖的家庭模式，並且充權家庭更主宰他們目前的關係，來促進這個歷程。幫助他們仔細思量，他們想如何和其他家庭成員溝通來療癒過往傷痛，又想如何讓自己的情緒井然有序；他們想如何度下半生；以及他想如何安排他們的遺囑和喪禮。

一個即將發生的死亡，可能會強化家庭已經運作中的關係模式。我們

的處遇可以自然地重新框架任何惡化的衝突和聯盟狀態，督促家庭成員利用即將發生失落的壓力，來重新排列他們的優先事項，以掌控他們的生活和關係，如下列案例所示。治療任務是幫助家庭成員能夠沉住氣，度過表面的風暴期，面對他們生命中的關係核心，並決定他們要如何面對因應。

　　彼得・利維（圖7.6）是一個有能力的猶太人內科醫生，他前來尋求幫助，是因為他突然滿腦子都想到他的一個病人有可能會告他醫療失誤。他不能專注於自己的工作上，整夜輾轉難眠，反覆地想著他的病人，以及他所可能犯的錯。繪製他的家系圖時，我得知他是三兄弟中老么。他的二哥喬爾是名律師，三年前被診斷出罹患淋巴癌，情況不樂觀。喬爾同時經歷一場離婚

圖7.6　利維家庭

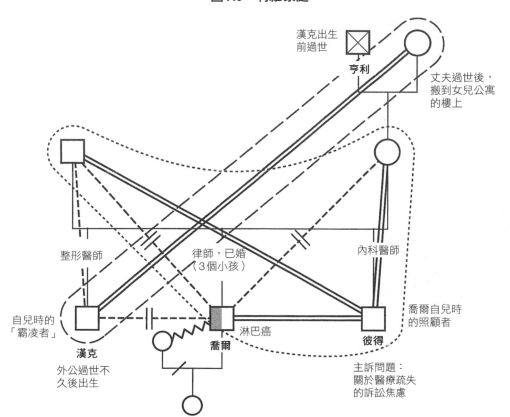

的風暴，以及和他太太之間辛苦的監護權征戰。他最近被迫離開他工作的法律事務所，因為喬爾為了接受治療請太多的假。他拒絕跟他的父母親談話，因他覺得他們不理解他。彼得和喬爾兩人認為他們的大哥漢克是個有錢的整形外科醫生，是個「令人厭惡和自我中心」的人，他們和他完全疏離。家中喬爾唯一有聯繫的對象便是彼得，他幾乎每天打電話給彼得尋求他的建議和支持。兩兄弟的感情極度緊密。彼得告訴喬爾，若喬爾無法行動和需要照顧時，喬爾可以搬去和他的家人住，不會是自己一個人。

然而，現在，彼得覺得夾在喬爾和父母親之間。他的父母親越來越煩惱喬爾拒絕與他們溝通，故不斷施壓給彼得，希望獲得有關喬爾的信息。兩兄弟都拒絕聯繫漢克。而父母親給漢克的壓力，從來沒有像他們給彼得的那樣。彼得擔心他的病人似乎是他預期喬爾會過世的焦慮的替代品。他覺得他不能處理他父母親的壓力，即他們和喬爾關係的截斷和對失去喬爾的害怕。考量到這一點，我建議他邀請喬爾來會談。

會談中，喬爾說他的父母親從不是他在乎的重點，不在他的優先名冊上。他花許多的時間談論他的前妻，她和他父母親之間的關係，然後才能更將焦點放在他與他們的關係上。

遠在喬爾生病之前，他和彼得兩人有個協議，雖然彼得是家中的老么，但他會是喬爾的照顧者。他們無法解釋為了什麼漢克未成為這個角色，且形容他是個小時候被寵壞的霸凌者。他們同意，喬爾小時候就是個虛弱的孩子；他說他的父母親對待他的方式，如同他不是個聰明的孩子般。彼得說：「我甚至記得，我們小時候去看電影，他們會給我錢，讓我去買我們的票。」喬爾在這些回憶中變得憤怒。然後，我面質他目前的行為狀況。

治療師：聽起來，被視為弱者讓你永遠不想在你父母親面前展現脆弱，而現在是你最脆弱的時候，我可以感受到，要跟他們承認任何事，對你是件多麼難的事。令人好奇的是，你完全截斷和父母親、漢克的關係，卻和彼得如此地親近。你們兩人的連結是如此地深。你會認為當你過世時，你

的父母親會覺得他們失敗嗎？

喬爾：我無法想像為什麼會。

治療師：我想那必是他們現在所有的感受。他們試著愛你，卻不知道如何讓你感受到這點。

彼得：他們真的很氣他，對他們如此地不堪。他們不會跟他說，但會跟我說。因為你沒有辦法跟一個罹患絕症的人說，你氣他。我想他們有許多失敗的感覺。他們有一個不愛他們的兒子，我覺得他們會認為錯在他們，他們部分的真正失敗——尤其是母親，她是個典型的母親。孩子是她唯一的重心。不管她做對或錯，她都用心在做。

治療師：好吧！那我猜他們已經覺得失敗了，但對你來說，患了絕症卻不讓他們為你做任何事，彷彿是在宣告：「不僅是你們在我小時候辜負了我，而且我不會讓你們做任何事，彌補你們之前沒有做的。」

彼得：你的意思是說他在報復他們？

喬爾：我真的從沒有這樣想過。

彼得：你認為你想討回公道，是嗎？喬爾。

喬爾：我一定是很氣他們。我猜我一定是的。但說實話，我認為那全是我前妻的錯，因為她從來沒喜歡過他們，她常批評他們對待我的方式。但不知怎麼了，我總是相信那賤人所說的每件事。我無法對她生氣。

治療師：或許你的太太有她的點，或許她只是感受到你所感受到的。如果你現在不能讓他們彌補以前沒有做過的任何事情，那麼你一定是對父母親有極度的憤怒。

喬爾：我無法感受到你所說的。困擾我的是，你說我太太或許是對的。

治療師：好吧！或許她不是⋯

喬爾：我已經覺得好多了。我對那苦惱許久。我想我內心深處，我其實是希望能夠跟我父母親談話的，而我不認為他們⋯⋯我不知道我怎麼想。真的非常地令人困惑。我真的沒有花太多的心思在這上面。它甚至不在我優先處理的名單上，它遠在最底部。

治療師：這樣吧！對我而言，它似乎對你有某種程度的重要性，但我們在這裡真正的原因是為了你弟弟。

喬爾：沒錯，他是付帳單的人。我能跟我其餘的家人做什麼來幫助彼得？

治療師：嗯，我想你不讓你父母親彌補他們之前錯待你的部分，且因為你拒他們於門外，而彼得覺知這點，但也知道你的許多需求是他們是可以分擔的……

喬爾：你的意思是，那會減少彼得的一些負擔？

治療師：是啊！所以某種程度，你也幫他減輕。

喬爾：我想如果能做什麼讓彼得的生活好過一點，其實是不錯的。

彼得：嗯，其實那真的很容易——就只要改善你和爸媽的關係，然後是漢克。真的很簡單。

喬爾：漢克！他甚至不在名單上。

彼得：喔！他在，絕對在。

喬爾：好吧！或許我只是自私，但是我現在不能擔心他們的擔憂。我不知道。

彼得：但放在你面前的，不是要你去擔心他們的擔憂，就只是解救我脫離崩潰的邊緣……我真的是在絕望的邊緣，其他時候我是能夠處理像這樣的事的。

喬爾：但我感到驚慌，我從來沒有打電話給我父母親過。我想我會先打電話給陌生人。對我而言，非常地陌生。

彼得：所以陌生到你不能做？

喬爾：很明顯地，我是必須要做的。我會在房子裡所有的地方做上記號。

治療師：我想這議題只是因為你的生病而被誇大了，但那也讓我們能夠聚焦。就像在你眼裡，他們辜負了你，而現在你瀕臨死亡，讓你將焦點放在家中未解決的感受。如果他們認為你快死了，而他們辜負了你卻又無法彌補，他們定會覺得糟透了。既然不能施壓於你，他們就施壓彼得。

彼得：這就像是一切都在高速發展一樣。真的很多。

喬爾：好吧！有任何的配方嗎？我愛配方——給我一個配方，我可以忍受。

彼得：喬爾想要一個答案。

治療師：嗯，我有個想法，我們可以見你們全家人。

喬爾：喔！天哪！

　　這次會談後，喬爾打電話給他的父母親，並開始跟他們談話。會談中和他的弟弟一起，幫助他面對自己在家庭關係中的部分，整理他生命中的優先順序，他知道，他與父母親重新聯繫，對彼得來說是重要的。父母親鬆了一大口氣。令他們驚訝的是，喬爾甚至在接下來的夏天開始參加家庭年聚。後來，我們確實有一次家庭會談，父母親回顧早期的家族史，這提醒了喬爾，他童年的氣喘是多麼嚴重，且有學習障礙。他對父母親在他童年時間是惡棍的想法改變了，轉而認為他們的確相信他是有能力的，即使他在學校的表現並不出色。

　　幫助家庭成員解開關係枷鎖的歷程之所以重要，是因為失落和創傷常造成家庭成員停止對彼此敞開談話。兒時的誤解和受傷能隨著時間變得僵化並惡化，吸入更多的扭曲，直到能夠公開地談論這些，空氣才得以變清晰。

　　治療的下一步包括探索漢克被排擠在家庭之外的原因，因為若喬爾過世，他似乎是下一個被家庭截斷關係的候選人。父母親說，漢克在外公過世不久後出生，外婆搬進他們家的三樓。以爺爺之名命名的漢克變成外婆的小孩，意即所有特別的保護。外婆帶著漢克四處去，且偏愛是特別地明顯，漢克也可能成為她過世先生的替代品，他有許多的時間是跟外婆待在三樓。看起來，似乎是夫妻倆將漢克給了外婆，好幫助她走過悲傷，並避免她自己去找其他的人，而讓外人入侵他們的核心家庭。

　　我重新架構漢克的角色，不再是霸凌者，而是犧牲的羔羊。一個重新標籤的過程開始了，隨著時間，他被排擠的狀況改變了，他和彼得的關係變得更親近，且期望當喬爾去世時，他們可以相互支持。在修復他們關係的過程中，彼得學到了一件令他驚訝的事，漢克其實一直覺得他是被父母親拒絕的，而外婆是他被拒絕後的避難所，但不是他的第一選擇。

遺囑和失落的遺物

當家庭因遺囑而征戰或因遺產而有衝突時，回到家系圖和探索死前的關係，是有其意義的。未解決的家庭議題通常會讓焦點轉而放在遺囑的衝突上，而此反應出兩個議題：誰做得比較多，逝者比較愛誰。隨著最後一個父母親的過世（通常是母親），這樣的衝突常會出現，因為在這個逝者往生後，手足關係必須站在他們自己的優勢上。文化關係很明顯影響這樣分裂的過程。多年，甚至幾世代的手足截斷關係通常可溯及原始未解決的困境。如果能夠引導家庭成員提前探索遺囑的意義，則可避免它們可能造成的傷害，如同下列的例子。

米拉·斯坦（圖7.7）前來尋求幫助，因為她的父親「一生都壞脾氣」，但現在住在療養院，變得非常難搞。她覺得和兩位兄弟因照顧父親的責任而有些衝突，且她因害怕父親過世後，閱讀遺囑時所可能發生的事而困擾著，因為她知道父親在他的遺囑上，完全沒有列她同父異母的哥哥保羅的名字。父親跟他的第一任妻子很早就離婚了，和保羅的聯繫也很少。保羅成年後來找父親，且有一段時間，他和父親一起做生意。但這些努力因衝突而終結，儘管過去五年保羅嘗試許多次想要和父親重新連結，但父親始終拒絕和保羅

圖7.7　斯坦家庭

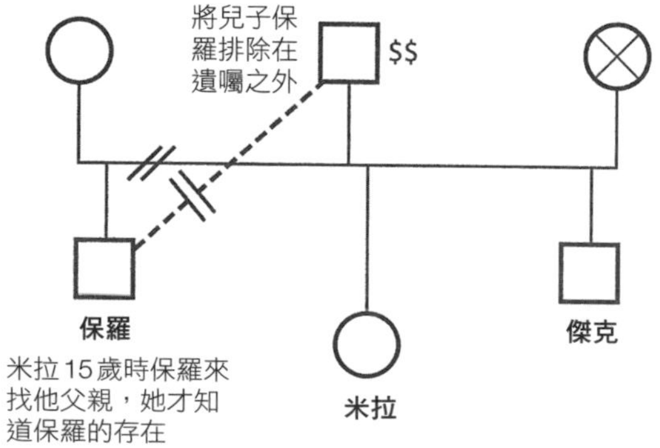

將兒子保羅排除在遺囑之外

$$

保羅

米拉15歲時保羅來找他父親，她才知道保羅的存在

米拉

傑克

說話。

　　米拉一直到她十五歲的時候，才知道哥哥的存在，但是她在這些年和他發展出相當強烈的連結。她感受到保羅內心的痛，父親一直以來都支持著她和弟弟傑克，但不是保羅。我引導她思索她和父親的關係對她的意義是什麼，以及她和保羅的關係，畢竟她無法掌控父親和保羅彼此之間的關係。她試過許多次，希望她父親意識到在遺囑裡沒有列保羅是件不公平的事，但她並沒有成功。

　　整理現在家庭關係對她的意義，讓她能夠做出決定。她和弟弟分享她的想法，即父親過世後，她想和保羅分遺產。傑克同意她的做法，也表示他也會將他那部分的遺產和保羅分。這樣的決定讓她在面對即將過世的父親時，內心更加平靜，讓她從要為父親負起更多責任中解脫。她意識到，她不能控制他的同時，他也不再能控制她。

　　保羅做最後一次嘗試，在父親床邊和他說話，卻未成功，當父親過世時，他直言不諱地在喪禮上說出他對父親的憤怒，雖然他所說的感受可能也是其他人的，只是這些話讓家人感到尷尬。米拉和傑克能夠保持冷靜，很清楚他們現在重新定義手足關係，儘管父親的遺囑可能對他們的未來有些影響。米拉能夠感激父親對她的美好付出，並欣賞自己所採取的行動，即使這樣的作為可能會危害家中的手足關係。

　　這些個案在他們的價值觀中展現出相當的勇氣。即使用金錢來掌控家庭，但他們不受金錢搖擺的能力，充分展現他們巨大的勇氣和對系統的清晰度。他們用更好的角度來看待逝者和他們自己的生命，並增強他們的未來。家系圖是關鍵的方法，評估家庭中哪些人可能和釐清隱藏的衝突和創傷有關。這些衝突和創傷潛藏在現在的衝突和截斷關係之下，截斷又是可預期、未哀悼或創傷性失落的遺物。一旦這些模式清晰了，我們就可以幫助個案找到勇氣來改變模式，增強自己的價值觀，並期望可以修復截斷關係。

與伴侶的家庭工作，結婚、離婚和再婚

除非夫妻積極、有意願遵循，且真的需要您的幫助，否則請勿直接提出建議。

——貝蒂・卡特（BETTY CARTER）*

哈里特‧萊納的一本經典作品，用非常簡單的原則，撰寫婚姻、婚姻規範，讓年輕伴侶在寫其誓言時，能包括仁慈、尊重、誠實、友誼、公平、忠誠，以及我們所稱的慷慨精神。看起來很簡單——的確，在某種程度上它是簡單——但是，在另一個層面上，伴侶們能夠很輕易地讓自己進到複雜、對彼此不尊重、苛刻的模式，而這讓婚姻伴侶治療師不會失業，總有夫妻需要治療師幫助解決問題！

和夫妻伴侶工作接觸和合作的第一個面向，就是希望幫助夫妻伴侶重新思考他們是誰，想成為誰。生命中，他們歸屬於誰？他們對誰有承諾：朋友、家庭、老闆、同事、受督者、伴侶、孩子？而這些承諾承擔對他們的生命來說，意義為何？一旦他們能夠和自己的內在連結，讓自己處於身心靈皆臻健全的狀態，清楚這些責任義務的承擔，下一步就是練習在夫妻伴侶關係中有個好耳朵，以及堅定、清晰和充滿愛的聲音，且在努力改變的過程能夠輕柔一些。

和夫妻伴侶工作時，如果他們同住，我一般會一起見兩個人，除非其中一人有獨特的議題要單獨討論，我才會分開。我會請他們各自描述尋求幫助的原因和想法，然後，我會詢問他們的背景資料，以便在脈絡中理解他們的問題。如果他們花了超過數分鐘描述主訴問題，我可能會打斷他們，然後開始詢問他們的背景，好有個脈絡理解他們現在的問題。我讓他們決定誰先告訴我他們的背景，也會讓他們知道，我的工作是認識他們個人、家庭和夫妻背景，這樣我才能夠有個架構理解他們目前的情況。

我偏好一起訪談夫妻伴侶，除非他們現階段各自的焦慮會讓他們一直打斷，無法聽到對方所說的話。獲得每個伴侶的故事，通常可以幫助他們冷靜下來，專注於解決當前的問題。我會蒐集一個相當完整的家系圖資訊，每個伴侶至少要提供其父母親和兄弟姊妹的資訊，包括所有家庭成員的下落、健康和功能；所有姪子姪女、外甥子外甥女的姓名和年紀；任何不合時宜的歷

＊這一章，尤其是在離婚和重婚家庭的那一部分，有著我多年和貝蒂‧卡特合作的經驗。我們共同就這個課題進行了教學和寫作，而我希望在本章中，能夠很好地體現她臨床的直覺和清晰的思考，故將此章獻給她。

史或創傷失落。雖然我是在第二次或第三次會談時，才會詢問每位伴侶他或她（外）祖父母的歷史，但是我會想在第一次時，瞭解他們父母親手足們的位置和家庭歷史。

如果一方在對方的敘述中插入負面的意見，我可能不一開始就評論。但如果這樣的情況持續存在，我會直接請他們不要發表評論，試圖傾聽，並等待對方說完想說的，此時，我也會要他們對對方所說的話進行反思，試圖引導他們思考對方所說故事背後有哪些想法，引發他們思索自己。

第一次會談，我通常會讓自己花兩個小時，因為我想給夫妻或伴侶有足夠的機會和時間表達，讓我對他們的處境有一些瞭解，我能夠給予他們一些可以怎麼面對目前困境的想法。我會放相當多的重心請他們描繪是什麼讓他們當初會彼此吸引並在一起，又是什麼幫他們的關係持續到現在。畢竟，婚姻伴侶治療需要帶出他們所有的優勢，讓事情進展更好。我會問許多他們歷史的資訊，以及他們關係中是什麼讓他們儘管現在卡住了，都還想努力面對並解決。當我跟他們談話時，我都會將他們置在脈絡裡去理解。他們現在處在生命週期的哪個階段：新婚、有青春期子女或子女即將成年的父母親、或生命後期的某個階段？我也試著找出他們所屬的群體。1968年結婚的夫妻無疑地和1964年、1984年和2014年結婚的夫婦，有著非常不同的故事。我也想在地理上標示他們的位置：他們在一起後，曾經住在哪裡？和大家庭、朋友和工作的關係如何？

第一次會談的尾聲，我會跟他們分享一些我的想法，即我如何看待他們難題，我又如何思索他們目前所處的困境和他們各自原生家庭的經驗有關，儘管他們對我這樣的反饋，一開始的反應可能會是負面的。如果伴侶處在極高的衝突中，他們通常會排斥擴展脈絡，或許是擔心害怕我錯失他們問題的核心，而這核心對他們來說是眼前非常迫切的。我會努力做到讓他們看到正向的部分，即儘管他們經歷多年的挫折，甚至其他治療師都尚未找到解決問題的方法，但這個正向確實讓他們此時此刻走到這個階段，來到這裡。我會強調，不管是什麼讓他們依然維繫關係，外來的也好，自身的也好，努力關

注他們這些年來所克服的任何問題。

　　如果伴侶似乎處在一個指責的溝通姿態，我會在另一個伴侶面前展現我的民主，對於他們的貶抑態度，我會將我的意見留在個別會談，並儘快安排與他們各自會談。如果真有安排個別會談，我會讓伴侶知道我雖會特別謹慎小心，但我不會幫他們之間傳話。由於我無法承諾他們在個別會談中告訴我的任何事都能保密，故我鼓勵他們僅告訴我他們覺得能夠自在討論的事，以及他們覺得可以信任我的事。

　　我認為促進夫妻伴侶思索什麼是好婚姻的樣貌很重要。他們曾經見過嗎？特點是什麼？他們在自己的婚姻中曾經有過這樣的經驗嗎？當然，當夫妻的關係是處在不好的位置，他們的回答多半是說沒有。

　　我可能會提供給他們關於夫妻關係的描述，例如愛麗絲‧麥克德莫特（Alice McDermott, 1998）的《迷人比利》（*Charming Billy*），其中所寫道的：「我的父母……他們的婚姻是個典型的歷程，從早期的迷戀到熱戀，情感偶爾被不耐煩和意見不同削弱，但因相互依賴而被支撐著，偶被柔情或幽默煽起熱情。他們對彼此的愛是既定的。我猜，雖然我也只是猜，可能有幾個月，或幾年，他們對彼此的愛情是完全消失，在一起生活可能只是出於習慣，或者無法想像還有任何其他選擇。」（p.45）

　　這樣的引用文提供生命週期軌跡中經歷婚姻的感覺，可能會激發伴侶思索他們關係的不同階段，以及他們仰賴的資源，尤其是，比方說柔情和幽默。我鼓勵他們描述其他關係中的正向層面——例如他們和父母親、兄弟姊妹、朋友和其他人——看看在這樣來來回回探索家庭樹的過程中，什麼樣的特徵是他們覺得在其他關係中是有意義的。

　　我喜歡給他們「親密關係特徵」（圖8.1）的摘要，該內容是羅伯特‧傑伊‧格林發展出來的（Green & Werner, 1996）。我請他們討論這些建議，然後請他們看看是否有他們認為重要但沒有列在上面的項目，或者有任何他們覺得不重要的項目。

　　雖然我也喜歡跟他們分享「考慮離婚的前提條件」（圖8.2）所列的清

圖8.1　親密關係的特徵

■**親密和照顧**：溫暖、相聚時光、滋養、身體親密和相容穩定。
■**溝通的開放度**：開放、自我揭露、面對衝突和差異的能力，不逃避。
■**不具侵略性**：沒有分離焦慮、佔有欲或嫉妒、尊重他人對隱私和獨處空間和時間的需求、對另一方的生活問題沒有過度的情緒反應、不誤導他人思考或不認為自己比他或她更瞭解其自身的想法或願望、不激進批評、不做有害的攻擊或企圖貶低對方、意見分歧時不主宰對方。

圖8.2　考慮離婚的前提條件

意識到你的孩子是永遠的。
意識到合作育兒是永遠的。
意識到婚姻是一個判斷，取決於：
你多麼愛你的伴侶；
你的伴侶多麼愛你；
離婚是否會製造或是解決更多的問題：
——你的難過、痛苦、無聊或不快樂；
——你孩子的苦難；
——你的工作和財務狀況；
——你家的位置和舒適；
——你的孤獨；
——你的性生活；
——你的社區關係；
——你的宗教社區關係；
——你的大家庭關係；
——你和姻親的連結；
——你與朋友的聯繫；或者
——失去你的社會或社區地位

單，但我不會一開始就分享。如果他們來治療時已是非常煩悶，焦慮可能會使他們太過情緒化，而將注意力僅放在某事上，就如同我們認真討論他們對婚姻的價值觀一般。在這個案例中，我會等待，直到我更確認地知道，他們準備好談論待在婚姻裡或是離婚，對他們而言真正意指什麼。再者，在我沒有時間更認識他們對婚姻的情感和宗教信念時，我會相當謹慎小心，決定是否要分享這個清單。

我自己的信念是，如果你沒有真正的結婚，就沒有所謂的離婚。我相信婚姻是一個必須持續不斷的選擇——能夠每天表達愛、榮耀對方和彼此協調。如果你因為不能離開，或因為其他原因限制你的選擇，讓你覺得被鎖在關係裡，我認為你是在一個關係裡，但不是婚姻。

進來治療的伴侶會思索他們是否應該在一起，一般而言，如果合宜的話，我在第四次會談（或更快）分享「決定是否離婚或待在婚姻中的原則」（圖8.3）。

重點是，如果你的關係出現狀況，第一件事是確認你的行為並不是問題根源之一。第二件事則是確認你的其他關係的狀態都是良好的，而你並沒有將源自其他關係、不屬於你婚姻關係的挫折和壓力加諸在你的婚姻壓力中。

大部分的伴侶一開始覺得這個架構非常難理解，那也就是為什麼我通常

圖8.3　決定是否離婚或待在婚姻中的原則

如果您想決定是否繼續待在婚姻中，你應花九個月的時間來做以下工作：

■無論你的伴侶行為如何，你的行為表現則是依照你心目中那個理想伴侶的樣子所為。

■確保你和父母親、兄弟姊妹、孩子、工作和朋友都有良好的關係，這樣你才能確保那些關係的問題沒有加諸你對婚姻的沮喪。如果九個月後，你的伴侶沒有對你這具有意義的方式作出回應，那也許就是你可以往前看的時候。

不會太早討論它。伴侶來接受治療，多半是期待當他們列出對另一方的抱怨後，治療師能夠改變他們的伴侶。他們覺得很難重新把焦點放在自己在關係中所需負的責任和參與，也難思索他們做了什麼加諸問題的發生。他們來治療的目的，很少是要看看自己如何可以有不同的做法來改善與伴侶的關係。

如前所述，我一般會和伴侶一起會談，只要他們之間的能量流動是正向的，或者至少是中立的。如果他們的關係糟到無法容忍對方的抱怨、不尊重和負面，我則傾向和他們個別工作。和伴侶會談最初步的工作是個人工作：每個伴侶需要決定他們是否希望關係繼續下去，且自身要很清楚他／她想要對方在關係中如何表現。顯然地，無法說出另一方任何正面的伴侶會是自找麻煩，如同一方從未讓另一半知道自己在關係中有諸多不滿意的意思是一樣的。如果一方將他或她的行為和對方所想的連結起來（「為什麼我必須這樣做？為什麼她不自己負責任？」），我遵循的原則是，你唯一能改變的人是自己，並且強調我們這個歷程只是要確保你的行為並不是造成問題發生的因素之一。

通常，必須要花相當的一段時間，才能讓伴侶不再將焦點放在對方身上，而是承諾他們要為自己的關係負責，在自己這邊做工。這多半也意指不斷地重複討論健康關係的原則（不攻擊、不防衛、不討好、不關閉自我，對伴侶至少保持四比一正向和負向觀點的比例）。我也試著運用這裡所提供的「與伴侶工作的經驗法則」（圖8.4），來幫助卡住的伴侶。

我們的原生家庭如何影響我們的伴侶關係

一般來說，伴侶會把最糟的自己帶入婚姻衝突中，而這最糟的自己通常和他們的原生家庭有關。的確，常常顯而易見的情況是，伴侶似乎對彼此比較不尊重，對自己生命中的其他人反而比較尊重。研究顯示人們對陌生人比較和善，比較會在親近的人面前展現他們性情乖戾的那一面（Dunn & Norton, 2014）。從系統觀來看，這會是第一個要處理的問題。

我們的假設，即要求成熟的成年人要以尊重和寬厚的方式對待每一個

圖8.4 與伴侶工作的經驗法則

我們的文化導致伴侶在太小的婚姻空間中尋求太多的東西。太狹隘地關注伴侶所呈現的問題，可能會忽略掉整體的期望，即伴侶周邊的所有其他關係——父母親、兄弟姊妹、朋友和大家庭，而將所有的希望和夢想放在這單一的一段關係上。這種情況下，伴侶要滿足每一樣需要：心有靈犀的伴侶、情人、陪伴的人、傳聲筒、幫手。 當伴侶未能達到這些期待時，這一方便認為找錯對象，應該去別的地方找。我們必須在以下框架內重新構建婚姻：

■家庭生活週期（我們的壽命是1900年的兩倍多，僅花費二十五年的時間養育下一代）；

■多世代家庭制度；

■伴侶和他們的家庭、社區所屬的文化、階級和性別脈絡；

■作為婚姻情感網絡的手足和其他家庭關係；

■伴侶各自的朋友系統。

■仔細評估伴侶各自的金錢和權力（心理、智力、靈性層次和賺錢能力）。如果伴侶一方在經濟上處於不利地位，那麼如同平等對話的狀況，在真正的婚姻治療可能是不可能的。同理可證身體的力量，即使是單一次的身體虐待或威脅事件，伴侶的整個關係也可能會受到影響。大多數建立在性別的婚姻關係中，必須注意其細微的不平等。伴侶很少可以表達婚姻中「他」和「她」之間的分歧。

■如果你想讓兩個人在一起，和他們分開會談。如果你想讓兩個分開，和他們一起會談，並挑戰「融合」關係（感謝我的老師湯姆·福加帝〔Tom Fogarty〕）。

■如果伴侶在會談中持續爭吵，你或許可以和兩個人分開會談，而可工作的層面包括他們原生家庭的議題、夢想的議題、生涯上工作，或者教導他們用不同的方式和其伴侶應對。或者，就讓他們吵，並在會談中錄影，然後給他們影片，要他們回家去看，當作回家功課，檢視他們對待另一個人的行為，瞭解其細微差別。讓他們僅用筆談溝通一星期。建議

他們開車到離家二十分鐘遠的地方，在車子裡爭吵。這種試驗性的分開能讓事情降溫，如同「暫停」（time out）。但是，除非伴侶雙方至少有一方開始處理面對她或他自己的議題，否則這樣的方法可能不太有用。
■幫助伴侶在離婚、老齡化、育兒等更廣泛的政治、社會和經濟脈絡下，檢視他們對性別角色的態度；鼓勵他們增長這些議題的知識。敏感伴侶在外面所承受的壓力，如來自他們所重視的工作、關係、情感分享、「轉業」、友誼、財力等等。
■鼓勵伴侶詢問自己關於自身靈性價值層面的問題，探索什麼對他們的人生來說是重要的，運用這些問題來幫助他們在這些價值上彼此連結。

人，而不是不屑和蔑視，這是說得通的。沒有這個基本的尊重和寬厚，就沒有建立有意義連結的希望。因此，如果一個配偶沒有以這種方式對待他／她的伴侶，那我們可以試圖幫助他／她改變談話的方式，並轉到更普遍性的方向，即每一個人希望如何對待對方和對待其他人。

依據這些假設，治療會談會檢視夫妻伴侶的關係問題——涉及各自原生家庭模式之姻親關係、家務分工、性或財務方面的意見分歧。這樣做的目的是幫助伴侶將彼此之間的關係放在脈絡中來看。

過程中，我們尋找他們重新在自己的關係中所複製的關鍵三角關係。對大多數的人來說，帶進婚姻中的關鍵三角關係，其實是始於他們和父母親的關係。或許，丈夫覺得他的母親不僅掌控他的父親，還對父親惡毒，因此他偏袒他的父親。太太則是認為她的父親掌控她的母親，且對母親苛刻辱罵，所以她和母親同一陣線。現在兩個人都覺得對方對自己苛刻、惡毒，而希望某人（治療師）站在他們那一邊。

重複的三角關係

透過三角關係呈現出來的主題通常是承襲原生家庭而來的，這些主題涉

及金錢、性、嫉妒、秘密、宗教、權力、成癮、秩序與凌亂、自發與規劃、社會化、對話和沉默、待在家中等。如果你的父親喝酒，你可能會對他人喝酒有過度反應或是沒有反應，也可能對酒的話題感到不自在。如果你的父母親總是因金錢爭吵，你可能在面對這議題時，很難自由自在地跟伴侶談論。一旦伴侶兩人能夠看到他們即時反應從何開始，並面對它，那麼伴侶關係中的壓力很可能就會減低，因此，幫助他們釐清關乎原生家庭的幾個議題，而非僅專注在自身的伴侶議題上，其實是非常值得的。即便伴侶最後決定分居或離婚，越多原生家庭的議題被看見、理解和處理，他們會帶到未來的關係議題就會越少。

但是要讓伴侶進行這樣的探索並不容易。伴侶們幾乎總喜歡告訴你，他們的伴侶出了什麼問題，他／她上個星期又做錯什麼。他們通常一開始會希望一個快速的解套方案，並很可能認為談論原生家庭會轉移「真正」問題的焦點。一般而言，要花一些時間才能讓他們體認到，他們的即時反應和他們之前的關係是如何相互牽連。一旦伴侶體驗到他們自身的行為和他們的成長歷程有關，並開始自己處理這些議題，那麼當他面對雙方衝突的核心時，就更容易保持客觀。伴侶變得能夠標記他們的回應，並花時間釐清這些回應。「親愛的，我現在很難聽進你所說的，我想那是因為一些我與我母親的老議題被引發了。你可以給我一點時間嗎？」

伴侶雙方開始在原生家庭的議題上作工的時機點不同，一個早於另一個是相當常見的，且是正常的。雖然有時伴侶一方可能呈現出的是他／她不處理自身的議題，但事情卻正在悄悄醞釀著。如果第一個人不斷努力處理自己的議題，通常，另一個會遲早開始工作。強調的重點是，這不是伴侶之間的競賽。每個人都自我負責，處理他／她自己的即時反應。

我會努力讓伴侶不將治療工作當作一種交換條件、對價關係。對我而言，這樣的想法對於成熟經營關係一點助益都沒有，無法有任何的成效。伴侶雙方需要專注於尊重對方，因為那是他們想在一起的人，不是因為對方對他們很好，也不是因為兩人達成「我為你做這，你為我做那」的協議。如此

的協議通常可能發生在家事和財務上面，且絕不是親密關係中最具意義的那一面。

伴侶關係的家系圖：尼克和亞琳

尼克和亞琳（圖8.5）結婚三十五年，有兩名成年的子女。他們在前來尋求我的幫助前，已進行多年的個別諮商，正式分居的前一年，還進行過婚姻諮商。尼克曾多次爆發以表達他對婚姻的不滿，最後，亞琳決定分居，隨後她搬去和女兒同住。

然後她決定她需要自立。自立表示她需要學會如何管理金錢、租屋、買家具和安排她的社交生活，而這些都是她的第一次。其實婚姻中有許多正向

圖8.5　尼克和亞琳

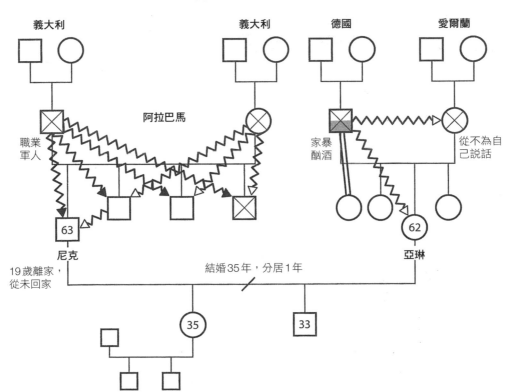

的部分，讓夫妻倆能夠在一起三十五年，包括對彼此深深的欣賞和感謝，然而尼克多年來不加核對的批評，亞琳更是從他的侮辱中，掉到了焦慮和抑鬱狀態，這些均掩蓋了他們對彼此的欣賞和感謝。

她害怕自己一個人，所以在這個還算穩定但不滿意的關係中，她會去安撫尼克。但夫妻兩人都害怕再度接受治療，因他們覺得之前的治療師選邊站，還貶低他們。當詢問到他們認為其原生家庭對他們的情況有何影響時，他們似乎都準備好了。不僅陳述自己來自虐待家庭的故事，還有一套整合的說詞解釋自己因悲慘的童年所經歷的貧困和受傷。通常，詢問夫妻伴侶各自的家系圖，有助於轉化他們對現在生活的描述，即從過往充斥虐待和忽略的問題，且未留給現在任何療癒能量的狀態，轉化到具更多復原能量的故事上，讓個案更願意為改變主動付出。

尼克是家中的老大，有三個弟弟，祖父母從義大利移民至美國。由於父親從軍的關係，尼克在喬治亞長大，但父親因軍旅經常不在家。他對父母親的記憶是他們謾罵的關係，以及對他和三個弟弟的批判。十九歲那年，他記得他聽到母親一如往常地對弟弟們吼叫，於是當下他決定他必須離開。他進到他的車裡，開始開車，他不知道要開去哪裡，只知道他必須逃離。

他說雖然他在學校表現不佳、缺乏自信，但他「有個夢想，想找到一個漂亮、獨立的女子，擁有一份好工作和一輛銀色的車」。

亞琳就是那個女子，既漂亮又獨立。然後，他買了一輛銀色的車，且在沒有任何背景下，應徵了一份好工作。雖然沒有獲得該份工作，但他們建議他需要參加技術培訓課程。所以他去了。他相信如果他當初沒有離開家，他現在的下場不是在監獄裡，就是已經死了。

亞琳家中有四個女兒，她是老三，具德國血統的父親惡毒、酗酒，愛爾蘭裔的母親則從未為自己說話。

夫妻倆都形容自己，進入婚姻尋求他們從未經驗過的愛。他們對養育子女有著共同的夢想，不同於他們父母養育他們的方式。

在他們初步敘述家族史的過程中，夫妻雙方都沒有提到任何正向的部

分。但容易觀察到的是，尼克理解到，十九歲的他做出他不離家就死的決定，顯示出他有多麼大的韌性和復原力，而他必定從某處獲得這膽量。那似乎也顯示，當他處在一個無法接受的情況下時，會一直急迫尋求改變。

亞琳有個不快樂的童年，成長在一個虐待家庭中，她失去了夢想，然而，在她為自己孩子所創造的家庭裡，她重新塑造了自己。事實上，儘管尼克消極，亞琳確實創造了一個共享許多幸福時光的家庭。夫妻倆都承認他們自己的家庭生活和原生家庭相比，成了鮮明的對比。

亞琳決定和尼克分居，並和女兒同住六個月後搬出去自己住，也展現出她為自己創造正向的決心。她描述她之前從未自己一個人住過，故她覺得自己很棒，能夠安排自己的生活。只是聽她描述的過程，很顯然地可以看出她並沒有意識到，這個歷程是多麼重大且具有意義。

儘管夫妻倆經歷關係的問題，但視自己源自功能不彰的虐待家庭、從未覺得被愛的兩人，都能夠轉變他們的生活。在兩人共組的家庭裡，他們能夠愛孩子，共度許多美好的家庭時光。然而，他們依然受到關係的負面所苦，最後導致分居。

依我來看，他們的分居其實展現了夫妻的另一方的優勢。亞琳有勇氣說：「受夠了。」然後離開這住了三十五年的家。

令人驚訝的是，「降到谷底」其實可以開啟人們生命的另一個新的開端。往往就在人們覺得自己已經在最糟、並準備放棄時，他們做出改變自己處境的決定，反而開啟了自己人生的新樂章。在那一刻，當夫妻一方最後說「我再也不要過這樣的生活」時，兩人其實都在生命的最低潮。但是這個谷底的低潮其實是個轉捩點。幫助人們重新架構這個「最糟的時刻」，視其為一個開啟點，是至關重要的，即人們真正承認事情曾經是多麼地糟，並願意放下他們現在的的生活，開始尋求勇氣重新塑造自己的生命，創造不同的未來。

就亞琳和尼克的例子來說，他們實際上是以一種平和的方式分居，他們會像過去幾十年的婚姻一樣，一同慶祝節日。對我來說，所有這些夫妻故事

中未提及的部分，便是轉化的線索，因為這與他們最初對自己處境的描述是非常不同的。這種僅談論負面的模式，對經歷關係困境的伴侶、夫妻來說，其實是相當常見的，一旦他們卡住了，就很容易再度陷入負面的故事裡。但同時，毫無疑問地，早期歷史中的許多正向經驗其實被隱藏了，故這些正向經驗需要隨著治療的進行被「翻」出來，好幫助他們找到能量探索更寬廣的生活。

我們可以這麼說，檢視他們從何而來，如同潛水進入廢墟一般。我們需要一起看看他們自身的經驗和他們在家庭裡的經驗，關注他們和祖先的復原力及生存力，因這些力量不僅改變了他們的生活，也讓改變持續發生。

在最初的會談中，伴侶似乎會感到挫折，因為我們的治療並沒有給他們太多空間抱怨。由於他們已經經歷過許多的治療，所以我直言不諱地跟他們說我的看法：只有在至少四個正向和一個負向的比例上，抱怨才行得通（對於從未接受過治療的夫妻伴侶來說，我會更加謹慎；我會多瞭解他們一些後，再直接挑戰他們的互動風格）。所有的跡象都顯示，對大多數好的關係來說，這樣的比例是有用的，所以沒有必要繼續提負面，卻不尊重關係中的正面。

我也重複我經營關係的基本原則：不攻擊、不防衛、不討好、不關閉自己。夫妻雙方一開始便笑了，還說我並沒有給他們太多的選擇。我不得不提供細節，好讓他們學會如何面對尼克的負面、亞琳的防衛和關閉。我建議尼克，若任何時刻他想批評，他要先說四個讚美；然後告訴亞琳，任何時候她想終止談話，她需要繼續傾聽、不防衛，並盡其所能地至少嘗試給予四次正向的回應。

不出乎意料，一開始夫妻都無法做到這些事。我給他們哈里特‧萊納的婚姻規範，作為我們對話的架構，因其提供所有伴侶夫妻溝通的宏觀背景架構。隔一周，當尼克來時，他質問我何時才要讓他們談論他們之間與萊納有關婚姻問題的書。他想列出所有亞琳沒有達到萊納的規範的項目。我必須多次提醒他，他所要想的是如何將該規範運用於自己的行為上，而不是他太太

身上。

　　至於亞琳，共同會談五次後，她表示需要一次個別會談，因她表示不太開心，且不想讓尼克知道到底是什麼困擾著她，因為她不想製造衝突。我提醒她，她離開尼克，是因為她終於承認他們的關係行不通。她付出相當多的努力發展自己，四十年來第一次主宰自己的生活。我帶她回去看基本的目標，挑戰她勇於做自己，否則她在關係中什麼都沒有。同時，我向她指出，雖然尼克在會談中聽起來像個威嚇者，但比起她來，他其實對她的態度更為正向。即便我問問題，如她因什麼受到他的吸引，或者她為什麼嫁給他，或者想復合，她都不記得他所說的任何關於她的正向話語。

　　我強力鼓勵她注意他所說的話，並專注於她所想告訴他的，包括他讓她感到興趣的正向面，以及他們關係中讓她感到困擾的議題。

　　當我們看她的家系圖時，她和姊姊關係中的許多正向面變得顯得易見。假期即將到來，她談到尼克似乎從來沒有享受過或喜歡過假期。兒時，亞琳的父親只陪伴他的最愛，即亞琳的姊姊，亞琳覺得自己就像仙杜瑞拉一般，總是必須要做事，無法和父親共度假期。但是，她說，她喜歡因應節慶布置家裡。我們談及不管尼克是否有參與，她都要享受她的樂趣。當她一想到要如何為假期布置她的樹和公寓時，她立刻興奮了起來。

　　然後她問尼克，他是否能讓她將裝飾品帶至她的公寓，去布置她的新家。他毫不猶豫地拒絕了。他說，因為他的背不好，加上東西在閣樓上，太難取了。她提議找人來幫他把東西拿出閣樓，但他拒絕讓任何人進到家裡幫亞琳拿取這些裝飾品。此時此刻，我選擇不追究他的粗魯行為。我利用這個機會，挑戰亞琳跟隨自己的希望，不要因他的行為而打退堂鼓。我相當肯定遲早我會有機會質疑他這樣明顯的苛刻行為，但此刻我認為不要挑戰他，可能可以給他一個機會增加他重新思考自己態度的機會。我們治療師在挑戰個案時，要注意的是，不是要增加他們的防衛，而是要幫助他們變得更寬厚、更考慮到他人。

　　尼克拒絕讓亞琳用聖誕節飾品，無疑地是功能不彰模式的一部分，也是

我們必須解決的，但同時，我認為最好抓住這一刻，給亞琳一個很好的機會定義自己的生活，無論尼克做什麼，她都不受他的影響。事實上，他的極端反應其實更容易幫助她釐清自己的立場，她需要為自己作出決定。

我要求單獨和亞琳會談，並鼓勵她如果尼克堅決拒絕給她舊的裝飾品，她就去找新的。我提醒她，她曾跟我說，為節慶布置對她來說是多麼重要的一件事，並強調這個主宰自己生命的機會，因這是她自兒時從未能夠擁有的。她似乎抓到了這個概念。雖然當下曾有一刻她回到自憐的狀態，自嘲自己沒有幸福快樂的婚姻，而必須自己做這些事，但伴隨鼓勵，她試著將注意力放在她想創造的目標上，故不再將注意力放在為了什麼她就是無法有一個比較合作的丈夫。

當我們討論前次節慶時，亞琳曾描述尼克從不喜歡節慶，也不享受，總是在聚會五分鐘後便想離開。我要求她為自己慶祝這次的節慶，她可以不管尼克的偏好，依據自己想的去發揮。她考慮在她的公寓內為朋友們辦一場派對，她可以僅邀請尼克來參加節慶的慶祝，兩個人可以開不同的車，這樣如果他選擇要提早離開，他不會受限，而她則是持續做她想做的。雖然亞琳已經開始為自己的生活下定義、做決定，但很容易陷入期待尼克成為他所不是的那種人：一個享受聚會和社交的人，特別是和她的家人。

她依然尚未準備好重新檢視她的早年家庭經驗，但是她開始看見並思考追尋自己夢想的重要性，而不是和尼克復合。

就一方面來說，尼克開始探索一些些他童年的惡魔。也許是他對自己的妻子這麼不慷慨感到羞愧，也同時讓他開始懷疑為什麼他會做一些不符合自己或太太最大利益的事情。

他談到他的童年是多麼地艱苦。不過，他還是自己找到方法和兩個弟弟保持較好的聯繫（三弟年輕時便於車禍事故中身亡）。討論中，他提到他的朋友並沒有他所期望的多，這讓他覺得他要依賴他和亞琳的關係。他意識到弟弟對他的重要性。或許他對自己依賴的領悟是因亞琳的一些小作為而引發的，因為無論是否有他，她已經開始創造自己的生活。雖然他不喜歡她的家

庭節慶聚會，但多年來他還是讓她創建他們的社交生活。現在，他開始意識到除非他改變他的方式，否則當亞琳離開後，他會孤獨一個人。.

　　為了幫助夫妻在脈絡上檢視他們的關係，我請他們選擇小模型（我通常用於遊戲家系圖的小人偶或物件）代表他們自己以及他們關係的五個時間點，用來探索他們從過往到未來的軌跡。五個時間點為：

　　1.三十五年前，他們在一起的時候；
　　2.當他們決定分居的時候；
　　3.當他們決定為復合前來接受治療的時候；
　　4.經過數月治療後的現在；
　　5.未來他們變成自己想要變成的樣子時。

　　有趣的是，當亞琳做最後一題時，她僅為自己選擇了一個物件，而不是為他們兩個人，這可能顯示她覺得自己在關係中失去自己的程度。她的選擇也或許反應出，她想為自己創造出屬於自己生活的部分。她選擇一個跳舞的女人代表未來的自己，她覺得這個物件代表了能夠自由表達的自己。尼克相當禮貌地回應亞琳僅為自己，而不是為關係所選的人偶物件時，她的反應則是選了一個長相普通的「王子」，來代表將來的尼克。這是個很重大的轉變，注意力從尼克做錯什麼，以及不關心自己應成為什麼樣的人，轉變到她理解自己的重點應是自己的生命和生活上。

倒退與前進

　　夫妻倆走過過往對彼此的負面，並開始共度更多正面的時光。就在我想唯有他們認識彼此關係的連結以及他們的整體關係時，尤其是他們和原生家庭的那些關係，改變才會持久，然他們對後者的抗拒讓我調整自己的速度和步伐，以致不超前他們現在的狀態。他們的反應通常被認為是抗拒。當夫妻雙方願意相互合作時，我的信念是要一直促進這樣的合作，擴大討論的範

圍，或許偶爾提到和原生家庭相似的模式，但不勉強，直到你得到一些可以牽動連結的力量。

我們工作的重點是增加他們的能力，避免他們困在過往的困境中。當尼克處在不好的狀態時，看亞琳則會認為她退縮成「什麼事都不做」（vegging out）的人，「成天看電視」（couch potato）。而當亞琳處在不好的狀態時，看尼克則是一個從來不能夠「冷靜」、「放鬆」的人，且無法不批評她小睡片刻。但其他時間，他們對兩人在一起的時光，經營得很不錯，兩人都很努力不要讓事情使他們關係緊張，都試圖持續將焦點放在自己身上。

然後，亞琳得了肺炎，尼克覺得她從來都不會好好照顧自己，所以建議她待在他那，直到復原。兩周內，兩人的關係嚴重倒退。他們彼此相互咒罵，他們的負面情緒帶著報仇的意味。亞琳想要回到家裡，然後再婚。她開始對尼克施壓力，要他給復合的承諾。但事實是，她對他的負面感到極度的挫折，無法忍受再和他在一起。當我和她單獨會談時，我問她為了什麼要他給承諾，尤其她對他並不滿意。我敦促她談談什麼是她自己要給的承諾，以及什麼是她小時候從未被允許但現在想要的，然後再看看他會選擇如何回應。

幾個問題後，亞琳理解到，她需要她的空間，並想搬回自己的公寓，這樣她才能讓自己走到身心靈都比較安頓的狀態和位置。一部分的她想把自己不好的狀態怪罪到尼克身上，但她決定負起責任，採取行動。於是，她回到家裡，開始打包。

對亞琳感到非常沮喪並批判她的尼克，屈服了，防衛性地指控她「擺脫」他，而不是留下來處理他們的問題。她妥協了，最後夫妻倆一同待在不快樂的情況裡。

但他們兩人變得更準備好去檢視他們在沮喪挫折情況時，自己到底怎麼了的部分。再下一次的會談，尼克承認他試圖破壞亞琳分居的計劃，直到他們兩人都處於更好的狀況為止。他不知道為什麼他要這樣做，但他認為原因之一是他對分居的恐懼，因為事實是他自己感到非常煩躁，無法讓自己身心

處於中心的位置，或是以「愉悅」的方式和亞琳連結，即使他認為那是她應得的。這是他第一次真實陳述自己的婚姻價值觀和關係。

夫妻倆再度分居。他們分開後，我單獨和尼克會談。現在亞琳離開了，沒有她在場讓他抱怨，有史以來的第一次，他真正思考他的批判必須停止。他準備好探索他的原生家庭關係。他開始問問題。他問為什麼他和亞琳在一起的許多情境中，他會變得這麼「僵化」，且「無法敦厚」。他決定專程去拜訪他多年未見的弟弟們、他的女兒和他中學同學，好更進一步認識自己。這是他非常巨大的一步，開始為自己定義「我是誰」。

我隨後單獨和亞琳會談。她再度處在一個倒退的狀態。她所談的故事，是關乎她多麼怨恨尼克，他邀請她待久一點卻背棄她。當我用她因為不開心而決定離開的決定來挑戰她時，她同意我說的。我提醒她尼克曾說過的，他需要讓自己身心靈處於中心位置，他想要能夠與她在一起時，是更加愉悅的，因為他認為她值得擁有這些。但顯然她忘記了。

我提醒她，她最常有的抱怨之一是他從不說任何正面的事。所以我們開始追溯自己的歷程，輕觸她的兒時經驗，檢視她過去幾年發展自我的努力，進而重新架構她和尼克的關係。當我們談及她述說故事所漏掉的部分時，即她現在正在走的自我探索之旅，她學會管理她的財務，創造一個適合她的慶祝節慶的方式，以及其他經歷，她整個人亮了起來。她於是能夠處於當下，回到她曾經列出一連串她想努力的事情上：更加主動享受她的日子、結交新朋友、重新調整她與姊姊的關係。姊姊在她生病期間沒有來看她，對此，她有些怨言。我們談及她邀請她們一起做她想做的事情，而不是一起聊八卦，而八卦的收場往往是她們建議她要如何。

她開始更認真地探索她的家系圖，她發現因她是家中老么，有許多家庭背景資訊是她不清楚的。我們檢視每位家庭成員，然後發現長她九歲的大姊可能是最知道關於祖父母事情的人。祖父母在亞琳六歲時過世。她變得好奇，想瞭解父親的家庭背景——她做出一個關乎家庭的行動，這個行動是超越父親對她的拒絕。

亞琳和尼克代表了夫妻伴侶間常見實例的狀況，導致原因有很多。他們的歷程看似進展得很慢，之前的這些描述代表他們這一年的工作。但是他們前來接受治療時，其實是帶著許多他們舊有壞習慣。但是他們採取了比他們所意識到更多的積極作為，來改變他們的生活。這對任何伴侶治療工作來說，是相當重要的一步。

人們經常會停留在功能不彰的狀態，負面描述他們的生活，而需要非常多的努力才能讓他們鬆動和轉變。伴侶常常沒有意識到，其實他們來治療之前，已經做過非常多的努力去調整他們生活的模式。這對夫妻吸收了許多社會和家庭對分居夫妻「自此不再幸福快樂」的負面刻板印象。來治療後，他們理解到分開其實是好的。他們的關係走到非常失功能的狀態，於是最後決定，他們的關係不能再這樣下去了。他們撞到了谷底，面對現實，然而許多伴侶並沒有如此。他們說「我們不能再這樣下去」的那一天，他們便有了為自己餘生開闢新道路的勇氣，即使他們的兒女似乎把他們的分居視為一種失敗，但是我視其是一種成功和新的開始。這些日子以來，他們努力共度更多美好的時光，將注意力放在自己身上，專注於他們如何想為自己創造什麼樣的關係。

他們所經歷這個改變關係的核心，便是鮑文（1978）所指的分化，以及夏莫（Scharmer & Kaufer, 2013）所描述的U型理論：真正探索你要到哪裡去的過程；成為你所處之環境脈絡的深度觀察者；傾聽你內心的聲音，所以你的選擇可由你的價值觀決定，而不是為反對他人的憤世嫉俗、恐懼或批判；創造一個承認所有生命均具系統本質的生活。

離婚和再婚：三角關係、截斷和重新連結

瞭解離婚和再婚的首要任務，便是區分第一個家庭的議題和那些在雙核心家庭與多核心家庭所出現的議題區，這也就是為什麼家系圖對探索任何經歷分居、離婚或再婚家庭的評估是這麼地重要。

對那些一開始便參與家庭的人和那些進入之前便存有家庭星座（family

constellation）的人之間，是有基本差異的。當然，當我們結婚時，我們都進到一個之前就存在的家庭裡，但就再婚家庭來說，實質上的前提是不同的。如果你結婚的對象有小孩，他們所共享的部分歷史是你從未參與的。這無關個人的能力——雖然有些人認為有關。這是一個時間結構下的結構議題。共享生命的家庭成員有著連結他們的經驗和記憶。關係中總是有「懸而未決的結果」。這是一個事實，而不是指控。所以任何新來的人都只能從建立連接的那個時間點往前進，意味著他／她也錯過以前所發生的事情。

家庭成員往往期待他們能成為「布雷迪‧邦克」（Brady Bunch）*一般，把家庭所有的部分拼奏在一起，但這幾乎是永遠不可能的，即使多年的溫柔呵護可以使新關係變得深刻和有意義，特別是家庭形成時，孩子還小。

對再婚家庭來說，初期的工作需要釐清並接納既存的模式。三角關係和互鎖的三角關係常見於再婚家庭和所有多核心家庭裡，我們臨床工作主要的整體工作重點是協助他們去除三角化關係。臨床實務上，再婚夫妻最常見的主訴議題是他們和小孩或是前伴侶的三角關係，而問題之所以發生是因為他們試圖強迫自己成為單一的一個家庭。

成為家人需要花時間的。通常，實質上最有幫助的便是繪製家系圖，這樣他們可以在治療一開始就看到結構上的三角關係。它有助於明確標示出是否有「內建」權力的關係，比方說，繼父母和繼子女，新配偶和前伴侶。

基本上，我會試著說明家庭必須尊重他們自身的歷史，並將他們的愛融入到依然會持續存在的先前關係中，其他一切就會順勢發生。對孩子來說，夫婦的關係是他們唯一和繼父母連結的原因：孩子尊重他們的父親，而父親現在要求他們尊重他的新妻子。新妻子甚至不應以「母親」的角色被介紹。隨著時間的推移，新配偶不會慢慢成為父或母。一般來說，孩子需要至少兩

＊美國七〇年代風靡一時的同名家庭處境喜劇，描述了布雷迪家在九〇年代的遭遇。一個人人羨慕的家庭，貪婪的鄰居為了取得布雷迪的房子，在布雷迪家的信件中，發現了一張過期稅款通知單，這導致布雷迪一家必須在短時間內要籌到兩萬美元，否則他們的房子就會被拍賣，而這時候，幾個孩子孤注一擲，參加了一場獎金高達兩萬美元的才藝比賽的故事。

年的時間，才會覺得新配偶是父母。如果家庭重組時，孩子已處於青少年階段，那麼關係的整合可能永遠不會發生。如果父母再婚時，孩子已經開始準備離家，關係就更加脆弱。在這種的案例中，除非整個家庭生活住得非常近，經常有家庭聚會（這在我們現在這個世代其實並不常見），否則可預期的是連結的建立會是非常少的。

治療會談的早期，不管家系圖是畫在大張紙上，或是給家庭一張副本，攤開家系圖讓家庭可以常看見，有助於提醒他們當再婚發生時，固有存在的角色和關係已是相當複雜及模棱兩可的。這時，你所能說的即是：重要的是保有彈性及可行的界線。但說都比做容易。

這種情況下，家庭最大的問題通常是他們會企圖畫出嚴峻的界線並予以堅持，用以簡化複雜度。但最後可能成為一場災難，因為年輕的家庭成員逐漸成熟，很可能重複僵化的界線，也可能因新組成的家庭，截斷自己和原生家庭的關係。反之，彈性是成功的關鍵。新家庭的組成越是開放，越能包含其他人，對系統的長期完整性則更好，同時尊重孩子之可預期性的結構需求。孩子需要知道他們由誰負責，向誰尋求保護。我們認為一個開放的系統且具有可行界線是非常重要的。

一般來說，一個家庭經歷離婚，可能會有許多附屬的破壞發生，如：離婚夫妻之間的關係，以及與對方之大家庭成員的關係的截斷。不幸的是多至百分之七十的家庭網絡會因離婚而斷裂。這是個很糟糕的現象，對孩子來說尤其痛苦，因孩子通常必須自己面對複雜之大家庭關係的解構和重組。若父母越能支持孩子的連結，對孩子越好。在家系圖上繪製出這些，不斷提及家庭複雜的結構，極有助於提高家庭解決其所必須面對的複雜情感和實質任務的意願和精力。

約翰·斯特基爾斯（圖8.6）努力想認識他新太太安姬的兒子，但不容易。他必須持續和自己的兒子保持連結；與令人煩躁的前妻瑪莉蓮協調財務；支持新太太，因對新太太來說，周末應付他自己的兒子，並不是件容易的事。他的兒子們對新的繼親手足有異議，因父親給予繼親手足更多的關

圖8.6　斯特基爾斯家庭

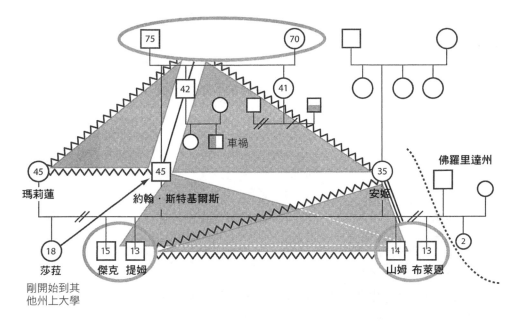

注，而心有不滿。

　　同時，他的父母親為了想看孫子，不斷打電話給他要他幫忙，因為瑪莉蓮阻礙祖孫間的聯繫。他們還無止境地告訴他安姬如何怠慢他們。約翰的大女兒莎菈開始上大學，但適應不良。有一段時間經常傳訊息給他，然又有一段時間完全不聯繫。除了這些直系親屬的關係外，他還為經濟苦惱，擔心要持續付錢給瑪莉蓮、和安姬一起支助他的家庭，還要支付莎菈的學費。

　　在他的腦海裡，他擔心他的父母，因他們一直以來都自給自足，然若其中一個有狀況、失功能，他們並沒有太多額外的錢可支付。對約翰來說，他們的身體和精神上都開始看起來有點脆弱。雖然幸運的是他們住得很近，但是他的兩個弟妹都各自有自己的問題，住得很遠，需搭飛機才能抵達。他弟弟的兒子最近出車禍，似乎有些後遺症。他妹妹和她酗酒的第二任丈夫分居，所以她的情況也不是很好，似乎無精力協助他們的父母親。潛在相互交織的三角關係包括：

1.約翰和他的新妻子，面對他兒子周末的需要，還有他女兒身為一個年
輕人的獨特需求，女兒雖住的遠，但正試圖從一個已經分裂的家庭展
開自己的獨立旅程；

2.約翰和他新妻子、她小孩以及他前妻、他們的小孩的需求；

3.約翰和他的父母親，以及父母親有怨懟的新妻子；

4.面對父母親漸增的需求和手足自身的需求，約翰和他手足的關係。

　　臨床實務上，第一個需要澄清的議題即是不同的潛在三角關係，幫助約
翰看清他處境的艱難——這麼多複雜要求。他需要在每個層面上，排出優先
順利處理這些不滿，這樣，他才能先將注意力放在第一件事情上，而不是因
即時反應而感到難以招架，即使這些即時反應看起來似乎是一下子爆發、遍
布全家。

　　加入時間因子去考量也很重要：隨著時間，家庭的不同面向有可能會穩
定下來。

- 他的女兒莎菈很可能會找到出路，面對她在大學經歷的困境，尤其是
他和他的前妻持續努力和女兒保持聯繫。

- 他的兒子們和繼親手足可能會發展出良好的連結，如果約翰和安姬不
給他們太多的壓力，因為他們和繼親手足的年紀相近，且完成中學學
業前還有三、四年會在一起。

- 如果約翰能夠持續穩定他的財務，那麼他的前妻和新太太可能能夠適
應目前的財務狀況，他也會找到方法因應大學的費用。

- 如果約翰和前妻保持良好、不競爭、彼此支持的關係，前妻的狀況可
能會穩定下來。

- 如果約翰能夠鼓勵他的父母親在面對他前妻和新太太時放鬆些，他就
可能讓他的父母親和太太們免於許多不必要的衝突。隨著時間，他可
能可以鼓勵安姬找到支持他父母親的方法，而瑪莉蓮也可能對祖父母

的參與心存感激。

　　家系圖對與再婚家庭一起工作尤有助益，因為結構的複雜性影響這些情況中可預測的三角關係。在臨床實務工作中，教導成年人與其原生家庭進一步分化，永遠優於處理現在的家庭議題。

　　其實，很難說明試圖轉變再婚家庭中的關係，會引發多麼大的壓力，這壓力可能包括極端憤怒和恐懼會常常阻礙改變，伴隨每一步往前行、回收舊有衝突，以及當他們走過生命週期時常見的退縮。根據我們的臨床實務經驗，就像其他家庭問題一樣，願意和原生家庭關係層面做工的家庭，會比沒有的運作更好。

　　在這個案例中，如果約翰·斯特基爾斯關注他個人和父母親的關係，則很可能有助於他面對現階段所遇到之關於前妻、現任妻子和小孩的議題。與他的手足見面或許有助於他們一起思索支持父母親的方式，也能幫助這三個手足在其都覺得有壓力時，彼此相互支持。如果治療師有機會接觸任何新任和前任伴侶，他們可能有機會看看自己的原生家庭議題是如何影響他們現在的生活，並理解他們的議題和達到較好平衡之間的關聯性，進而從中學習及獲益。

　　在這個案例中，治療的首要任務是實際上幫助約翰和安姬看到其關係的複雜度和他們所屬的其他系統之間的關係。我幫助他們檢視兩個人為了什麼及如何決定要在一起，同時強化他們必須非常的同心、一起面對整個複雜的系統：

- 孩子們有不同的和相互競爭的忠誠度；
- 各自的前任伴侶；
- 他們的延伸家庭，雙方均有自己壓力的家長和手足；
- 他們工作情況的複雜性。

安姬的前夫搬到很遠的地方，加上失業，對扶養兒子的經濟貢獻幾乎是零，他也很少跟兒子們聯繫。最近，他和女友生了一個女兒。安姬總是必須獨力扶養兒子們。她不期待約翰接管這些責任，儘管約翰認為他應該如此做。同時，瑪莉蓮一直感到很鬱悶，雖然孩子不需她整天都在家，但她對全職工作仍有所遲疑。

為了降低安姬和她繼子之間的壓力，夫妻倆決定接下來幾次探訪祖父母之行，由約翰帶他的兒子去。這麼做有兩個效益。第一是讓安姬有時間和她的兒子單獨相處，降低約翰父母親對再也見不到孫子的焦慮，因為孫子總是往返他們父親和母親的家。其二，也增加約翰和兒子單獨相處的時間，畢竟若安姬和她的兒子總在他身邊，約翰的兒子就無法得到他全部的注意力。這也給約翰一個機會去看看他的父母親，讓他們相信他和他們之間的連結會持續。這小小的舉動，對整個家庭的即時反應，有巨大的影響。約翰在他各層面的議題均變得比較能夠專注，即工作、他父母親的需求、和兒子們的連結。至於約翰和安姬兩人的關係，也因為他們在治療期間都談到能夠找到對方是有多重要，以及他們如何致力於面對與自己家人或孩子們間發生的事情，兩人關係的正向連結增強了。當她度假回來後，他們開始慢慢地融入他們的兒子於他們的生活中，當然也包括約翰的女兒。

再婚家庭中常見的三角關係

❖ 新任伴侶和前任伴侶

如果主訴難題是這樣的三角關係，通常和財務或性忌妒有關。潛藏的主要議題多半是在情感上離不開前任伴侶，尚未離婚。所以，治療師的第一步是與新任伴侶建立工作聯盟的關係，否則新任伴侶很有可能會破壞針對前任婚姻伴侶的工作。

在試圖解決離婚議題時，不建議單獨和前任伴侶會談，或是和三個人一起談，因其可能製造出系統難以應付的額外壓力。唯一同時和前任伴侶及現任伴侶會談的時間點，即需要他們兩人共同合作面對孩子的重大議題。

　　與這樣的三角關係工作，最有可能順利進展的方式，即是在新任伴侶面前，教導個案在治療以外的時間，採取一些步驟和方法，改變其與前任伴侶的關係。而這一路上，新任伴侶必須學會承認其伴侶之歷史連結的重要性，並接受前段關係在某種程度上的關心都會存在，這種關心的程度會依據第一次婚姻持續時間的長短以及是否有小孩而有不同。

　　三十二歲的米蘭達・威爾金斯和三十九歲的大衛・布朗森（圖8.7）結婚兩年，然後因「無止境的金錢衝突」而前來接受婚姻治療。大衛必須資助前妻朱麗和他們的兩個女兒，分別是九歲和十歲。女兒和前妻住在一起。事實上，大衛和米蘭達兩個均是成功的建築師，沒有理由要為金錢煩惱。大衛為離開前妻而感到愧疚，因為前妻自離婚後變得憂鬱、離群索居，且飲酒過量。大衛在婚姻關係的末期，和米蘭達發展了婚外情，當大衛順利離婚後，他和米蘭達兩人立刻結婚。

　　米蘭達覺得大衛將朱麗的需求置於她的需求之上。每當朱麗要求額外金錢時，大衛都會妥協，他甚至會支付在米蘭達眼中視為「奢侈」的贍養費和撫養費。大衛為朱麗需要更多的錢辯護，包括她用孩子需要她的論述拒絕找工作。他說，他不能對她「落井下石」。數次會談後，米蘭達開始明白，若大衛無法

圖8.7　布朗森家庭

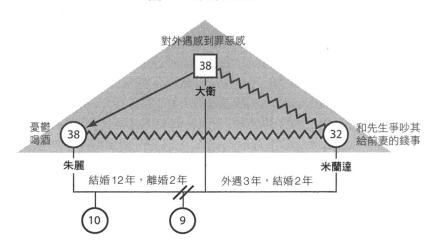

解決他對朱麗的情感依附，以及他因為離婚所引發之未解決的罪惡感，他永遠無法自由自在地和她在一起。她也理解到，她督促他抗爭或截斷和前妻所有的連結，對他處理目前的議題並無助益。

在米蘭達某程度的矛盾支持下，大衛安排和朱麗幾次的見面。見面時，他們討論他未來支持她和孩子金錢需求的限制。他提出暫時由他照顧小孩，好讓她重新整理自己的生活。

我們與大衛已經事前預期，朱麗對離婚一事，會憤怒地控訴他，故當其如預期發生時，大衛能夠好好地傾聽，不反擊。和米蘭達的聯合會談，中間夾雜著大衛和朱麗、大衛和孩子們的會談，大衛慢慢地安然度過朱麗對過去的長篇大論，也能夠回應孩子們對離婚的不滿。他開始為婚姻問題和離婚的決定負起自己那部分的責任，且能夠堅定地表示，朱麗必須和他一起在經濟和情感面上，擬定一個照顧孩子的計劃。

最後，當她攻擊他，卻未得到任何反擊或因罪惡感而引發之退縮回應時，朱麗開始接受離婚的事實，將她的注意力轉向改進自己和孩子的生活上面。隨著大衛的持續努力，他們之間的聯繫變得較友善，頻率也變少了。離開治療時，朱麗只在必要時會打電話給大衛，且停止在孩子面前批判米蘭達，孩子對米蘭達的敵意也降低了。在和大衛的聯合會談，以及和大衛孩子一起的會談，米蘭達聽到大衛談及他對第一段婚姻失敗的哀傷，她學會接受這是他過去歷史的一部分，而沒有即時反應。米蘭達面對孩子時小心翼翼，將所有的管教留給大衛去決定。最困難的是，她真正接受他們的部分收入——意指包括她自己的部分收入——從現在起，必須用來滿足大衛孩子的需求。

❖ 偽互動（Pseudomutual）的再婚夫妻、前配偶和小孩

在這樣的三角關係中，主訴問題通常和一個或多個孩子的行為或學校問題有關，也或許和孩子要求其監護權從這個父母轉到另一個父母那有關。一般來說，再婚夫妻會呈現他們之間沒有任何意見的不同，並將問題歸咎於孩

子或前配偶（或兩者）身上。雖然通常要求接受治療是為了要幫助小孩，但在收集背景故事時，會感受到前配偶和現任配偶之間的緊張衝突，而引發點通常和現任配偶與繼子女發生衝突時，現任配偶完全獲得他／她配偶（即孩子的父親／母親）的支持有關。

釐清這種三角關係的第一步，便是將管教孩子的責任交回其親生父母手上，並讓新配偶採中立的立場，而不是站在他／她配偶那邊對抗孩子。這樣的做法將會讓情況平靜下來，但這種平靜通常不會持續很久，除非再婚夫妻能在他們之間的偽互動上做工，兩人可以允許差異、表達不同意見、解決分歧，也允許孩子可以和他／她的親生父母維繫關係，親子雙方的互動不會每一次都自動包含現任配偶。最後，要處理的是結束與前配偶的戰爭，讓情感層面完全離婚，否則因孩子引發的緊張衝突將會一直持續下去。

賴瑞和南希・拉斯克（圖8.8）前來尋求治療協助，是為了處理賴瑞兒子路易斯（十四歲）的問題。夫妻倆結婚一年，這段期間，路易斯和他的母親莎拉同住，周末拜訪賴瑞和南希。南希第一段婚姻所生的女兒琳達（九歲）和夫妻倆同住。南希的第一任丈夫巴德，在琳達五歲時因癌症過世。拉斯克夫婦表示，他們的婚姻極度和諧，琳達是個聰明、歡樂和宜人的小孩，與她母親和繼父賴瑞的關係非常好。反觀路易斯，似乎變得「非常搗亂」。他學校的成績嚴重下滑、周末拜訪時變得髒亂及退縮、無止境地引發和琳達之間的爭鬥、拒絕南希簡單要求的指令，如撿起他的東西。由於路易斯的母親莎拉是個「不平衡的人」，並會利用一切機會「騷擾」他們，所以他們結論路易斯也變得「有精神狀況」。

賴瑞的工作時間很長，讓南希一個人打理家務和管教孩子。賴瑞描述南希面對這樣的情況是愉悅的，且對待兩個孩子是沒有差別的。南希同意這樣的說法，並說她愛路易斯「如同他是她自己的孩子」，並完全地付出她自己，致力於她「四口之家」的福利。她盡力表現對莎拉有禮貌，但發現莎拉的粗魯和思想正在殘害路易斯，不僅對待他的方式不一致，還有當她去約會時，偶爾會獨留路易斯一人在家。路易斯則說，賴瑞和南希兩人都「恨」她

圖8.8　拉斯克家庭

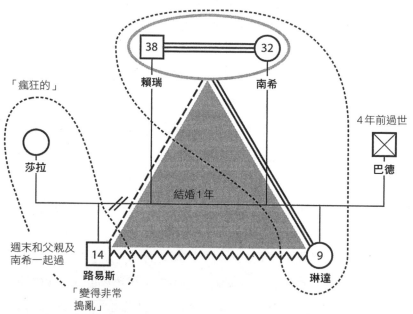

的母親，他無法忍受他們對她說話的方式。他表示他母親會打電話給他，關心他好不好，因為她知道他父親把所有的一切都給「那個女人」。治療中，賴瑞同意成為學校的主要聯繫人，並在路易斯周末探訪他的再婚家庭期間，負起完全看管路易斯行為的責任，同時我們也鼓勵賴瑞偶爾單獨帶路易斯去走走。

　　許多的鼓勵之後，賴瑞承認他和他的新妻子對如何教養兒子有不同的想法，但是他不想跟她爭論，畢竟她做得很不錯了。南希最後也承認，當一個陌生人的兼職媽媽其實是難的。我們鼓勵她重新思考她的角色，因為路易斯已經有媽媽了。當路易斯的行為有所改進後，夫妻倆同意著手努力他們和「瘋狂」莎拉的關係。當他們停止他們那一方的爭鬥時，莎拉「瘋狂」的行為也減少了，即使賴瑞還是不願意去解決他和前妻之間的舊問題。倒是南希做了相當多的努力，處理她對第一任丈夫的哀悼，並且她首次能夠開始跟女

兒分享她父親的事，也與女兒分享舊相冊。她說這項工作使她更容易享受她的第二個家庭，而不是努力讓大家開心。

❖ 再婚夫婦因他們其中一人的孩子而衝突

這樣的三角關係（繼母、父親和他的小孩）雖然並不是常見的家庭組合，但問題卻是最大的，因為繼母可能會被期待在同住之繼子女生命中扮演核心的角色。如果繼母之前從未結過婚，孩子的母親依然在世，且和前夫的關係不甚理想，這幾乎是不太可能處理的情況。這樣的三角關係通常涉及我們所謂的守門員干預（gatekeeper intervention）。 這個做法的設計是讓親生父母擔任守門員，負責在系統中，為新配偶騰出空間。當有繼母出現時，父親需要送出兩個訊息給他的孩子：第一，他們需要對他的妻子（不是他們的「母親」或「繼母」）有禮貌；其次，他們要向他回報（answering to）。這樣的訊息是要傳遞給孩子知道，他們並沒有失去父母雙方，他們還有一個需要面對。

我們一開始原則上是將繼母放在一個「度假」的狀態。應該幫助繼母退縮足夠長的時間，讓她與丈夫重新協調她在現實生活中可能扮演什麼樣的角色。也就是說父親要積極參與制定和執行任何協議的規定，不是讓繼母和孩子們自己解決。當他們周遭的家庭生活井然有序後，先生則必須與前妻建立合作父母的關係，否則他們之間的衝突會讓孩子再度爆發，不可避免地又捲入他的新任妻子。如果第一任妻子過世，他則可能需要完成他的哀悼歷程，並幫助他的孩子這樣做，不僅讓過去的過去，也不是讓他的第二任妻子成為第一任妻子的差勁替補員。

辛蒂和伯特‧查普曼（圖8.9）因瀕臨離婚邊緣而前來接受婚姻治療。伯特的前妻桑婭在他們女兒三和四歲時，因癌症過世。一年後，他和辛蒂結婚，辛蒂搬進這個由桑婭所布置之精緻品味的家。雖然住在這個處處可見桑婭影子的家並不容易，但是辛蒂合理化地對自己說，重新布置是種浪費，並要求自己去融入及適應。當伯特說明女孩們的作息時，她仔細凝聽著，並

圖8.9　查普曼家庭

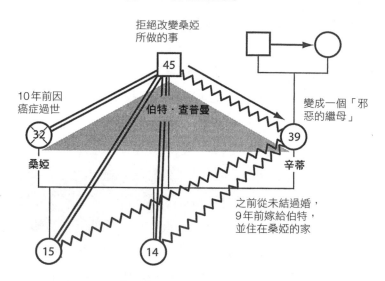

拒絕改變桑婭
所做的事

45

10年前因
癌症過世

伯特·查普曼

變成一個「邪
惡的繼母」

32

桑婭

39

辛蒂

之前從未結過婚，
9年前嫁給伯特，
並住在桑婭的家

15　　14

努力讓她們的生活維持和以往一樣。隨著時間的流逝，伯特的每個批評都以「桑婭是這麼做的」來開場，辛蒂的神經開始磨損。用她形容自己的話說，她變成了一個「邪惡的繼母」。她對女孩們和伯特吼叫後，他們彼此眼神交會，相互咬耳朵談論她。有一次，她威脅要重新裝飾這個家，但因為伯特憤怒的臉色而放棄。現在，兩個女孩進入青春期了，對她也越來越不禮貌，而伯特大多數時間是退縮和憂鬱，辛蒂想，或許她必須承認這個婚姻是失敗的並離開。

　　治療的第一個轉圜點發生在伯特意識到，當他正經歷失去第一任妻子的失落悲傷，以及擔心他孩子的福祉時，他和女兒們所編織出之緊密的喪親系統裡，他從來沒有真正地為辛蒂創造出她所屬的空間。他不但從來沒有支持她教養的權威，還加入女兒們的叛逆，對抗辛蒂。他現在願意負起教養女兒行為的責任，同時堅持她們要對辛蒂有禮貌。

　　隨著伯特和辛蒂關係的改善，伯特重新找到在女兒生命中扮演關鍵角色的平衡，女孩們對辛蒂的態度變得比較有禮貌，即使不是溫暖或友善。然後治療的焦點轉而放在伯特和兩個女兒之未完成的失落悲傷歷程。治療中，他

們去桑婭的墓前幾次，第三次探訪時，伯特甚至邀請辛蒂加入他們。自此，辛蒂開始重新布置家裡，掛上桑婭和她的照片，還有伯特和其他家庭成員的照片。這段期間，辛蒂則是在她的原生家庭關係中做工，尤其是她和她母親的關係。她母親大部分時間都在抗拒辛蒂父親「告訴她要怎麼做」的企圖。她在母親的行為裡看到了自己，於是她有自覺地讓自己在關係中能夠清晰而有彈性，這樣她就不會像母親一樣，因為母親的僵化總是困擾著她。

❖ 偽互動的再婚夫妻、他的小孩和她的小孩

　　通常這樣的三角關係呈現的是一對快樂的再婚夫妻，除了雙方的孩子不斷地彼此爭鬥之外，他們之間沒有「任何的難題」。孩子們通常透過爭鬥來解決衝突，是夫妻倆否認的，而這衝突可能發生在他們婚姻中，或是他們和前配偶的關係中。由於直接面質偽互動可能會強化抗拒，而且因為主訴問題是關於孩子們，所以先從探索涉及孩子和前配偶的三角關係開始，並著重於孩子們的福祉是明智之舉。

　　格雷格和夏綠蒂‧巴爾托斯（圖8.10）要求家庭治療，因為每當格雷格的小孩來訪時，孩子們之間的爭鬥永無止境。格雷格和夏綠蒂兩人均三十多歲，結婚不到一年。格雷格當時還在婚姻關係存續時，與夏綠蒂發展了這段外遇關係，然而他們相信這段外遇關係，他的前妻瑪希，或是他八歲和六歲的孩子是不知情的。這段外遇關係開始前的兩年，夏綠蒂已經離婚，並擁有她八歲兒子和五歲女兒的監護權。

　　夫妻倆表示，他們在面對雙方前配偶的所有議題，都給予對方充分的支持；事實是格雷格經常安排夏綠蒂的小孩和他們的親生父親見面，會安排會面這事是「因為夏綠蒂會和孩子的父親爭論，而搞得不開心」。格雷格的前妻瑪希是個「紛擾不安的人」，格雷格覺得她很難應付，所以再一次角色互換，這次由格雷格的新配偶夏綠蒂接手並主導與格雷格舊配偶瑪希的溝通和協調。夏綠蒂向格雷格保證，如果瑪希的「不理性」對他的小孩來說太擾亂且太過分，她會支持他取得監護權，並一起撫養他們和她的孩子。

圖8.10 巴爾托斯家庭

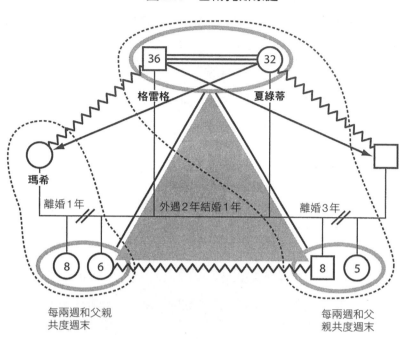

最初步的建議是，格雷格和夏綠蒂分別接手自己所須面對之各自的前配偶。兩個人都沒有覺得他們無法處理前配偶的問題和孩子們之間彼此爭鬥有關，因此，治療師花了幾次會談的時間，和他們討論離婚和再婚家庭中，孩子一般所會面臨忠誠度衝突的議題，而家庭通常需要一些時間穩定繼親家庭的重組狀況。

當格雷格接受這樣的論述時，他開始努力改善他和瑪希的關係。格雷格和夏綠蒂的偽互動的掩護，因夏綠蒂崩潰痛哭而崩解，她威脅要分開、要終止治療，或做任何可能阻止格雷格改變的事。在隨後的會談裡，她坦白自己因為外遇所引發強烈罪惡感和不安全感，她害怕她「是把格雷格從他太太身邊帶走的那個人，因此太太也會有理由把格雷格帶走」。最後，夏綠蒂承認，她努力扶養格雷格的小孩，所隱藏的動機是讓他們都減少和瑪希的接觸。隨著議題浮現檯面，格雷格和夏綠蒂更能理解治療師的建議，即他們必

須各自面對自己的前配偶和管理自己的孩子。

　　不同於以往的是，當他們開始各自更能發揮自己的功能時，雙方孩子的衝突減緩了，彼此的相處開始變得較為融洽。和前配偶的工作是激烈和困難的，在治療過程中，他們多次威脅要放棄或離婚。格雷格兩段婚姻緊連著，沒有中間的時間差，讓他對瑪希的愧疚更深，這又引發夏綠蒂的罪惡感和不安全感。唯有在他們開始在其原生家庭的層次上開始探索後，他們才理解到，並為自己第一次婚姻的失敗，負起屬於自己這部分的責任。他們覺得自己是受害者的成分少了，接著他們就能減少那種無奈胡亂湊在一起對抗「外界」的感覺。

❖ 父母親、親生子女和繼親子女

　　就前面所提的案例，三角關係呈現的形式看似簡單的家內衝突（如父母被夾在親生子女和繼子女之間），但事實上，再婚家庭內的三角關係是相當複雜的，永遠會有涉及再婚夫妻（他們可能呈現的關係狀態，不是偽互動就是衝突關係）和前配偶之間相互糾結的部分。

　　喬伊絲・葛林（圖8.11）前來諮詢，希望解決她和先生馬克之間的爭鬥，因他常常「偷偷地」藏錢給他的女兒。馬克和他的前妻楚蒂十五年前離婚後，便共同監護他們的兩個女兒。喬伊絲和馬克是在工作上認識的，當時她擔任行政助理的工作，而他是稽核員。相識前六個月，喬伊絲的先生剛因車禍突然過世，馬克則是幾個月後和楚蒂分居。

　　由於馬克擔心楚蒂的酗酒、憂鬱和不穩定的行為會讓女兒陷入危險，所以如果他可單獨監護，喬伊絲便承諾她願意放棄工作，全心照顧他的女兒，就這樣，馬克離開了楚蒂，兩人在一起。喬伊絲同意將工作變成兼職，但她無法找到方法和兩個女兒發展親近的關係，尤其是緹娜。根據喬伊絲的形容，緹娜「粗魯、傲慢、總是在她背後耍心機」。

　　馬克和喬伊絲的兒子發展出相當不錯的關係，但馬克的女兒在他們家則從不感到自在，可能在她們母親的家也是如此。塔拉離家去上大學、早婚，

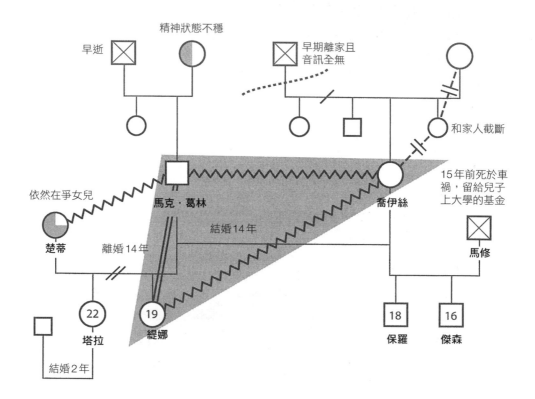

圖8.11　葛林家庭

嫁給一個輟學、從軍的人。緹娜是個好學生，規劃上所好大學。馬克被裁員，面臨經濟困難。同時，喬伊絲的大兒子保羅剛被一所好私立大學接受，因為他父親有留錢給他，所以無疑地，保羅會去上那所學校。馬克對此深感怨恨，因為他支持喬伊絲這麼多年，但現在她卻不願意分享她第一任丈夫留給她小孩的錢。對喬伊絲來說，她也覺得苦楚和心酸，因為馬克不僅讓他的女兒「把他踩在腳下」，也把她踩在腳下，他從不對她們設立界線。她不想再取悅他們、為他們做飯，或者視他們是家裡的一分子，除非他們為自己的粗魯而道歉，並且協助更多的家務。

　　十四年的婚姻，馬克和喬伊絲仍然尚未變成一家人。儘管兩人在一起的時間非常久，從小孩甫上小學就開始到現在，但是這家人從未整合，甚至從

未穩定。可能有許多因素影響他們現在所面臨的難題。兩個人的關係在喬伊絲先生過世後不久即開始，當時馬克還沒有機會解決和面對他那不快樂的婚姻和那個無法真正管教他們孩子的女人，即他的太太。馬克的父親很早就過世，他的母親則因精神疾患所苦，讓他和妹妹從小就必須自給自足。喬伊絲則來自一個有許多截斷關係的家庭，並決定她「受夠了」，要斷絕關係，尤其是和緹娜。現實生活中，她可能正痛苦地面對她的失望，因為她為了這個家犧牲自己的職業生涯，當家庭主婦照顧家，但沒想到許多年後，馬克的工作卻走下坡。同樣的事也發生在她跟前夫的關係上，前夫早年也做同樣的承諾，但接著隨之而來的卻是她悲慘和突然的失落。

　　不管夫妻倆做什麼來穩定現狀，他們都必須先回到自己內在中心，決定他們願意面對現況。馬克主要的工作是去探索他的議題和他的原生家庭議題是否有關，因此他要去探索他與失功能的母親，與他面對前妻所引發的害怕及焦慮兩者之間的關聯，而不是希望喬伊絲去做些什麼，讓他的女兒「沒問題」。喬伊絲從來沒有真正哀悼她失去第一任丈夫的失落悲傷，現在她的孩子長大了，中年的她才要面對。雖然晚了，但是她需要發展自己的職涯，而不是等待馬克變成她所期待的一個「好的供應者」。反之，她要心存感激，因為馬克為這個家所花的時間遠超過她第一任丈夫和父親。她可以開始彌補所失去的工作生活，重新擔任行政助理、上一些她喜愛的會計課程，提高她的電腦技能，跟上這個世代。

　　同時，馬克承諾他要和兩個女兒發展出較好的關係，放下他對楚蒂或喬伊絲當「一個好媽媽」應該要做的事的期待，以及伴隨這未滿足期待的挫折。他的任務是他要努力成為他所能成為的好家長，盡可能地直接跟喬依絲說他想做的事，這樣她才不會再覺得被他輕忽。至於喬伊絲的部分，最後的結論是，她第一任丈夫留給她之特定部分的錢，能夠更平均地分給全家用。馬克則承擔起更多第二輪的工作，這些工作以前是喬伊絲做的，並放下他認為喬伊絲應該支助他女兒的期待。

　　最後，夫妻倆均能讓他們的家庭整合得更好，即使以他們目前的生命週

期來看，孩子已蓄勢待發，準備離家。他們能夠做到此，是透過不同層面的努力，他們要先放下對自己角色的觀點和對彼此角色的期待，再來，他們需要增加其彈性，因應現今這個婚姻的意義，畢竟這是個關乎工作、家庭和個人可能性的複雜組合。

❖ 再婚夫妻和各自的父母親

涉及姻親的三角關係可能是主訴問題之一，和其他家庭一樣，再婚家庭中，與（外）祖父母輩的關係，是同等重要的。是故，評估必須包含這部分的探索。若老一輩不認同離婚和再婚，或者再婚前或再婚期間積極參與照顧孫子孫女，則主訴問題涉及老一輩的部分就很可能發生。

理查和凱洛·班迪克斯（圖8.12）前來進行夫妻治療時，已結婚兩年。理查四十五歲，經商，離婚後，前妻艾瑪擁有三個兒子的監護權。大兒子目前和理查的父母親同住，「因為他們所住的城鎮有所優質高中」。凱洛比理查小十五歲，這是她的第一段婚姻。

理查表示，他們主要的問題是凱洛不斷和他母親爭吵，讓他夾在中間。凱洛則說理查的母親從未接受他的離婚或他們的婚姻，也就是說，理查母親的所作所為彷彿理查的太太還是前妻艾瑪，理查的母親和艾瑪依然保持著非常親近的關係。凱洛繼續抱怨說，她還沒有去度蜜月。每周末，不管是在他們紐約的小公寓，就是理查父母親郊區的房子，她都必須全力服侍他的小孩，取悅他們。而更糟的是那郊區的房子，因婚前理查均在那和孩子共度周末，凱洛說，她的婆婆對她既冷淡又具敵意，干涉她為理查孩子所做的每一件事，不斷地談及艾瑪的孤單和經濟困境。當理查和凱洛在那過夜，他母親便會堅持小兒子和他們同睡一房，而不是「弄亂」客廳。理查期待凱洛「理解母親立意良好」，卻從來不會要他母親做這些所有的事。

因為理查和凱洛希望他們的關係持續，他們達成一項協議，即理查會說明他的新婚姻與他父母親、子女及前妻的界線，凱洛也會停止批評，也不和她婆婆爭吵。

圖8.12　班迪克斯家庭

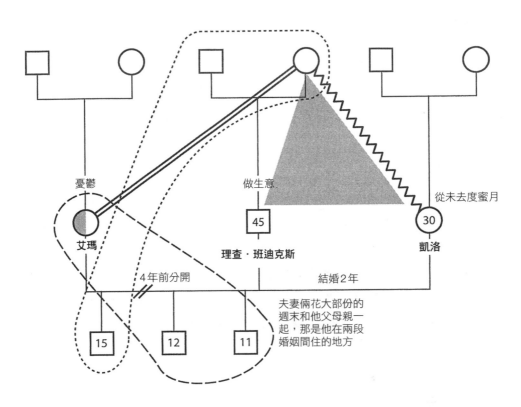

憂鬱

艾瑪

做生意

理查・班迪克斯

45

從未去度蜜月

凱洛

30

4年前分開

結婚2年

夫妻倆花大部份的
週末和他父母親一
起，那是他在兩段
婚姻間住的地方

15　　12　　11

　　一開始，理查和凱洛決定去度這個遲來的蜜月，但是他母親反對，認為他們不應該離家這樣長的時間。之後理查討價還價，其實是說比做容易。在這段他不斷重新溝通協調他的探訪時間、面對他對第一任妻子的罪惡感、重新調整他與父母親的關係的長時間中，整個系統內爆發了許多事。老二在學校的成績開始下滑，老大回去和他的前妻艾瑪住。然而，由於理查的父親心臟病發作、艾瑪因憂鬱而住院一小段時間，大兒子則必須再度變動，他搬去和理查同住。

　　伴隨每一次緊張局勢的高漲，凱洛被拉回與她婆婆的衝突之中。在她開始認真看待並處理她因結婚而逐漸疏離的原生家庭議題後，這些衝突的狀況便大大減少了。雖然凱洛對多年密集治療工作後的結果滿意，但是她說她

「老了十歲，因她與一個家庭結婚而努力，而不是一個人」。這段治療期間，治療師在會談中包括每個家庭次系統：再婚夫妻、理查和他的父母親、凱洛和她的父母親、艾瑪和小孩、艾瑪自己一人、艾瑪和她的父母親，還有一次是艾瑪、理查、凱洛、理查的母親和大兒子。

我們例行會聯繫前配偶，邀請他／她單獨來會談或與孩子一起會談，讓其知道再婚家庭因孩子的問題前來尋求協助，故請聽聽我們對此議題的看法，同時瞭解他們對情況的觀點。當我們告知家庭我們邀請前配偶的意圖時，我們經常被警告他們並不關心這種議題，且不會有任何的回應，或者認為這麼做太瘋狂。然而，我們經常在打電話時發現，對方是個關心孩子的父母，也非常願意參與會談，但同樣地，他們也會警告我們其前配偶是瘋狂的。這些配偶通常會在一次會談時，單獨會談或者和孩子一起。

離婚和再婚家庭中的典型三角關係，只是所有家庭中會發生的三角關係、衝突和關係截斷的一些例子，它是我們與家庭進行系統化工作的關鍵模式。教導個案識別自己的家系圖，有助於他們警覺三角關係，尤其是研究夫妻議題如何和他們較大的系統中互鎖糾結的三角關係有關，當然，這較大系統包括原生家庭、工作和朋友系統。

關於夫妻伴侶議題的實務問話

▶是什麼讓你們彼此相互吸引？世界上這麼多人，是什麼讓你們選擇對方當伴侶？

▶是什麼讓你們決定結婚？

▶各自的原生家庭中，是如何講述其他夫妻伴侶在一起的故事？

▶伴侶各自對婚姻潛藏的夢和恐懼是什麼？

▶什麼樣關於夫妻伴侶的訊息，是一代傳一代的？

▶夫妻伴侶決定結婚的時間點（何時相遇、愛上、決定結婚、開始同住，或開始有婚姻問題）有任何巧合嗎？

▶夫妻伴侶認為有什麼樣的未解決議題，是他們從原生家庭，或是從前段關係帶來的？

▶從戀愛到結婚，伴侶的個性有什麼改變和不同？

▶每個伴侶的原生家庭中，典型的婚姻模式是什麼：不負責任／過度負責的伴侶、競爭模式、暴君／戰斧和守衛／老鼠？火熱的敵人？馬特和傑夫＊？乃兄乃弟（Tweedledum 和 Tweedledee，意指難以區辨的兩個人）？手和手套？照顧者和病人？強迫和歇斯底里？沉默和碎念？

▶伴侶是否進入權力鬥爭的狀態？他們是迴避衝突的人嗎？是避逅相遇、萍水相逢的嗎？

▶和孩子之間有典型的三角關係嗎？和岳母或婆婆呢？工作？朋友？運動？電視或網路？

▶有典型的性別模式嗎？如：長期受苦或大嗓門、愛批評的女人？轉身離開、喝酒、吼叫，或躲在工作、電腦或電視後面的男人？沮喪的女人？衝動和令人害怕的男人？

▶有婚齡長、離婚、晚婚、再婚、快樂婚、外遇的模式嗎？

＊ Mutt and Jeff，是漫畫家比德‧費雪（Bud Fisher）在 1907 年創作的漫畫，在美國報紙長期刊登並廣泛流行，說的是兩個非常不匹配的人的互動故事。

▶有任何關於婚姻的家庭信念嗎？例如：男人是危險的？婚姻終結自由？
　唯有結婚才會快樂？

▶家庭婚禮通常是災難或是快樂的聚會？是大而奢華的嗎？私奔呢？

▶伴侶的衝突是和錢有關？還是性？孩子？休閒活動？食物？宗教信仰？
　政治？岳母或婆婆？

▶伴侶的社會階級是往上或往下？是和文化背景相似或不同的人結婚呢？

▶伴侶如何協調家中空間的使用？時間？金錢？哪裡及是否去度假？家庭
　傳統，如：假期、和大家庭、朋友、同事的關係？

▶有因為離婚、父母早逝，或者和姻親的三角關係，使得家庭樹的部分資
　訊缺失或模糊嗎？伴侶能夠有勇氣面對忠誠度的衝突、嫉妒，或忍受其
　他人覺得被背叛，只為重新再造完整的家庭嗎？

育有小孩的家庭：如何運用家庭遊戲家系圖

　　我們均必須在家庭、社區和文化的脈絡下思索關於孩子的相關議題，這就是為什麼運用家系圖進行任何的兒童評估是很自然的開始。父母親、手足、（外）祖父母和任何參與兒童發展的人都是非常重要的。

　　由於這些原因，我們的經驗法則是，若沒有父母親的同時參與，絕不開始與孩子的工作。但這或許需要其他的資源介入，因我們社會缺乏維護所有兒童的健康、福祉和教育發展的承諾，許多兒童落入社會的裂縫中。我們沒有承擔對所有兒童的照顧、教育和健康的責任，也沒有支持他們的父母親，我們這部分在世界已開發國家中可說是表現得非常搶眼。這些巨大的問題在個別家庭的心理治療中是無法解決的。但是，當兒童的發展需求未獲得支持、父母親無法提供兒童滋養、安全和鼓勵時，我們的評估至少必須要能夠反應出這些。

　　令人驚訝的是，評估和臨床實務很常忽略兒童的脈絡。近年來的診斷和治療的主要取向常是減少兒童人性面的問題，而且完全不在家庭、社區或文化等脈絡下檢視症狀。通常，兒童的評估和處遇就彷彿他們是存在真空中一般，在極少資訊或極少與家人的接觸下進行治療。

　　治療師可能從未見過父親（「他太忙了，必須工作」）。母親通常承擔這樣的行政任務，即帶小孩去治療，然而她的想法卻可能是她只要把孩子送去就好，和治療師也僅需簡短對話。這似乎是最低效能的方式，畢竟孩子的主要資源和花最多時間相處的人通常是家庭成員。幫助父母成為能更有效處理孩子議題的父母，很明顯會是一個好的實務策略。

　　如果治療師和兒童的連結比父母多，則很容易成為問題，而非解答，且形成了三角關係（圖9.1），即治療師和兒童越親近，父母親則越可能被排擠在療癒過程之外。對父母親成為孩子身心靈健康的局外人一事，從來都不是個好主意。所以，第一步從家系圖開始，提醒了我們孩子一生之中所有的關鍵人物。

　　或許，我們應該將重點放在孩子在健康發展上需要什麼，然後來思考評估和治療。如我們所知，這個基本需求並不難懂（圖9.2）。

圖9.1　當父母不屬孩子治療的一部分時，所可能出現的三角關係

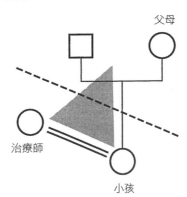

父母

治療師

小孩

　　父母親未能做到這些工作的主要原因，雖然常常是他們不清楚這些基本的需求，但真正的原因是因為他們生命的較大脈絡中，某事正干預著他們的親職能力。因此，再一次，家系圖成為關鍵工具，用來評估是什麼干預了父母親提供孩子健康發展所需的親職能力。當父母親經歷重大的壓力，或是缺乏情緒或財務資源或支持時，他們通常無法將注意力放在提供孩子發展所需上。這樣的壓力可能和貧窮或精神疾患有關，或是家庭樹傳承下來之功能不彰的模式，其涵蓋不利兒童之家庭關係的能力。我們的評估必須檢視兒童的發展需求是否被滿足；他們的家庭是否有能夠提供孩子所需的一致性、安全

圖9.2　兒童需要什麼

滋養和支持：

■為了生理、智力、情緒和屬靈的成長

■為了發展與他人的關係

■為了學習管理他們的感受和行為

■為了學習照顧自己

■為了發展自我感

■為了發展「家庭堡壘」的感覺、一致性和安全感

和滋養；以及需要擔負什麼樣資源來幫助孩子健康長大，並能夠與他人交往。

經常，來自苛刻或忽略家庭的父母親，很難將他們的孩子當作孩子來看，忘記養育孩子需要努力付出，而不是互惠關係。孩子還沒有能夠照顧自己，需仰賴成年人確保他們的安全、幫助他們成長。這種情況下的治療代表著，幫助父母看到自己孩子是誰的真實樣貌，以及解決他們自己未完成的發展需要，這樣他們就不會把不健康的模式傳到下一代。治療還需著重於保護兒童免於過度暴露在成人衝突、壓力，及他們尚未有成熟心智去因應心理或身體的問題之中。因此，評估的一個主要議題便是，是否所有的家庭成員均在他們生命週期的階段運作良好並達到發展階段的要求（McGoldrick, Garcia-Preto, & Carter, 2016）。換句話說，孩子生命中的成年人是否滿足他們的需要，而成年人的問題是否由成年人去解決，而不是被捲入成年人問題的孩子？

一個顯而易見的問題即是三角關係，父母親把孩子捲入他們的衝突中，孩子可能是當照顧者的角色，或是配偶替代者、或朋友。兒童不應該被捲入成年人的衝突中，因為那會分散孩子自身之生活階段的任務——自己的情感、智力、身體、關係和精神上的發展。

兒童問題通常以發展倒退的情況出現，如：完成如廁訓練後尿床；已經超越大發脾氣的年紀（大約兩歲）還大發脾氣；他們之前可能活潑外向，現在卻變得擔心害怕；他們可能難以與他人分享或聽從成人的指令；他們在校的行為可能出現問題，包括退縮、打架或轉移他人手中工作的注意力。是否出現身體或行為的症狀，可能取決於許多因素，如：遺傳和情境脈絡，但治療師還是要去評估孩子的環境，瞭解他／她如何回應發展和管理的症狀。

探索三角關係

在育兒階段，運用家系圖探索家庭三角關係是家庭評估和處遇最有用的工具之一。我們研究目前核心家庭和大家庭的三角關係，包括手足家庭的三角關係，以及父母成長家庭的三角關係。通常，核心家庭的三角關係反

應出世代的界線問題，即父母情感上過度涉入孩子的部分或參與不足。在此生命週期的階段，家庭發展出三角關係是非常常見的。三角關係越是干擾必要的親子之間的階級結構，即父應為父、子應為子，則這樣的三角關係越是失調。這與賦予較大孩子之合適其年齡的責任無關，如：監督和幫忙弟弟妹妹。這種監督和照顧是適當且必要的，只要這樣的要求是在較長手足可應付的範圍內，且其也能夠以同樣監督和照顧弟妹的方式監督和照顧自己。

　　一般來說，生命週期的育兒階段，便是我們所說的生命中的向心力（centripetal）時間。這段時間，因發展中的孩子之滋養、安全和一致性的需求，家庭很自然而然地向內運轉。親職要求父母親和其他人關注孩子的發展所需。其他的生命階段，如準備離家的孩子，通常被認為是離心的（centrifugal），即系統自然演化歷程是向外擴張，而不是一起動。但在早期，兒童的發展需求便會讓父母親和其他照顧者將焦點放在關注「成長中的孩子」。

　　或許，最常見的親子三角關係是包含向心母親和離心父親的組合，即與孩子關係糾結和融合的母親，加上關係疏離或截斷的父親。這樣的三角關係相當常見，因為主流文化非常支持這樣的關係組合，父親被期望是個遠端的「提供者」，母親則是孩子的「家內滋養者」。 這些模式若不再如以往般發揮其功能的話，那麼與孩子關係太緊密的母親和太疏離的父親則是不健康的親子三角關係。倘若其中一個家長（通常是父親）變得更加疏離，那麼另一個家長（通常是母親）則會變得過度涉入孩子的生命，這種不平衡雖可能使系統穩定一段時間，甚至永久，但是當其他生命週期的需求發生時，如孩子挑戰結構，準備離家，此不平衡就會出現問題。

　　根據家庭脈絡的約束、歷史和孩子的需求，育兒階段的三角關係可在向心或離心的情況下發展，也可在不均衡的一進一出形式發展。

　　當夫妻將所有精力均放在孩子身上，避免面對他們自身關係，其所形成之常見的三角關係如圖9.3所示。在糾結家庭模式中，這樣的關係通常源於一開始對孩子愛的關注，到最後的過度關注。孩子隨著成長，需要更多的自

圖9.3　向心三角關係

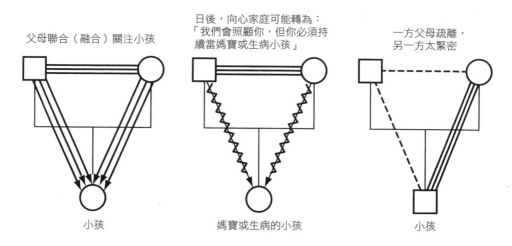

父母聯合（融合）關注小孩

日後，向心家庭可能轉為：
「我們會照顧你，但你必須持續當媽寶或生病小孩」

一方父母疏離，另一方太緊密

小孩　　　　　　媽寶或生病的小孩　　　　　　小孩

主權，且擴展與他人的關係，然而這樣的三角關係可能演變成父母親緊抓著孩子，而孩子用生病或失功能來維繫父母的關注。

　　在向心的三角關係中，父母親若過度投入孩子的發展，那麼孩子的需求則可能成為父母親關注的主體或唯一焦點，或者孩子成為完成父母志願的替代者。如果父母親之間的衝突是開放的，這對孩子來說，看到父母衝突是痛苦的。倘若父母其中一人試圖拉攏孩子，讓孩子來照顧他或她，那麼世代間的界線便會被破壞，增加失功能的可能性。換句話說，孩子可能成為將父母綁在一起的「媽寶」或「問題」。

　　另一方面，離心三角關係（圖9.4）發生在父母彼此的關係不是過度涉入就是相互融合，他們共同將注意力放在孩子身上。另一個情況是父母雙方處於嚴重衝突中，忽視孩子的需求——參與孩子的發展不足。於是，有時造就了老大接管家庭的脈絡背景發生，即基本上老大在沒有成年人監督的情況下撫養弟妹。其他時候，如果孩子因父母不關注他們的需要而受到虐待和（或）忽略，他們就會開始出現非行行為或退縮。他們可能會尋求外界來關注他們的困境，試圖讓某人注意到他們的「危急」。的確，非常常見的是孩子的徵狀向整個系統發出求救訊號，孩子成為家庭情況的氣壓計，他們的行

圖9.4　離心三角關係

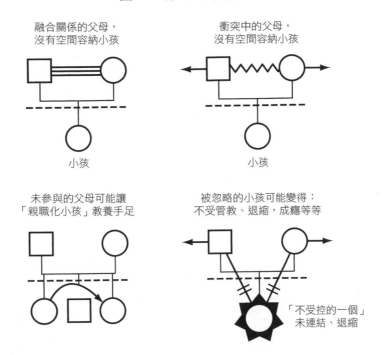

融合關係的父母，
沒有空間容納小孩

衝突中的父母，
沒有空間容納小孩

小孩　　　　　　　　　　小孩

未參與的父母可能讓
「親職化小孩」教養手足

被忽略的小孩可能變得：
不受管教、退縮，成癮等等

「不受控的一個」
未連結、退縮

為向較大的脈絡傳遞訊息，告知外界他們需要更多的支持或關注。

　　圖9.5呈現出孩子被捲入家庭三角關係的各種方式。三角關係發生在手足衝突反應出父母親逃避的問題，或者孩子受父母所託達成成就或出現非行行為之處。一個孩子可能成為父母一方的配偶替身或伴侶，因該方父母覺得被另一方遺棄。有時，孩子會成為父母間衝突的調停者。或者，尤其是當父母一方是疏離，另一方是功能不彰的狀態時，孩子的行為舉止實際上便可能開始做父母的父母，告訴她或他要做什麼（這對青少年來說相當常見。他們之所以如此做，除了是他們努力成長的一部分，還有他們透過當父母重新定義親子關係）。其他時候，一個孩子會透過行動向父母一方展現出另一方父母正在逃避的隱密問題。例如，如果父母A受到父母B的威逼，孩子可能會開始挑釁父母B，代替父母A挑戰其不敢表達的實際議題。

　　另一種三角關係（常見於單親家庭或三代同堂的家庭）是孩子和（外）

圖9.5 父母／小孩的三角關係

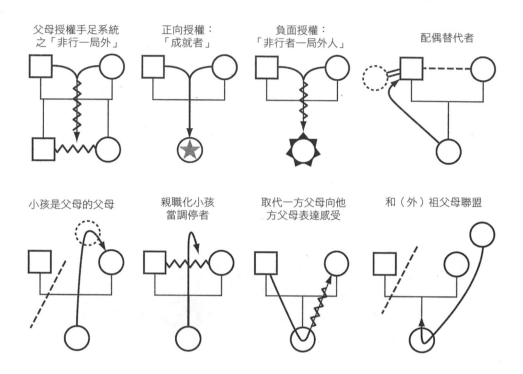

祖父母的關係，比他們和父母親的關係更加緊密，於是乎，父母親成為系統的局外人。這樣的模式尤其會發生在青少年父母和他們的爸媽一起扶養他們的孩子。這種情況下，青少年父母很可能還是他們爸媽的小孩，而不是他們小孩的爸媽。青少年父母的行為舉止對小孩而言，比較像手足，而不是爸媽。這樣的三角關係也可能發生在單親父母帶著他或她的孩子，返家和父母同住。

當孩子被另個家長角色的人（如外婆對母親）捲入三角關係中，孩子很容易和「好」的外婆聯盟，對抗「壞的」或「不稱職」的母親。在這種情況下，我們的工作都會是幫忙緩解衝突、打開所有溝通的管道，並試著幫助家庭設法將孩子移出任何不洽當的過度反應或三角化情況中。但唯有在整體家系圖的脈絡下去探索三角關係，這樣的處遇才會有如此成效。我們還必須謹

防讓孩子承擔去三角化的「工作」，這不是他們的工作，這是大人的工作，但大人通常需要我們的幫助。所以我們要很努力地將孩子排除在談話之中，施壓給大人，要他們把彼此之間的事管理好，這樣他們才能當合作父母，共同撫養孩子，而不是把孩子當成大人的代替者。

我們的臨床實務工作幫助家庭看到這些卡住的模式，開啟溝通渠道，他們為兒童創造一個安全和穩定的發展結構，讓孩子能夠獲得所有成年人的支持，成長所需的安全和健康能夠獲得滋養。我們所描述的所有三角關係模式都會導致融合和疏離或截斷的問題。治療基本上會涉及幫助家庭成員去除三角化關係，使所有的家長和孩子都能夠適當地彼此連結。

關於三角關係，要記住的一個重點是，不見得所有的事都是眼見為憑。可能有被隱藏的三角關係。父母親可能表現出彷彿他們同意這樣的說法，但其實可能需要一段時間，他們才會意識到父母與子女之間存有隱藏的分歧和秘密聯盟。變相的三角形是最有問題的，其造成家庭功能失調的影響最大。如果一個孩子與其中一位父母的聯盟必須是秘密，且不能被承認，那麼這個孩子就會陷入一種有嚴重功能失調的隱密關係之中。

其他家庭（圖9.6）可能埋藏一個秘密，就如第七章提到的利維家庭，外公死後不久即出生的老大，基本上在一個變相的情感契約中獻給了外婆。本來應有的狀況應是外婆住樓上，不干預親子關係。然而，把第一個兒子漢克「給了」外婆，等於把他排除於核心家庭之外。核心家庭變成非常「融合」（fused）的四人。

排除在外的漢克，如同是「壞人」，倘若家庭直到孩子成年都沒有看出這樣的模式，他們就會持續認為漢克只是個「壞胚子」。我們需要探索上一代的關係，瞭解發生了什麼事情，讓父母親將漢克獻給外婆，把他排除在「樓下」的家庭之外。我們要問的問題包括：外公是個什麼樣的人？以前有把孩子送人的情況嗎？母親與她母親的關係到底出了什麼問題，以至於她願意支持她，卻不是以更包容的方式讓她參與家庭？父親自身的家庭歷史有什麼可能導致他參與這樣的安排？父母親的手足模式中，是什麼讓他們允許老

圖9.6　利維家的三角關係

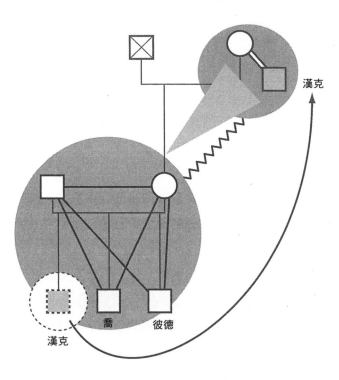

么把大哥逐出手足關係？關鍵是我們都需要看看較大的脈絡，理解出現在我
們眼前的三角關係。

　　在大多數核心家庭中所看到的三角關係都反映了大家庭中的類似模式。
我們只能透過探索更大的脈絡來理解這些關係。如果父母雙方成長的家庭，
有一個過度涉入的母親和缺席的父親，他們可能認為這樣的模式是正常的。
或者，另一方面，他們會特別迫切地想改變這個模式，卻妨礙情感迴路。

　　在一個父親為了糾正十二歲兒子而變為虐待的家庭中，我們發現他四十
歲的弟弟從未離家，仍然受父母照顧。這個父親看到了此病態的模式在自己
家庭中演變的歷程，便下決心不讓這樣的事情再度發生。對母親來說，她知
道驅動她丈夫行為的驅力是什麼，但她來自一個母親從未反駁父親行為的家
庭，她落入一個接受丈夫行為是正常的狀態。治療涉及父母雙方挑戰伴隨他

們成長的刻板印象，與彼此和與兒子所建立的假模式。

家系圖是所有評估的重要部分。我們必須檢視個人的發展、家庭模式和社會脈絡，看看需要什麼樣的處遇。兒童可能有一些需求，而需要更多的耐心或注意力或實質的資源，但這些可能超過父母能力所及。任何評估都需要考慮到孩子自身的能力、家庭中其他孩子的能力，以及父母提供兒童所需的能力。父母的能力包括必要時提供孩子額外的支持。治療成為促使家庭利用可能所需的任何其他社區資源，提供孩子成長所需的滋養和支持，協助孩子充分發展潛能。父母不能因為無法提供他們孩子所需的所有一切而受到指責。任何時候當孩子有特殊需要時，外部資源和喘息服務對父母扶養他們孩子長大是相當重要的。

兒時和青少年時期的手足：同盟、三角關係和截斷連結

一旦父母有了第二個孩子，隨著父母親、大家庭和每一個孩子的關係，以及孩子彼此之間所發展出來的關係，我們必須考慮更複雜的模式。事實上，手足一般來說是我們一生中最長的關係。我們處理孩子的議題時，必須去探索他們的手足模式，正如治療中若我們和孩子會談而不認識他們的父母親，則此治療是沒有任何意義的。

當我們探索家庭的三角關係，就如我們討論過的艾麗莎‧巴爾哈的家庭般（圖6.7，參見第191頁），我們要看的是互鎖的三角關係，即每個在此種三角關係中的孩子都在家庭扮演著不同的角色。常見的手足三角關係（圖9.7）包括兩個手足聯合對抗變成代罪羔羊的第三個手足。但也有可能第三個手足是最年輕、或是功能失調的那個，於是其他兩個手足樂於一起保護他或她。其他常見的手足三角關係涉及的是父母親與「好」孩子和「壞」孩子之間，父母間的問題因為各自與一個孩子聯盟而被轉移，孩子自身的關係則因父母親的需求被犧牲了，而父母親自身解決他／她與另個孩子議題的能力也在過程中被犧牲了。

下一章，我們會針對成人手足關係有更多的討論，因為這些關係往往遵

圖9.7　常見的手足三角關係

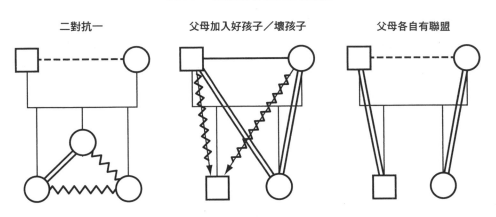

循常見的童年模式。當一個孩子成為被認定的病人（identified patient）時，治療師應小心不要忽略手足關係。我們必須自問，孩子的特有標籤是如何影響手足模式？再者，當孩子被標籤為「家庭問題」或是過度負起照顧手足之責時，這孩子在她／他和手足的連結上又要付出什麼樣的代價呢？

　　這些和所有三角關係之所以複雜，是它們可能是隱蔽的，且不為家庭所公開承認。我們知道，當關係不被公開承認時，家庭功能失調的可能性則會大大增加。因此，如果一個孩子與父母一人秘密地結盟，孩子可能要付出極高的代價。當雙方父母都各自與一個以上的子女發展出秘密結盟時，那麼所有手足都將處於嚴重的危難中。

　　一般來說，關乎手足模式（以及親職和其他模式）的系統化假設是，無論人們成長的模式是什麼，都會是他們最熟悉的模式，且所有一切均平等，他們最感相處自在的則是成年人。人們在家中沒有經驗到的模式，則必須重新學習，因為他們發展出超越他們原生家庭的關係。

　　許多因素影響手足關係（見圖9.8），我們應該仔細探討它們，並就父母親自身的背景、主訴問題及隱藏的三角關係相較而言，手足間既定排行的影響為何。

　　一般認為，手足年齡差距超過四至六歲的孩子，成長歷程比較像獨生子

女，反而不像是有手足的孩子，但若大家庭中有某些特殊情況會拉近手足間的關係，則又另當別論。

終極的手足關係是同卵雙胞胎。除此之外，普遍認為孩子的年齡差越小，特別是同性別時，他們的關係可能越是親近的，甚至被視為「雙胞胎」——雖然不總是都這樣。當一個孩子有其獨特的能力或障礙時，或是前幾代的家庭模式傳下來影響到孩子的手足模式時，我們會從常見之預期的模式中看到差異。

對於特定出生序的孩子來說，可能有某些更典型的特定行為模式。老大因為他或她成長過程中，可能需要領導、監督和教導弟妹，更可能成為領導者。老么比較可能會被視為「媽寶」，具有更多自由去探索藝術，或因其成長經驗處於非領導的角色，並假設其他人會做必要的組織管理。排行中間的孩子通常是調解員，但也可能變得叛逆或迷失，因為已有人擔任領導或寶貝的角色，反覺得自己無法找到任何角色去扮演。

許多因素與這些一般模式相互作用，這些模式基於手足在家中的年齡、

圖9.8　影響手足排列的議題

■性別
■手足間年齡的差距
■每個孩子的氣質和內在特質：性取向、運動、智力、藝術，以及社會能力和障礙
■家庭的文化、種族、族群和社會地位
■每個孩子在家庭系統中出生的時間點（特別是在失落、遷移或經濟環境變化的時期，而在更大如政治或經濟動盪時期的社會和歷史脈絡下，如越戰、民權運動、經濟衰退或蕭條）
■每個孩子的手足排行位置相較其父母親各自的手足排行位置和原生家庭狀況

性別和社會角色期望所具有的特定功能。由於孩子可能因其自身的天生的能力或障礙，無法符合這些角色期待。或者，如果一個孩子看起來特別像某個特定的親戚，或者他／她在家庭歷史中某特定的壓力點或成功、失落之特定時刻下出生，則可能會發展出其他特質反應其出生時的情況。

一般來說，我們的手足是我們最早的同儕經驗，我們如何與其他同儕連結的雛形。如果一個男孩只有和兄弟一起長大的經驗，他可能不太瞭解女孩子喜歡怎麼樣的親密。一個只有姊妹的女孩可能會有相似的情況，對男孩子並不熟悉，除非她有親近的堂兄弟或表兄弟參與她的成長。概括來說，比起有手足的孩子，獨生子女和父母親的連結更多，自己一人比較自在。

我們的社會，就像大多數的社會一樣，偏愛兒子多些，給予他們特權，所以一般來說，女兒都會被期待多承擔一些照顧的工作。兒子多半被期待在家庭中扮演「男人」或「王子」的刻板角色，但處在相同位置的女兒卻不會得到同樣的認同。因此，雖然姊妹們從小被教導要服從、接受現狀，不要做出「非淑女」的行為，但是若她們覺得被忽略或不被感激，常出現的便是家中的姊妹和兄弟間發展出三角關係。通常她們的這些憤怒會在後期才會出現。事實上，在童年時期，男孩比女孩更容易被標籤為「問題」，送去接受治療。無論如何，我們都會希望能夠評估和探索孩子和他們手足之間的關係，以及每個孩子與父母親各自的態度和關係。

俗話說，每個手足其實都是在不同的家庭中長大，這道理對處在很多壓力的家庭來說，尤為是真。高壓的家庭裡，孩子常需要應付父母行為多變，甚至關於財務困難或情緒困難的外部壓力。

父母親可能對特定的孩子有其獨特的規劃，例如，不管孩子在家庭中的排行為何，期望他／她成為負責任的孩子或當個媽寶。長得像某個家庭成員的孩子可能會被期待就像那個成員，或者扮演那個成員在家中的角色。孩子的氣質也可能不符其排行位置。這或許能解釋為什麼有些孩子努力地勇敢反抗家庭的期望——老大拒絕承擔照顧者的責任，或忍受家中的標準——或者努力成為領導者的老么。在某些家庭裡，最樂於承擔責任的那個孩子——

不一定是老大——會成為領導者。父母親自己的手足經驗也會影響他們的孩子。但是，某些典型模式的出現則常反映在每個孩子的出生順序上。

　　當一名孩子患有嚴重障礙時，複雜程度則會增加，因其勢必會消耗家庭的能量，還可能導致其他兄弟姊妹感到被忽視，或不得不承擔照顧的角色，也因承擔，他們自身需求的滿足某程度也會被剝奪。更長遠的問題是，如果障礙是終身的，手足成長過程都會意識到父母離開後，他們將從父母親那繼承照顧之責。這些問題或許會帶出家庭優勢，或者施予系統過多的壓力，導致衝突和關係截斷。

　　在我們看來，以生命週期來看，照顧面向總是至關重要，如同第一次評估孩子的問題時，我們會探索家系圖。就像親職是持續不間斷的承諾，手足關係也是。確實，研究指出手足關係是我們一生中保護最多的關係之一（Vaillant, 1977, 2012），也是我們的臨床實務工作中最應關注的一個關係（McGoldrick & Watson, 2016）。

評估與參與

　　孩子們可能因為太多成人談話而感到無聊，故治療需要更多考量孩子能力的限制，如乖乖坐著和口語溝通，然後進行修正。孩子（至少五歲以上）通常對第一次家系圖的訪談感到興趣，因為他們從未聽過父母親談論過家庭歷史的許多層面，例如他們小時候如何被管教、他們或他們手足（叔伯、姑姑、阿姨）小時候有過什麼問題。

　　但比起口頭談話，孩子們通常在他們的藝術作品中透露更多。因此，如果臨床實務工作者對這樣的工作取向感到自在的話，家庭可以使用各種個人和團體的照片，以更適合孩子的方式表達他們的問題。兒童繪畫可能特別有用。當孩子必須溝通時，比起口語，戲劇和繪畫讓他們更加靈活。他們可以透過照片或其他遊戲活動，呈現他們痛苦的來源，以及他們認為什麼會使家裡更好。

家庭遊戲家系圖：玩與說

　　在家族治療中，家庭遊戲家系圖是和孩子互動並瞭解家庭關係的動態和歷史最有效的方式（可至www.psycho therapy.net/McGoldrick觀看家庭遊戲家系圖的片段；或至我們的網站www.MulticulturalFamily.org購買完整的影片）。每當我們評估一個家庭，特別是有青春前期孩子的家庭，我們都會涵蓋家庭遊戲家系圖。這個活動至少需要四十五分鐘，取決於家庭的大小和他們多愛說話。它需要存放所有類型的小型物件──人物、動物、娃娃屋等類型的物件，以及各種貯藏車輛的地方（可能相當於滿滿的一桶），這些物件都很容易在玩具店找到。任何與孩子一起工作的人都可能有各式各樣的遊戲物件，我們都知道，孩子們喜愛玩，而玩是最好表達自己方式的媒介。

　　我們首先會在一大張紙（三英尺乘三英尺）上進行家庭家系圖，這張紙大到足以讓家庭成員選擇小型物件來代表每個家庭成員。我們會和家庭一起繪製三代的家系圖，若是我們已經有了家系圖的資訊，我們就可以提早做，然後和家庭討論，確保每個人都可正確地在紙上顯示，以及家系圖包括所有實質上、法律上和情感上的重要他人。我們會確保寵物也包括在內。如果是處於很多壓力下的孩子和沒有資源的家庭，我們會特別要他們也包括他們的朋友和非正式的親友網絡。青少年都會需要他們的朋友被包括在內，而單親家長也需要他們的友誼和工作資源。

　　然後我們要每個人選擇一個物件來代表家庭中的每個人，包括他們自己。我們也會確保他們為寵物和朋友選擇代表的小物件。朋友對於青少年來說尤其重要，因為他們經常體驗到同儕是保護他們免受家庭問題的人。但是，如同再婚或多核心家庭，當家庭經歷離婚或重組時，加入朋友也是非常重要的。一旦所有的物件都選完並放置在紙上，每個家庭成員都會與其他人分享他們所做的選擇。我們或許最後會詢問他們，對自己或他人所做出的選擇是否有感到驚訝。我們通常除了自己會拍照，也會讓家庭拍他們所創作出來的家系圖。

我們經常會有額外的工作，例如要求家庭成員進行第二輪的選擇，來呈現家庭成員的關係或特定成員的關係，此端看家庭如何決定他們的議題。例如，單親母親和女兒之間的衝突，我們可能會特別顯示母親和女兒的關係。在其他情況下，我們可能僅顯示親子關係或手足關係，以獲得更多特定家庭模式的細節。我們也可能讓家庭成員選擇物件，來代表自己不同的面向：最好的自我、最壞的自我、期待成為的自我等等。或者，我們可能會讓他們描繪他們最壞時期的關係，然後再描述想要的關係。

家庭遊戲家系圖可能是最迅速瞭解家庭如何運作以及誰是系統中關係人的方式。我們很少在評估中包括三歲或四歲以下的孩子，因為他們一般來說無法具意義性地參與家庭活動。非常小的孩子通常因為需要被注意，所以往往很難一起工作，但讓他們出席會談有其非常重要的價值。會談中，我們可評估他們的行為或發展程度，或確定成人與孩子連結或安排孩子的能力。

但是，對三歲或四歲以上的孩子來說，遊戲家系圖是讓他們與家人連結的極佳方式。如果孩子被迫與成年人坐在一起談話，他們可能會感到不安或負面，但如果能夠讓他們結合玩和談話，說明自己的家庭經歷，他們可以既專注又主動。此外，遊戲家系圖使孩子處於優勢，因為他們需要成年人移到孩子的程度來玩，而不是強迫孩子們以成年人普遍要求的結構化方式來表現，即孩子被迫必須坐下來參與加成人的對話。

此外，小物件似乎可觸發家庭成員的幽默，這在家庭遇到難題，並因問題前來治療時，往往不常立即看到。這些小遊戲物品所象徵的意義似乎能讓家庭成員感到自由，無論是成年人還是孩子，都能夠在情感層面上傳達更多關於家庭成員的訊息，而不是只回答如「你父親是個什麼樣的人」這樣的問題。

與孩子一起創建家庭遊戲家系圖也可以深切洞悉家庭如何運作。孩子往往有非常多的創造力來想像家庭成員，甚至有一些他們從未認識的家庭成員。他們或許能提出關於家庭模式和家庭卡住方式的深切見解。

在一個法庭要求的家庭評估中，父親被指控兒童性虐待，母親則被指控

身體虐待。父母已經離婚了，但兩人的戰爭持續在法庭上進行著。五歲和四歲的女兒能夠提供詳細關於她們同母異父或同父異母的手足、繼親手足的圖像，而他們從不被允許見到這些手足。兩個女孩還費心詳盡創造他們從未謀面、在希臘生活的阿姨和叔叔的圖像。家庭遊戲家系圖讓我們能夠評估他們在每個家庭裡的關係，並向法庭提出強有力的建議，讓孩子們可以有更多的方式和他們渴望認識的家庭成員互動。

在青少年面前，引導單親家長幾乎是不可能的事。家長通常會以確保「規範」來開頭，若您在青少年面前提供單親家長建議，則家長可能會覺得沒面子。青少年需要控制，但不再能夠用限縮環境，或甚至規範、家務和後果的主張來管教他們。在這種脈絡下，建立一個自由放養的家庭治療會談通常只是找自己麻煩。相反的，我們通常會分別與父母和青少年工作，當父母能夠有良好的自我控制，並準備與青少年訂定計劃時，我們才會讓他們一起為家庭制定規則。會談前，大部分我們和父母工作的重點則是討論孩子可能會有的即時反應，並計劃如何因應。

在一個掙扎的非裔美國人家庭中，當大女兒進入青春期後，母親和她便陷入衝突之中，無法自拔。我們擔心，讓她們針對彼此之間的問題進行口頭討論，將導致青少女更火冒三丈，對抗母親排山倒海想控制她的企圖，並揚言她（母親）永遠不會贏。

因此，在這案例中，我們決定透過家庭遊戲家系圖來架構對話，讓母親和女兒都能在這更廣泛的網絡中，欣賞她們所擁有的許多資源，這些網絡的支持幫助她們看到，其實在這更大的家庭中，她們比自己所想的更站在同一陣線上。女兒能夠在家系圖呈現許多她的朋友，添加許多幫助她因應母親的資源。對青少年來說，能夠有朋友的支持總是重要的。在這案例中，母親和女兒能夠分享她們對許多其他家庭成員的感受，然後才直接面對她們之間的關係。在她們周圍添加家系圖成員（阿姨、外婆、外曾祖母、手足和姻親），讓她們能夠在較大家庭脈絡中檢視她們之間的衝突，而她們所分享關於大家庭的事遠多於她們談論彼此之間的衝突。

　　另一個法院轉介的家庭，報告說一位母親情緒失控的當下，孩子在她身邊。父母親在管教三名青春期子女（十六歲、十四歲和十二歲）和一名四歲的孩子時，感受到無比的壓力，不知所措。特別是這時期的兩個大女兒正需要密切監督時，身為單親的父親掙扎著，不知如何管教她們。他聲稱他沒有家庭的支持，且當他不得不為工作離開城鎮時，他請不起保姆。大姊和母親之間的波動源於她控制不了她們，而孩子也不能由她單獨照顧。父親在接下來的幾個星期，要出差四天。我問他，是否有任何一個家庭成員可以幫他，他說沒有。然後我記得他在家庭遊戲家系圖中曾用一個修女的雕像物件來代表他的姊姊，他稱她為「超級媽媽」，總是在管理他們家庭。即使她所住的地方只有一小時的車程，他從未尋求她的幫助。但是，考慮到她童年的保護形象，我鼓勵他考慮她。因為這些女孩們很顯然不能被單獨留在家裡，所以他卡住了。於是，他決定可以問問她，結果是她同意了。透過這種重新連接，他開始重新定義他的原生家庭，也開始能夠感激這個家庭比他所想的還擁有更多的資源。雖然女兒已經多年沒見過這位姑姑，但她成為家人，持續支持這位父母早逝的父親。

　　另一個哈珀家庭（圖9.9）一直受許多即時壓力和幾個長期問題所苦。來自摩爾多瓦（Moldov）、被收養的法蘭西絲，今年十五歲，她的養母麗茲被診斷出患有阿茲海默症，且該症狀可能已經發展了好幾年。法蘭西絲從她被收養後，就一直和她養母一起生活。麗茲在收養時，與蘇格蘭移民的教授喬治・格雷厄姆已交往八年，但由於他還不是公民，所以不能一同收養。喬治是個學者，從一開始就參與法蘭西絲的照顧和支持，但從未享有過監護權。他也沒設法收養法蘭西絲。

　　當法蘭西絲四歲時，麗茲和喬治分開了。當時已經成為公民的喬治自此便開始迫切要求，希望取得法蘭西絲法律父親的身分，但麗茲因她對兩人伴侶關係的挫折和沮喪，故堅絕不同意。但是，隨著法蘭西絲逐漸長大，她其實更親近喬治的蘇格蘭家庭，而不是養母的六個手足。養母的手足都住在很遠的州，即便是麗茲和法蘭西絲也都和他們不親。法蘭西絲跟養外婆的關係

図9.9　哈珀─格雷厄姆家庭

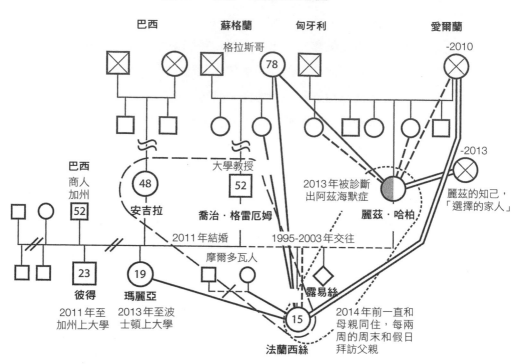

很親近，但不幸的是，養外婆三年前去世了。

　　麗茲和喬治在收養法蘭西絲後的前幾年，就曾來尋求治療。我曾經帶領他們一起探討他們伴侶間的議題一段時間，也曾在他們分居後，引領他們一段時間。 幾年後，喬治因自身的問題尋求幫助和支持，因他與麗茲交手，希望能夠合法化他和法蘭西絲的關係。他最後去了法庭，但並沒有獲得合法的親權。現在，突然之間，由於麗茲罹患阿茲海默症，他成為他女兒唯一的家長。這個女兒不僅需要面對她養母生病的危機，還要完全地搬進養父現在的再婚家庭，和他們同住。那個家是她直到現在，僅每兩個周末拜訪一次的地方而已。

　　我邀請我的同事芭芭拉‧彼得科夫（Barbara Petkov）和我一起跟這個家庭工作。我們分開及一起和養父和女兒會談，然後再一起和其他家庭成員會

談，這樣的做法是恰當的。當我們開始會談時，法蘭西絲才搬去和喬治一起住，因態勢已定，她的養母已經不能再照顧她了。

我們決定進行家庭遊戲家系圖，作為法蘭西絲和喬治開始治療的一部分，在較大家庭脈絡下標示出養父和女兒的位置。因為法蘭西絲的根在摩爾多瓦，那部分的文化是她身分的一部分。但是，她也和養母的匈牙利／愛爾蘭家庭、養父的蘇格蘭家庭有關。喬治的手足和母親住在格拉斯哥，多年來也和麗茲和法蘭西絲發展出強烈的情感連結。

過去的五年間，喬治和她的第二任妻子交往，然後結婚。現任妻子來自巴西，有兩個孩子，分別是二十三歲的彼得和十九歲的瑪麗亞。彼得在喬治和安吉拉結婚時便離家去上大學，但瑪麗亞則是和夫婦倆一起生活了兩年才離家去上大學，這兩年她也和法蘭西絲建立了關係。

我們認為繪製整個基本家庭的家系圖，對整個會談會有助益。養父和女兒都被要求選擇小物件來代表家庭成員，並跟彼此描述他們的選擇。最令人驚訝的是喬治為自己選的小物件是一個拉丁裔的街頭人物。他對此並沒有太多的看法，除了對他來說，它看起來像是一個很「酷」的人！這個人物似乎和他呈現出的保守學術很不同。法蘭西絲似乎和我們一樣，對這物件也感到驚訝，她問：「這是怎麼回事？」但喬治的反應相當冷淡。他不明白為什麼我們覺得他的選擇非常幽默。

直到兩週後，他的選擇才開始讓人覺得有道理。喬治一直非常關注法蘭西絲需要花多少精力在課業上、保持她房間的清潔，且多常洗頭髮。我們強烈地鼓勵他放掉這些憂慮。雖然法蘭西絲已經主動在學校找助教幫忙，不再面臨不及格的危機，但是她確實處於嚴重的危機中：以如此創傷的方式失去母親、突然要搬進新家，並且與她母親多年來警告之不可靠的父親同住。

最後，因為喬治仍然不放棄對法蘭西絲不及格的焦慮，所以我直接在個人會談中挑戰他，我問道：「如果她不及格了呢？她可以重讀一年啊！重點是她感受到被愛和安全感，感受到是和你、你妻子一起住在家裡的感覺，尤其她必須要認識你妻子。」

喬治聽到我們並不認為不及格是件多糟糕、可怕的事，感到很震驚，而他的震驚在意料之中。當然，他不希望她成績不及格，特別他自己是個學者，但是因為他似乎忘記了法蘭西絲正處在極大壓力的狀態下：失去她養母、搬進他和妻子已經建立好的家，且她幾乎不認識這家的女主人。不再重申我們所討論過法蘭西絲的創傷情況，我轉而問喬治，問他當他十年級時，他的生活如何。他相當怯懦地說，他因為不及格，所以不得不重讀一年。我開始笑了，並開玩笑地說：「喔！這就是啦！你十年級時因不及格而必須重讀，但現在看看你。一個成功的學者，有著穩定的職業！所以，那年紀的你，長什麼樣？」

他回答說：「我的頭髮比法蘭西絲現在的更長」「乾淨嗎？」我問，因為他非常關切他女兒的「髒」頭髮和衛生。「可能比法蘭西絲的更糟糕！」他回答道。我強烈建議，當法蘭西絲和我的合作治療師芭芭菈稍後加入我們的會談時，我們跟法蘭西絲分享他這段生命週期的訊息。法蘭西絲聽到喬治的背景和他的頭髮，感到非常驚訝！有趣的是，他的揭露似乎打破了他們之間的緊張關係。他們現在正分享的生活經驗是兩人從未察知過的。這似乎也說明了他試圖用拉丁裔街頭人物來代表自己，述說他的部分歷史，甚至是對他自己：他不是一直都看起來像他現在普遍所呈現出的「聰明樣、成功、一表人才」。但是，他花了一段時間才能讓我們清楚看到他的這一面。

我們提出第二個活動是讓喬治和法蘭西絲各自選擇物件表示彼此之間的關係，以及與麗茲的關係。這項活動使我們能夠把所有的家庭成員帶入治療室，不僅談論許多文化差異、地理和心理距離和親密度的事實，也談養母的病情和需要的照顧。除了法蘭西絲的朋友——其中有幾個是她所謂的「小組」，那些是她自四年級便在一起的特別的朋友——家系圖上的一個主要物件就是她的狗路易，只是這隻狗現在還在麗茲的家，雖然牠是法蘭西絲的狗。法蘭西絲花了很多時間為她的狗選出代表物件，最後她選了兩個，表明牠在她生活中的重要性，尤其在這個困難時期，是情感和支持的來源。

當談到描述他們關係的物件時，喬治的選擇令人吃驚。他選擇鯊魚代

表他與法蘭西絲的關係，他說他們「最近去了水族館」。至於他與麗茲的關係，他選擇了一台電腦。他為他與妻子的關係選擇了一位穿著亮麗日本服飾的女人，因為他說，她的穿衣品味很好，且打扮佳。這些物件似乎都不是關乎喬治與他生命中其他人的關係。接下來的幾個星期，我們談到他們為關係所選的物件，然後將討論擴展到他們希望今後彼此之間的關係為何。接下來的活動在家系圖工作中非常重要，即永遠都要檢視過去到現在，再到未來。活動包括：請法蘭西絲和喬治分別選擇物件，代表他們在不同時間點的關係，即法蘭西絲五歲、十歲、現在及兩年後。

　　隨著時間的進展，家庭經常會重新再進行一次家庭遊戲家系圖，並討論他們所做的改變。治療師還可以詢問這個物件要對另個物件說什麼，或者這個物件在家庭的經驗如何，或對彼此的感覺如何（Gil, 2014）。這些物件也可以以一種像生態圖的方式呈現，說明家庭成員彼此之間的關係親密和疏離的程度。這些做法不僅可帶至對關係的豐富討論，同時也讓他們保有對情感一定程度的保護，畢竟他們的體驗只是「玩」。

關於兒童議題的實務問話

▶孩子的名字怎麼取的，名字對他們和其他家庭成員的意義是什麼？

▶其他家庭成員有類似的問題嗎？如果有，家內或家外的其他人如何面對這些問題？

▶當他們當年在「問題」孩子所在的這個生命週期階段時，經驗如何？

▶「問題」孩子出生時或發展出徵狀時，家庭有經歷任何的壓力嗎？

▶這個孩子有特別像家裡的某個人嗎？如果有，這個「像」對其他家庭成員的意義是什麼？

▶有哪些人和這個孩子有特別密切的關係嗎？教父或教母、阿姨或家外人？

▶父母親或（外）祖父母同不同意處理這個孩子的方式？

▶所發生的徵狀，在家內或家外有相似嗎？

▶家庭歷史中，有採取獨特或創意方式解決問題的經驗嗎？

▶家庭歷史上的關鍵轉折點是什麼？

▶什麼是家庭成員認為的最好資源？

▶家裡以前有那些成員是父母親的親職榜樣？而這些榜樣角色會對現在的這種情況有什麼看法？

▶如果我們設想未來的家庭成員，如未出生的孩子、未來的孫子孫女、侄女和侄子，他們會希望現在的這個家庭做什麼，來解決這個問題？

運用家系圖
瞭解成人面臨
的手足議題

兄弟姊妹的關係一般來說是我們生命中最長的關係。＊父母會過世、伴侶來來去去、孩子們（通常）會長大離家，但如果我們幸運的話，我們的兄弟姊妹會依然健在。的確，比起父母親，孩子往往花更多的時間和兄弟姊妹相處。

我們的手足，特別是姊妹，通常在遺傳和脈絡上比其他任何人分享了更多的生命經歷和時間，因為姊妹往往在情感上比兄弟們更有連結，而且也更長壽。事實上，比起手足，我們可以跟離婚的配偶最後斷得更徹底，但手足卻不行（McGoldrick, 1989b）。手足關係是我們與朋友、戀人和其他同年齡的人關係建立的原型。

手足關係非常地重要，可能是我們生命中最具保護力的關係之一。一項主要的縱向的研究（Vaillant, 1977）指出，單一最佳預測六十五歲情緒健康狀況的指標即是，他或她在大學時是否有緊密的手足關係。事實證明，比起童年是否和父母親關係親近、童年情緒問題或父母離婚，該項指標更能預測人們日後的生活幸福。實際上，它甚至也比擁有成功婚姻或職業，更具有預測力。這個樣本是一群念過哈佛之位高權重的男人。這樣的預測結果對女性來說可能會更強，因為比起男性，女性更看重她們的手足關係，而對於處於社會弱勢的人來說，他們比權貴者更依賴手足（McGoldrick & Watson, 2016）。[5]

然而，臨床文獻相當忽視手足連結的重要性。手足幾乎從不被認為是臨床調查或治療的必要重點。但是，我相信如果我們將手足納入基本的假設中，我們的治療往往會進行地更好，除非我們有理由不做。如果我們一開始提出：「我們何不來個手足會談，來瞭解或幫助個案解決他們的問題呢？」比起負面、只有在特定衝突才將手足包含進來的治療師，我們可能是更有效能的治療師。

＊本章借鑒了我們所寫的文章和書籍：《姊妹》（*Sisters*, McGoldrick, 1989b），《家庭評估與會談技巧》（*Genograms: Assessment and Intervention*, McGoldrick, Gerson, & Petry, 2008），《家系圖旅程》（*The Genogram Journey*, McGoldrick, 2011）和《生命週期中的手足關係》（*Siblings through the Family Life Cycle*, McGoldrick & Watson, 2016）。

　　手足會談能夠解開個案卡住的地方，提供豐富度，瞭解個案的歷史和緩解當前的壓力。單次手足會談可能會成為成人治療中的關鍵經驗。一位把自己隔離起來的研究科學家，因為妻子對他的情感疏離感到沮喪，所以前來尋求治療。

　　我和他及其來自全國各地的三個兄弟進行聯合會談。四十多歲的三兄弟都討論到他們童年時因應母親精神疾病的不同反應，然後意識到每個兄弟都以自己的方式把自己隔離起來。每個兄弟都認為自己的問題是獨一無二的。當他們回顧生活經歷時，發現彼此的連結是多麼深切，且永都都會如此。這次的會談改變了個案和妻子的基本關係。他現在看自己是和兄弟一起走過生命經歷的男人，並感覺到更能對妻子敞開。手足會談也可以鼓勵低參與度的手足分擔照顧的責任、改變性別不平衡、解決長期的衝突和增加合作。

　　雖然當我們走過生命週期時，特別是在父母看護期間，或父母過世後，兄弟姊妹的關係可能會解體，但在我們社會中，手足關係的截斷卻是相當少見的（Cicirelli, 1985, 1995; Connidis & Kemp, 2008; Friedman, 2003; Myers, 2011; Norris & Tindale, 1994）。通常，手足也會成為日後生活的重要資源（McHale & Crouter, 2005）。

　　有鑑於手足關係的重要性及相處時間的長度，對治療師來說，重要的是盡可能地處理衝突、怨恨和截斷的議題，尤其是因為兄弟姊妹擁有彼此的歷史，對生活結構至關重要。我們應該盡一切機會協助手足發展有意義的連結，建立信任和依附關係。他們也往往是彼此歷史資訊的持有者，這些在度過關鍵生命週期時尤為重要，他們可以彼此分享故事，提醒彼此之前所發生的事，以及身為一家人對他們的意義，並可為對方做些什麼。因此，無論主訴問題是什麼，我們都會努力加強手足關係，盡可能地幫助個案克服手足關係的截斷。

　　瑪雅・安傑盧（Maya Angelou, 1981）曾經說過，人們成為兄弟姊妹不是機會。雖然人們之所以成為手足是因為擁有相同的父母和血緣，但她說：「姊妹關係和兄弟關係是人們必須付出心力去經營的。這是一個值得認真看

待的議題。你妥協、你付出、你取得、你堅定、你無情……而這就是投資。」（p.62）她的評論是個強而有力的提醒，手足關係是要經營的，在生活的許多層面都需要真正付出心力。有一些很有福分的兄弟姊妹，他們終其一生能夠是彼此最好的朋友，但這種情況似乎很少見。雖然手足關係不太會是家庭主訴的問題，但是當你探索個案的問題時，手足的疏離、衝突或甚至截斷，通常是造成憂鬱、焦慮或核心家庭衝突問題的主要因素，而這些問題帶人們來治療室。

當然，手足在童年時相處的時間越多、兄弟姊妹人數越少，他們越可能親近。但在我們這個時代，由於夫妻關係解體的頻率，手足和兒時朋友便成為我們生活中最穩定的親密關係。而且，正如上一章所討論，若手足中的一人有障礙，父母無法承擔孩子所需的照顧，手足（特別是姊妹）很可能被捲入長期照顧的責任之中，苦不是終生照顧這個有特殊需求的手足，就是另一個。無論如何，詢問和嘗試協助個案修復手足間的問題，可能是臨床實務評估和處遇最重要的工作之一。

影響手足關係的因素

許多因素影響著手足關係，如同我們在第九章和其他地方所討論和呈現的，應該在家系圖上進行探討（McGoldrick, 2011; McGoldrick, Gerson, & Petry, 2008; McGoldrick & Watson, 2016）。當你在繪製家系圖時，你會獲得關於每一世代手足模式的基本訊息（性別、年齡差距、文化、民族、種族、社會和地理位置）和每個手足的一般特徵（能力和殘疾、系統中出生的時間點）——這些都有影響。 一定要根據性別、種族或能力不平等，詢問家庭如何因應手足之不平等模式的問題，並注意家庭三角關係模式。

從我們的研究中可知，有兒子的父親比較有可能與孩子保持聯繫，又，只有女兒的父親，隨著時間，在思考性別平等議題上會變得更加民主。只有女兒的父母比較有可能促進女兒的成就、受教育和運動技能。因此，引導他們討論其成長過程中是如何受到鼓勵，則對開啟和加強家庭關係有關鍵的影

響力。

　　我們可以鼓勵家庭促進女兒發展潛力以獲得更高的成就，鼓勵兒子多發展關係和照護的部分。父母雖可能意圖良善，但傳給兒子和傳給女兒可能是非常不同的訊息。老大，尤其是長女，最有可能為破裂的關係尋求幫助。考量她們在家庭中的領導角色，她們的主動求助並不令人意外。長子通常有明確的權力感，但是長女卻很有可能對她們自己角色的責任感到矛盾和內疚（McGoldrick & Watson, 2016）。不管她們做什麼，她們經常覺得不夠，她們從不會停止照顧人、做家務。她們往往是維護網絡的人；辦感恩節、聖誕節和逾越節等節慶活動的人；照顧病人的人；當家庭成員過世，心中哀悼最多的人。她們是家庭歷程的核心，比起她們的兄弟，更常負起更多維護家庭關係的責任。

　　姊妹們不僅要負大部分的照顧責任，往往也比兄弟們分享更親密、更緊密的關係，儘管她們通常所獲得的榮耀比兄弟少。從童年起，在大多數的文化團體中，照顧手足的任務自童年起多半是派給姊姊，而兄弟們則能自由地玩耍或做其他的事。兄弟關係的特點被認定具更多的競爭、彼此較力、矛盾和嫉妒（Adams, 1968; Cicirelli, 1985, 1995），而姊妹關係的特點是更多的支持和照顧。

　　姊妹的關係，就像女性朋友的關係，相較於男人與其他男人的同儕關係，往往是不被看重的。一個女人為了想靠近她姊妹或她的朋友，不想因先生的工作而搬離開時，她可能被標籤為「糾結」或「未分化」。但是，在有丈夫前，姊妹關係就存在了，而且這份關係最可能在先生離開或過世後，持續存在到末了。強烈的姊妹感似乎加強了女人的自我意識感（Cicirelli, 1982, 1985），聚焦於手足關係的價值是女性治療工作中尤為重要的一部分。

生命週期歷程和超越的關係

　　和成年手足一起工作，我們希望幫助他們根據自己的價值觀發展自己，不受父母或其他家庭成員評價的限制。隨著孩子長大，同時受到競爭、童年

標籤和先天能力的影響，手足模式也經常受到每個手足所選的伴侶、財務，社會和地理位置影響。比起住得離原生家庭遠的人，住得最近的人比較可能會演變出不同的關係。資源較多的人可能會負起照顧父母財務的責任，而住得離父母最近的人則最可能負起父母晚年的照顧責任。

一旦父母離世，手足關係第一次變得可自由選擇。因此，有時候，那些只因父母努力聚攏家庭而被拉攏在一起的手足，因為自己並沒有努力維繫過他們的關係，隨著時間，手足關係便會疏離或截斷。有時，手足的怨恨當年為了取悅父母而被壓抑，現在則浮出檯面，長期的惡感非常難以修復。

瑪麗‧馬丁（圖10.1），一名五十歲的繪圖藝術家，是家中四個手足的老么，不僅是母親最後幾年和她最親近的孩子，也是和姊姊南希共同執行父母遺產的執行者。父母在孩子還小的時候有很多的問題。酗酒的父親會施虐，特別是對他兒子，因此兒子很早就搬離家。母親則長年受憂鬱所苦，即使非常仰賴女兒們，卻批判不斷。

瑪麗在母親去世後兩年，前來尋求協助，因為她和手足在處理尚未解決的遺產議題上衝突。她覺得她的兄姊都把她當成老么，不感激她為公平分配遺產所做的努力。她不滿姊姊不負起共同執行者的責任，就如同她在母親最後的幾年從未負起任何實質的責任一般，如今，卻還希望能平分共同執行者的利益，且在分配家庭傳家寶時，總是要選最好的。大哥馬克斯自幼首當其衝父親的憤怒多年，覺得自己被錯待，而且不滿其擔任遺產執行者的權力被否認，於是，不斷針對房產之家具和財務的處理提出異議。第三個孩子米奇有學習障礙，高中畢業後搬離西部，成為一名伐木工。家中長期涉及父母親之隱而未顯的三角關係是孩子們檯面下的「戰爭」，糖碗、爺爺的鐘和餐桌均成為爭議的焦點。

值得令人注意的是，「非理性」的三角關係如何將人鎖定所處的位置。以這個案例來看，兄弟姊妹們花他們的遺產，聘了兩名律師去爭取遺產，而律師費用不貲，每小時三百五十美金，而所爭東西的價值卻可能比他們花的律師費還少呢！這些手足三角關係最底層之根本議題幾乎都是和父母親偏愛

圖10.1　馬丁家庭

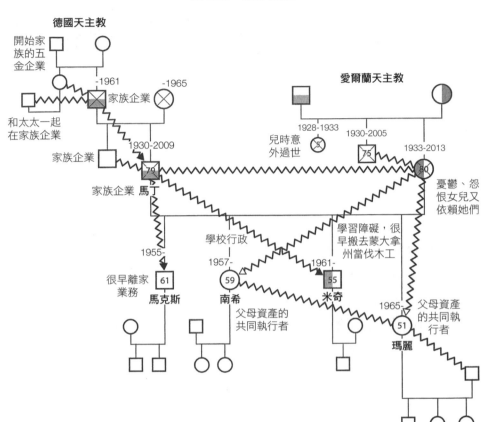

誰、為誰多做了有關。

　　瑪麗花了相當多的時間讓自己關注於她的真正目標：和她的兄姊維繫關係，以及他們所有人能夠從童年的傷口中癒合，而不是去擔心誰會得到糖碗、時鐘，或桌子。和她進行治療的工作過程中，她能夠找到方法，向兄姊表示自己看到他們童年所遭受的虐待，也幫助他們看到這不是一個誰得更多或誰有優先待遇的比賽。他們四人過往都受過傷，而現在他們已經失去了父母雙方，是往前走、試著過自己生活的時候了。

　　最初，瑪麗認為，如果她讓南希如願地平分遺產執行者的費用，南希就

「贏」了，而她就「再次失敗」，因為南希很顯然在母親過世前幾年，不僅在執行者的工作上付出較少，也沒有為母親做太多什麼。但瑪麗逐漸意識到，儘管整個家庭過去這些年經歷了這麼多的苦，但是他們財務狀況都很好。錢對她來說，並不是真正的問題。在我們這樣的物質社會中，能有這樣的洞察力實為可貴。

瑪麗決定，最重要的事是承認她和兄姊與父母一起生活過的事實，如果可能的話，隨著他們的生命往前走，她想保護彼此的關係。她各寫一封信給她的兄姊分享她的體悟，她表示他們從父母那裡所得到的經驗是錯誤的，而她想記得父母生命中的正向。以下是她寫給她大哥馬克斯的信：

親愛的馬克斯，

我近來做了許多反躬自問。我們對爺爺時鐘的討論使我意識到，我那部分的遺產中，最重要的其實是我和你所共度的美好回憶，就像有一次聖誕節前夕，你帶我坐上大雪橇，滑到米克內爾爺爺的農場。

我還記得令人很難過的事，當爸爸對你生氣時，他會打你，而我很害怕。我那時一直希望你安靜一些、不要再說話，這樣你就不會被打了。但現在我意識到，說出來是你最勇敢的自我的展現，為此，我很佩服你。我很抱歉，小時候的我不明白你經歷了什麼。在你、米奇、南希都離家後，我很想你們，但某種程度，也覺得你們都遺棄了我。現在，我意識到，這比較像是你救你自己脫離這個家庭所給的傷痛，而無關乎我。

當媽媽讓我和南希一起成為執行人時，我很高興，但現在我想想，對身為長子的你來說，當爸爸生氣地對你說你不再擁有這樣的特權時，是件多麼糟的事。你談到爺爺的鐘對你意義重大，因為你記得它曾在我們祖父母的房子裡。他們在我出生前過世了，所以我和你沒有這段共享的回憶。我很高興你為了我們家的後代，願意留著這個鐘。

我想要抓住的一部分歷史，是我們父親的幽默和風趣，我們母親為節慶布置的創造力、她教我們如何讓自己穿得時尚（她是這麼地美！），以及她

的義大利麵和肉丸。

　　我期待很快跟你再聊。

永遠愛你的瑪麗

　　一個人重新定位自己在家庭系統中的位置，其付出的努力是相當龐大的，而這個系統是超出信所能呈現的。它需要真正的轉念，從一個不同的角度來看待自己和家庭、看到更大的模式，並且做出超越眼前情況的選擇。格雷戈里・貝特森（Gregory Bateson）曾說過，只要我們能夠想二百年後，我們就真的能夠系統地思考了。這似乎就是關鍵！

　　就瑪麗的案例來說，在家裡她所感受到的不被感激或不被傾聽，迴盪到她成年後的現在，與丈夫和自己的生活中，而這在強烈的三角關係和僵化病理中是常見的。她必須有許多的反思，如她之前所做的，重新定位自己與丈夫的關係，不再逃避她認為先生霸凌且總是得逞的感覺。經過許多努力，她最終能夠將自己的精力投入到她想要與別人如何連結上，而不是將注意力放在他們如何待她不公上。她花更多的時間在音樂、園藝和在養老院當志工。在養老院裡，她發現她從照顧別人那獲得很多的滿足，而她很清楚，她的慷慨是她個人的選擇，而不是抵銷積欠她的東西。她說，每當她感到疲倦或不舒服時，就會對有人「領先」她而心生怨懟，但是她已經教導自己，將這些想法標示為始於她原生三角的一部分，但不是她想在生活中所站的位置。最後，她將注意力放在她想要成為什麼樣的人上，然後慢慢地找到方法，回到她原本寬厚的樣子。

　　與她工作的這段期間，她也做了靈性上的轉變。她的家人是羅馬天主教徒，德國和愛爾蘭的後裔。他們四個兄弟姊妹都去了天主教學校，但後來都離開了教會。當瑪麗致力於理解她原生家庭的成癮和三角關係議題時，她得出了一個結論，她需要找到一個靈性修行，幫助她維持置中平衡的狀態。但是，根據自己在天主教會的經驗，她對其僵化感到不自在。於是，為了找尋一個讓她感到自在的宗教社群，她加入了當地的神教會（Unitarian church）。她在他們對社區和個人操守上的重心中找到了意義。有趣的是，她先生一開始對她尋求宗教信仰的連結感到非常負面，批評她星期天早上遺棄家庭。但他自己也逐漸對其感興趣，偶爾會和她一起去服務。

和瑪麗的工作也包括去除她原生家庭中許多的三角關係，這需要在家系圖中大量探索，才能在父母自己家庭的背景脈絡下去理解他們。

父母兩人的原生家庭都有強烈三角關係。兩人都是家中的老么，競爭和「誰得更多」是手足間很大的重點。瑪麗的母親一直都覺得哥哥是家裡最疼愛的，卻沒有注意到她出生前，姊姊過世的失落是她父母（瑪麗的外公外婆）永遠都不會過去的。瑪麗的父親和他哥哥都進了家族的五金事業，經歷了這一代和上一代的競爭。瑪麗的父親覺得哥哥是最受寵和「好鬥」的。就瑪麗所觀察到的，父親總是要更努力，但他也一直覺得他沒有得到他所應得的。當她看到核心家庭的模式時，她試圖努力理解這些議題在她和兄姊成長中是如何影響她家中的嚴重失功能：酗酒、身體虐待和憂鬱症。思考這些模式，最終幫助她釐清她在手足間想要做什麼來重新定義自己，並與丈夫和孩子一起改變模式。

越來越多的美國人面臨更長的生命週期時間是沒有伴侶或小孩的情況，雖然兄弟姊妹可能是生命週期各個階段的潛在情感和物質資源，但是依附和歸屬的需求在生命晚期可能更為重要。理解文化模式可能拆解手足間的咆哮。身在一個重男輕女文化裡的女孩，或許當她理解了所有人的文化腳本後，便可能停止責怪她的兄弟，且對父母有更多的同情。然而，她仍然需要改變她與兄弟的關係，將其帶到不同的層次上。

在瑪麗・馬丁的案例中，她最初被兩個哥哥所忽視，她認為他們可以「無所謂」，不被期待負任何的責任。但當她理解更大的大家庭文化和情感模式時，她變得好奇，想更認識她的哥哥，想知道他們所知道的家庭歷史是什麼，以及他們自己在這個家庭中長大的經歷是什麼。她決定去蒙大拿拜訪她的哥哥米奇，她非常驚艷她所看到的，米奇不僅和他兒子間的關係是這麼地充滿愛，他的木工藝術能力也很強。

　　階級差異也可能對成年手足產生重大的影響。不認可或公開的怨懟可能出現在不同社會經濟階級的成年手足關係上。情況較佳的手足可能對於資源較少的手足依賴他們而心有不滿，卻又因家庭責任感而無法自在表達。他們或許給予實質的支持，但將自己的情感抽離。因此，重要的是，在協助手足修復裂痕時，要先詳細探索每個兄弟姊妹的社會地位。

　　手足間的怨恨或關係截斷通常涉及一個兄弟或一個姊妹之成功或不成功所引發的強烈情感。父母對成功和不成功孩子的反應，可能會加劇因階級差異導致手足關係的裂痕。此外，需要證明自己在智力上較優或是較成功的部分，可能與家庭文化和移民史有關。如果移民父母成長過程中，因學校、社區和大社會的偏見而覺得未受到欣賞感激，他們的即時反應可能會是「說大話」或過度對「地位」感興趣。這種態度往往滲入到孩子彼此的競爭關係中。

　　雖然家庭中的階層差異也可能導致手足間的對抗，但是一些家庭中的個人注意力和自主權的文化模式可能會掩蓋衝突，導致他們不直接處理這些怨懟。如果家人除了正式家庭場合外不彼此交流，手足間的緊張關係幾乎不會被注意到，手足也不可能自己去處理。社會階級較低的家庭成員，在家族活動中可能被視為不良的關係，甚至可能被拒於家庭活動之外。無論種族或文化如何，當面臨老化或生病父母需要子女照顧時，階級的緊張就可能浮出檯面。階級也可能影響手足間地位的對抗。如，長女可能因為性別不平等衝擊其成為領導的長女「權力」時，而變得比長子更叛逆；又如，如果弟妹享有更高的社會地位，兄姊可能變得憤慨。

家有身心障礙手足之家庭生命週期的議題

　　任何時候，若一個家庭中有一個嚴重身心障礙的孩子，對手足之照顧責任有終生的影響。任何家系圖的評估，我們都需要詢問這類相關的議題，以及家庭如何思考這個議題，即使它不是主訴問題。與其他家庭問題一樣，家庭有可能變得不平衡，一個手足變得過度負擔，而另一個人則不參與。手足不僅回應自己有身心障礙的手足，還要回應父母的苦惱和（或者）心思全在

該手足的需求上。父母也可能將他們的希望和夢想轉移到其他孩子身上,這可能帶給子女負擔。

當家中有個身心障礙的孩子時,小家庭往往面臨更大的壓力,因為分擔如此重大責任的手足人數較少。當具身心障礙者的人是家中男孩時,壓力似乎又會有所增加,可能是因為父母,特別是父親,對自己無法以自己這個身心障礙兒子為傲而感到傷痛。姊妹們似乎比較能夠接受照顧兄弟的角色,但若身心障礙的人是姊妹,卻可能有更多手足對抗或競爭。我們發現,比起其他手足,姊姊進入助人領域的比例較高。

一般來說,身心障礙手足的大姊是耗竭的高危險群,因為父母要她們承擔照顧者責任的要求增加。身心障礙手足的兄弟往往很多時候不在家(Cicirelli, 1995),但臨床實務工作者能夠幫助家庭改變這樣的模式。我們必須溫柔地質疑父母的期望,並鼓勵他們將兄弟包括在照顧責任中,避免姊妹們負荷過重。否則,在日後的生活中,兄弟們可能會完全脫離照顧身心障礙手足的責任,先是留給母親,後來則是留給姊妹去承擔全部的照顧責任。一旦人們開始在他們的關係中感受到自己的中心點,通常能夠排列他們所需先關注的關係,做他們所需要做的,讓關係回到其「秩序」。

安迪·凱內利(在第五章討論過),一位四十歲的丈夫和父親,出生於愛爾蘭家庭,是家中八個孩子的第二個。他將自己在婚姻和生命中所遇到的一切問題歸咎於他母親,且他不想帶她來會談。他對母親的背景知之甚少,每當我詢問家系圖歷史時,他都變得不耐煩,並說我沒有幫他處理他妻子的事,因那才是他認為的「真正」的問題。

最後他還是帶母親來了。他意識到他需要將他的即時問題放在更大的脈絡下來看,他也開始在更大的脈絡下連結他的其他關係。在與安迪和母親的會談中,我們討論到他童年時期一直記憶猶新,沒能夠忘記過的兩件事。而且他一直覺得他母親既無情又虐待他和手足。他向母親提起這些事時,她想起當年第一次對安迪暴怒時,她正懷著第七個孩子,且醫生才告訴她,第六個孩子菲利普因嬰兒期罹患腦膜炎,將永遠無法自立、有功能。她的第二次

暴怒發生在兩年後，當時她再度懷孕，那是她的八個孩子，也是最後一個。她剛剛聽到醫生建議她放棄照顧她殘疾的兒子菲利普，並把他安置在機構裡。現在這個兒子三十多歲了，母親還是經常探訪他，即使其他家庭成員幾乎都不關注他。

隨著母親描述這些年她必須放棄孩子並將他安置在機構的痛苦，安迪對母親出現從未有過的同情心。母親為她在那段期間把挫折發在安迪身上道歉。會談後的幾星期，安迪下了一個決定，這個決定是關於他與從未討論過的弟弟菲利普的關係。來會談的前一周，是菲利普的生日，他和父母、另兩個手足一起去探訪他。安迪說，他第一次注意到，母親是多麼地愛這個弟弟，即使他沒有什麼能力回應。他說，他當時便決定和母親一同分擔責任，當菲利普的「哥哥」，而這是他之前從來沒有想過的。

治療至此後，安迪在面對他與妻子的議題上有更強的自我感，也能以更正向的角度來看他和孩子的關係。他表示，他從未有過像現在這樣的感覺，和母親是如此靠近，且看到母親在他幼時對菲利普的付出，他對母親有很深的感激之意。不知怎地，當他讓自己對母親更開放，他便擴大了對她負荷的觀點，包括照顧菲利普。在母親的付出和在其他的生活領域中，他變得更能夠分享，開始成為他所做之事的榜樣。

手足關係和伴侶關係

由於手足在成年初期和中期，各自因忙著婚嫁、生育，彼此的關係往往會有些疏離，在生命週期階段的後期，手足連結的重要性才又開始浮現。手足依據文化的期待，可能因為生涯規劃進入不同的社會階級，又尤其是姊妹，隨著婚嫁、搬家，獲得丈夫的社經背景。但家系圖中，成年手足會是重要的考慮因素，尤其是與夫婦一同工作時。

事實上，手足關係也常常為夫妻關係鋪路——分享、相互依賴和互相依存——就像是為伴侶夫妻的嫉妒、權力鬥爭和競爭奠下基礎一樣。由於手足通常是我們最早的同儕關係，因此我們最感自在的關係可能是那些重現熟悉

的出生序和性別之手足模式的關係。一般而言，若伴侶兩人符合原生家庭的
手足模式，婚姻經營似乎會是最得心應手的。舉例來說，老大和老么結婚，
而非和另一個老大結婚。如果太太是底下有許多弟妹的老大，又是照顧者，
她可能會被另一個權威的老大吸引，期待另一個老大會接手管理的責任。但
她可能隨著時間，會開始埋怨伴侶權威的決斷，因為根據經驗，她覺得為自
己做決定更自在。.

　　對婚姻來說，所有事都要平等的最佳手足組合便是互補關係——例如，
一個有妹妹的哥哥和一個有哥哥的妹妹。然而，照顧者和受顧者或領導者和
跟隨者的互補，並不能保證親密關係或婚姻幸福。

　　除了互補的出生序，若伴侶雙方都有異性手足，似乎亦有助於婚姻。最
困難的配對可能是有許多姊姊的么妹和有許多哥哥的老么（弟弟）的結合，
因為雙方都沒有太多和異性親密相處的經歷，他們可能扮演著被寵壞、等待
被照顧的孩子。當然，還有很多婚姻中其他可能的手足配對。兩個家中獨生
子女的婚姻可能尤是困難，因為兩人都沒有和兄弟或姊妹親密相處的經驗。
中間子女可能是最有彈性的，因為他們有許多不同角色的經驗。

　　無論如何，教導夫婦從早年手足模式的角度出發，有助於他們探索彼此
相互連結的方式，畢竟有一些是成長過程中不經意重複所學的模式。如前所
述，伴侶和婚姻往往會增加手足之間的距離，故這會是治療中評估的面向之
一。姊妹可能會受到配偶的壓力，減少彼此之間的親密關係，而這樣的壓力
也可能造成姊妹間的疏離，並且可能持續到生命晚期。我都會試著幫助夫婦
思索伴侶朋友關係的同時，也思索手足關係：不可能配偶對所有的朋友或所
有的手足都有同等的好感。更有意義的是，每個關係中的伴侶都有足夠的空
間，享受其和手足、朋友的關係，而不是企圖讓每個人都彼此連接。

　　同樣很有可能的是，由於手足一起成長的長期關係，他們可能對如何扮
演伴侶模式有其深刻的體會。若一個手足試圖向另個手足直接提供建議，那
通常會是兄姊給弟妹的婚姻建議。但另一方面，手足可能提供彼此有用的見
解，瞭解模式如何在他們婚姻情形中重複。

圖10.2　布萊克家庭

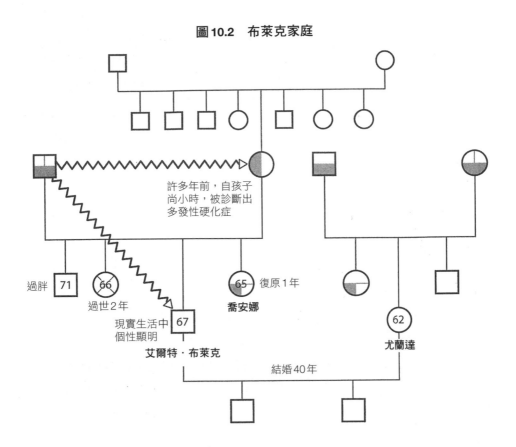

　　艾爾特・布萊克（圖10.2）與妻子尤蘭達來尋求諮商來改善溝通時，已經結婚四十多年。這對夫婦是由太太個人治療師轉介來的。這個治療師認為，治療可以幫助他們敞開關閉多年的溝通。艾爾特是個個性鮮明的人，有時被他的員工形容為「哥斯拉」。他偶爾會在會談中提到，他並不是真正喜歡這個暱稱的幽默感。尤蘭達是家中三個孩子的中間那個，上有姊姊、下有弟弟，父母親則是有嚴重的酗酒的問題。艾爾特青春期時，父親也曾酗酒，母親則有嚴重的障礙。但他的情況是，他對童年的記憶不多，僅記得母親尋求幫助，而父親從不幫她。

　　在艾爾特和尤蘭達的婚姻中，尤蘭達性喜隱匿，怨恨艾爾特對金錢、做決定和對話的控制。他說話決斷，並會告訴她什麼事錯了，應該這樣才是對

的。至於尤蘭達，雖然表面上是可以開玩笑，表現著一切沒事的樣子，但多年來卻抓著怨恨。當我試圖幫助這對夫婦更加敞開時，一個顯而易見的問題是，不管何時艾爾特覺得尤蘭達批評他，他就會覺得很焦慮，然後從「談話」中消失了。

在他看來，我應該和他妻子一起工作，讓她停止批評，因為他的意圖良好，已盡其所能地努力成為一個更好的伴侶。他會讓自己變得非常焦慮，經常威脅要離開會談，多次去男廁，偷偷吃鎮靜劑。我開始把發生在他身上的事情標為「頭上盤旋的直升機」，他不能讓它停下來。我們讓他練呼吸，靜坐冥想，但他的反應是非常自動化，很難讓頭腦停下來。

艾爾特的假設是，因為尤蘭達一直批評，所以他才會一直對她有即時反應。但是他們認識彼此時，他已經二十七歲了。我懷疑某些內在的東西開始運作得很晚，不過我詢問他原生家庭的問題，卻沒有任何的結果。他就是不記得。

最後，他同意帶他的妹妹喬安娜一起來會談。喬安娜是名藝術家，深受酗酒所苦，過去這一年一直在戒治。姊姊兩年前去世，來會談的哥哥則是住在中西部，也是「過重」。喬安娜出現的那一刻起，就詳細說出他們原生家庭的故事。她的健談令人驚訝。當艾爾特特地詢問妹妹喬安娜，他在太太批評他時，他會出現「盤旋的直升機」的狀況是怎麼回事時，她回覆：「那對我來說很合理啊！在我們小時候，你一直都受到爸爸的批評。你不記得他是怎麼叫你的嗎？」喬安娜詳細的記憶帶著艾爾特回到兒時那些被他壓制多年的經驗記憶。

喬安娜提出的第二個主要話題是母親手足給他們許多的支持，他們是艾爾特和喬安娜痛苦家庭經歷的解藥（詼諧和快樂）。喬安妮的指點讓艾爾特不僅能探索自己的家族歷史，更能控制自己對妻子評論的即時反應。

手足關係對親職的重要性

如果父母在他／她自己的手足位置上掙扎過，當其作父母時，可能會過

度認同同性別和同手足位置的孩子。身為老大的父母可能覺得很難不過度控制他或她的小孩，不讓孩子自己去犯錯。身為老么的父母可能在親職上過度不負責任，或者可能過度認同老么，面對老么出現即時反應，重複其自身在童年的那段問題關係。當父母需要孩子扮演某種特定的角色，但這角色卻和孩子的能力相衝突，或干擾孩子與手足或與外界的關係時，便會產生問題。父母對孩子的認同可能非常強烈，以至於他／她讓舊有家庭模式在下一代持續存在著。另一方面，如果他們自身的經驗不同，父母可能會錯誤解讀自己的孩子。獨生子女的父母可能對孩子的口角過度反應，並將正常手足間的爭吵視為一種麻煩指標。

　　無論是有意還是無心，父母都能以這種舊的手足模式持續存在著。父母可能將一個孩子與另一個孩子進行比較，或許斥責一個孩子比另一個多。父親可能不斷地談他多麼以兒子為榮，卻未意識到他對女兒的忽視。父母可能引起一個孩子努力讓另一個孩子「振作」。臨床實務上，治療師可以代表所有手足挑戰這些價值觀。

　　兄弟姊妹的關係或許是成年人生活中最重要的連結，特別是晚年的歲月裡。 然而，如果負面情緒持續存在，老年父母的照顧可能會帶來特別的難題。父母最後的照顧之責，可能因有個孩子給予他們承諾和親感密，進而凝聚更深的手足情誼，或者引發更多的衝突，爭誰做得比較多、誰又覺得被少愛了。如果家庭中存在未解決的問題，那麼在最後的照顧上、葬禮或遺囑中，這些議題很有可能在衝突中浮現出來。 就這樣，手足疏離多年。他們可能必須以新的陌生方式彼此互動。

　　與父母保持親密的孩子，通常是女兒，往往會承擔大部分的照顧責任，這可能導致長期隱藏的嫉妒和怨懟重新浮現。或者，姊妹們也可能在要怎麼照顧的議題上發生衝突，而兄弟們可能持續冷眼旁觀，僅提供經濟支持，但照顧時間或情感支持的付出則會較少。因為女性多半是維繫家庭情感關係的核心，姊妹們可能比較會對彼此或妯娌失望，而不是他們的兄弟。之所以比較不會對兄弟失望，是因為他們常被視為小孩，所以並不預期他們會在照顧

上給予很多的情感或實際的支持。

父母過世後的手足關係

　　最後一位父母死亡後，手足關係便是第一次成為自發性的。當父母在世時，手足因為和父母的關係彼此之間才有聯繫或聽到關於彼此的消息，但只有最後一位父母死亡後，手足的關係才變得真正的獨立了。從這時開始，他們是否要跟手足見面，變成他們自己的選擇。也是這時會發生完全的疏離和隔閡，尤其對抗和三角關係還持續著。專注的焦點可能是具體的分歧：誰應該幫助照顧他們生病的父母？誰承擔負責？誰被愛的比較多？強烈的感情會被舊有未解決的問題加油添醋。一般來說，手足間的終身關係越好，後來的創傷家庭事件就越不可能導致疏離分開，而治療師對此可有重要的影響力，即幫助個案將注意力放在他們手足關係的重要性上，並在家系圖的脈絡上進行討論：詢問父母親的截斷關係或他們與自身手足的衝突，詢問手足孩子間的堂表手足關係。

　　手足在生命週期早期因伴侶關係及工作導向階段變得疏離的關係，在生命週期階段後期可能有機會和解。寡婦可能會轉向她們的兄弟姊妹，而不是她們的孩子，手足也可能在晚年成為彼此的主要陪伴者。手足關係可能會隨著老齡老化，早期生命週期階段的活動和所關注的事物減少了，而變得更加緊密。失去了可能干擾手足親密關係的配偶，留給兄弟姊妹更多的時間尋求安慰，分享手足間的連結。手足隨著年齡的增長，團結凝聚力可能增加，爭誰比較成功等的競爭情況對老年化的手足影響則變得比較小了。然而，如果個人資源由於年邁父母的虛弱或癡呆的照顧要求，或者為爭父母遺產而變得緊繃，手足之間的連結則可能會消耗殆盡，彼此間的衝突可能會加劇。

　　五十八歲的邵瑪莉（圖10.3）前來尋求幫助，她想重新和弟弟妹妹連接。她是家中三個孩子的老大，父親詹姆士和母親安兩人都非常有才華，但文化背景卻相當地不同。詹姆士是獨生子，是個非常聰穎的學生，出生於上海，到美國研讀建築，但家庭經濟困境迫使他在完成學位之前離開學

圖10.3　邵家

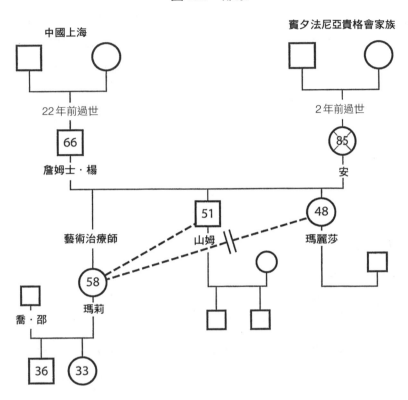

校。他在學校遇到了他的妻子安，她也是家中唯一的孩子，來自賓夕法尼亞一個古老的貴格會家庭，其根源可回溯到了美國獨立戰爭時期（American Revolution）。父母都經歷有狀況的童年，以及早期失落。安成為賓夕法尼亞藝術界的藝術經銷商。詹姆斯在事業如日中天時，經歷了一些困境，後來投資失利，失去所有的一切。

　　瑪莉是他們的第一個孩子，七年後弟弟山姆出生，然後是十年後的妹妹瑪麗莎。三個孩子成長過程均相當艱辛，他們面對的是兩個分心、不親近卻從未分開的父母。父母兩人都似乎各自有外遇。某種程度上，瑪麗莎截斷和家庭的關係，特別是和瑪莉和她丈夫喬。因為當瑪麗莎青春期早期和瑪莉夫妻一起短暫同住，當時瑪麗莎覺得喬對她情緒虐待。排行中間的山姆結

婚並搬出該地區；多年來，他經歷了幾次的憂鬱和失業。瑪莉有兩個成年子女，父母去世、孩子離家。詹姆士在他六十六歲左右突然過世。安則活到八十五歲，最後那幾年是在養老院度過的。安過世後，養老院告知其子女積欠款項。母親去世前，子女們已經和母親衝突多年，現在又和養老院的律師衝突，他們已幾乎彼此不說話。雖然安留給三個子女相當大筆的遺產，也正是子女覺得所需的，但訴訟加劇了他們的衝突。瑪莉最後尋求幫助，希望能夠修復她與弟妹間的關係，否則她害怕手足關係會完全截斷。

探索她的家系圖，清楚可見的是，手足已衝突多年了，而瑪莉對她父母的背景知之甚少。或許瑪莉對父親的家庭知之甚少並不奇怪，畢竟父親方的家人大多數都還留在中國，況且她不會說中文。但是她對母親的家庭卻也瞭解甚少！母親的家族已在瑪莉成長的地區數百年了，而瑪莉也在該區域定居，成為藝術治療師。

在指導個案面對疏離手足的主要議題時，在他們直接採取接近手足的第一步前，要先讓他們清楚自己的價值觀和承諾，以及清楚家庭整體的脈絡。無論人們採取什麼行動，都會產生迴響，所以他們需要盡可能清楚他們真正的目標其實是和手足有關。在對截斷關係的手足採取具體行動之前，幾個議題值得探索：

1. 盡可能清楚家系圖和家庭年代表，在較大的家庭脈絡下，做出關於當前衝突本質和家庭歷史的假設。

2. 幫助個案清楚確認他們是否真正想尋求修復關係，還是他們因為特定議題，如金錢、公平或感到被感激，驅使他們採取靠近手足的行動。與手足重新連接的最終自由必須是一個明確的選擇，而不是另一方的操弄。正如哈里特・萊納（Harriet Lerner, 2016）所說，真正的改變往往始於對另一方慷慨和仁慈的純粹英雄主義，療癒重大的背叛和每天的痛苦。

3. 幫助個案明確界定當前衝突的前因——前幾代的手足衝突或截斷——

以及其如何影響當前的家庭狀況。

4. 釐清個案如何過他或她自己的生活，如果手足未以他／她的期望做出回應？如果手足沒有依照他／她所期待的回應，他／她是否願意保持開放，繼續努力改善關係呢？

5. 他們未來和子孫後代對截斷會付出的潛在代價是什麼？

在瑪莉的家庭中，一個特別的問題是父母指定他們唯一的兒子山姆作為遺產的執行者，儘管他像他父親一樣，從未善於處理錢財。瑪莉對此感到不滿，她雖然不富裕，但一直善於管理財務，而且也比山姆年長七歲。瑪麗莎則說，她對這個家不感興趣，但想要她所分得的那份遺產，不滿兄姊兩人未能儘早解決此事。

瑪莉很難把目光關注在她和弟妹所想要的。她受過的嚴格治療信念，告訴她要「讓你的感受出來」，她希望讓弟妹知道她多年累積的不滿，因為她覺得過去這些年，她一直試著做對弟妹好的事情，但他們卻不感激她。這對她而言，是一步相當巨大的飛躍。首先，她意識到她花大多數時間和他人建立關係，但並不是為了要全盤托出她不滿的想法和感受，因這通常會進一步阻塞迴路。

她也必須注意她為人所知之「跋扈」的大姊印象。無論她說什麼，都會先被置於她的家庭歷史脈絡中解讀著，她兒時既是弟妹的頭子，也經常當他們的照顧者。因此，她提的任何建議或對弟妹行為的解釋，都可能會被視為是意圖控制他們，因而遭到拒絕。

那麼她該怎麼辦呢？首先，雖然瑪莉感受到「解決遺產」的時間壓力，但她也察覺她一開始對弟妹的激烈反應，使得她需要花時間，將他們的關係放在較大的家庭脈絡中來解讀。她的首要任務是透過堂表手足來更加理解大家庭的歷史，畢竟她沒有父母輩的叔伯阿姨提供訊息。其他的資源包括她父母幾位尚在世的朋友，他們也能提供一些訊息，讓她更深入地瞭解她父母的生活。

然後，各寫一封「講出所有」的信給弟妹（不分享），幫助她攤開她對弟妹的所有複雜的感受，然後把這些信放一邊，接著她寫下弟妹各自對她的意義（也不送出）──她所記得關於弟妹的正向面，讓她想跟他們重新團聚。

幸運的是，瑪莉身為一個典型的大姊，非常勤奮、果決、堅持，善於透過與他人交談和寫信來釐清她的想法和在感受的同時學習新訊息。這個學習她家庭、寫下感受和記憶的過程，幫助她慢下來，並與她真正的感受有更多的接觸，知道她想在這種情況下做什麼。

她意識到她最大的困難是放棄她的財產期待。她開始理解到，她弟弟可能永遠不會以她認為「對」的方式處理母親的遺產。但是，當她開始檢視她和弟弟的關係時，她意識到她給他的壓力越大，越可能阻塞他們之間的關係。所以，即使她可以讓弟弟做她想做的事情，但他必會對她的施壓感到不滿，很可能會在這個過程中失去他。

她不得不考慮更重要的事：她和弟弟的關係或者她所分得的那份遺產。瑪莉開始意識到，丈夫的經濟問題和態度讓這個問題變得更複雜了。她認知到，為了區分她婚姻中的金錢問題和手足間的金錢問題，她不得不先解決她與喬的關係，釐清他們的財務問題。她承認她與丈夫間的金錢，讓她陷入許多典型的性別問題中，讓她聯想起她父母親因為錢所引發的困境。她母親管錢管得比她父親好。父親經常秘密地進行金融交易，直到為時已晚，因他無法回收他的損失時，才讓他妻子知道。

現在，瑪莉必須在婚姻中重新找到自己的定位，不管是她自己在夫妻財產的責任，還要清楚明白她不相信父母「欠」子女任何的遺產。她得出結論，她不再為她那份母親的遺產而爭了。她努力預備自己，提起勇氣向丈夫說明，她需要自己去面對她和手足間的任何問題。她跟喬說，她知道他立意良好，讓她知道弟弟和妹妹的壓力，但那也使她困惑了。她正試圖讓她的頭腦清楚，好好思索要如何面對弟妹。所以她請喬暫時不要和她談她的弟妹，因為那會混淆了她的思緒。

她各寫十幾封信給弟妹後，腦袋才清楚，才能放下她想告訴他們要怎麼

做的意念，或者告訴他們其如何重複了父母親的各種特質等等。

這是她的最終草稿：

親愛的山姆，

　　我一直努力想寫信給你幾個月了！我對過去一年，為了要處理母親遺產之事的恐懼和愛管閒事的衝動，感到非常抱歉。我最大的恐懼是你會放棄我，拒絕與我溝通。我對於要告訴你，你和你的家人對我的意義多麼重大，感到一些不好意思。當你說你需要按照特定的順序進行工作時，我還魯鈍和冒失地想讓事情照我的方式走。

　　上個星期，當我們的教父彼得過世，我意識到我錯過了多少和你談話的時光，而我們這個小家庭對我來說又是多麼地珍貴。我很難承認我錯了——我相信這對你不意外。在我努力完成出售媽媽的房子時，我沒有意識我又成為跋扈的大姊。

　　我知道你盡力要取得一個好價錢，但這並不容易。我敬重你為整修房子所做的一切努力，好讓它能賣個好價錢。你所整修的房子都展現出你獨一無二的創意。你有獨特的審美觀，我想盡我所能地支持你。不管是什麼情況下，我都會和你保持密切聯繫，希望我們之間會有些不同。

　　明年你滿五十三歲時，我再一年就滿六十歲了——這可能是我真的變老了嗎？如果我們到時能一起和家人慶祝父母遺產的事解決了，會是件多麼棒的事。我想也許對我來說，更緊迫的是，我需要自己面對這房子、商店和所有伴隨的負面回憶。我會試著放輕鬆——如果我變得焦慮和又給你壓力了，請提醒我。也許媽媽平均分配遺產的願望，是她最後一次嘗試和她的三個孩子一起擁有幸福快樂的家庭。我讀了一本關於中國文化的書，它寫說親密家庭的哀悼期是三年！媽媽過世後已經二十八個月了，也許我們每天都更接近這個結果了。

　　對她妹妹，她寫道：

　　我一直夢到你——因為媽媽和爸爸不在家時，我們一起做餅乾、裝飾房子，讓家裡看起來像過節的樣子。我非常想你。我開始意識到我是個多麼跋扈的姊姊——我從來沒有想過我是多麼常告訴你和山姆要如何做。我找到了一張照片，是你和山姆在家後院的雪地裡。我想這張照片是我拍的。我找不到我們三個人一起的照片。我希望我可以。我希望我能回到你來和我、喬一起住的那年。當時我只關注到我自己，並沒有注意到你的需求。我為我沒有注意到你，瑪麗莎，感到很抱歉。我希望你生活地順順利利，媽媽遺產的議題很快就會解決了。

　　瑪莉終於準備好真正面對自己的部分，重新與自己的弟妹連結。她說，這是她長久以來首次感受到內心的平靜，即使她並不知道弟妹會如何回應。她意識到他們的回應並不是問題；她很清楚她想要的是與弟妹重新連接，只要他們準備好並且願意，如果他們需要更多的時間來回應她，她可以等待。

　　她覺得和丈夫間的關係也越來越清晰，那是個穩固的基礎，讓他們繼續往前走，因為她更認識自己最深的一些價值觀，並希望以真實的方式對他承諾，而不是因為她能繼承多少額外的錢，而是因為她關心他，並希望和他成為一個「團隊」，一同規劃他們未來的財務和關係。

同母異父或同父異母手足與繼親手足

　　常見之同母異父、同父異母或繼親手足的衝突，通常會比同母同父手足的衝突更為激烈，因為這些非同父同母的手足並不如同母同父手足一般，共享那麼多的歷史，但他們卻很可能陷入忠誠度的衝突，或是和他方家長的衝突之中。

　　當一個家長日後再婚，如此的衝突可能特別具有毒害。每個不盡真正瞭解其繼子女的父母，他們的孩子可能會爭資源或時間，或者掌控他們的父母。當手足之間沒有共同的歷史時，要幫助他們重新連接是相當困難的，唯一連結的依據是與父母的期望有關，即「做對的事」。這是附加於媳婦或女

婚的問題。這種情況即是因應父母親所選之伴侶而產生的一攬子交易。好好對待繼親手足是因為你愛你的父母，尊重他／她對配偶的選擇，其必然的結果便是要接受配偶之前的家庭。

　　當缺少了這些「做對的事」的價值觀時，對於沒有共同歷史的繼親手足、同母異父或同父異母的手足來說，極度容易為父母的控制而「爭鬥」，不顧父母彼此間的連結，因為這父或母的伴侶並不是陪伴手足成長的家長。子女總會對自己的父母忠誠，這使得子女很難與父或母後來的伴侶、伴侶的孩子和大家庭的關係妥協。個案必須有一個非常廣泛的觀點，才能夠想透要如何尊重他們與越來越多的親戚的聯繫。但是，這是我們這個時代，面對家庭組合頻繁變化的挑戰。我們必須努力維繫對大家庭成員的開放，否則，我們的世界會變得更加有限，我們將不經意地阻止他人（我們的孩子、我們的手足、我們的堂表手足）和其不斷增長的家庭和親屬連結。

關於手足模式的實務問話

▶ 從這個問題開始：何不邀請手足來參與會談？有反對這樣提議的理由嗎？

▶ 透過三代家系圖，探索手足關係。若上一代有手足對抗或關係截斷且影響當前情況，則要特別標註。

▶ 手足的能力或障礙是否造成手足模式失衡？

▶ 跨幾世代，有典型的手足衝突的議題嗎？如：金錢？照顧？性別？性取向？社會地位？有無一個「受偏愛」的孩子？代罪羔羊？「被遺忘」的孩子？

治療師自己
的家庭

　　本章討論的是治療師自身的家庭互動會如何影響其臨床實務工作，以及治療師能夠如何分析和處理自己的問題模式。對任何參與家庭關係工作的人來說，無論是治療師還是個案，這些準則往往是一樣的。但是，治療師有其重要的專業需求，即他們需弄清楚自己從哪而來，因為如果他們不知道，他們自身的議題很可能會展現在他們個案的身上——這是一個我們都不想發生的倫理問題。但一些家族治療師——如傑·哈利（Jay Haley）——曾說，治療師自己的生活和他／她臨床實務之間的連結是完全不相關的。

　　但是，如果你真的相信系統理論，那麼每個人都有連結，我們所進行的專業工作（即使是物理或工程）也受到我們自己的系統歷史和關係影響著。在心理諮商中，侵害我們工作的自身信念、扭曲和創傷的經歷，甚至比其他較不依賴個人和心理直覺的付出，更有可能成為問題。和個案工作需要我們個人相當多的付出，我們是個什麼樣的人將會傳到我們的個案身上。我們的真誠或者缺乏連結，都會在我們與個案生活和關係之意義的個人交流中展現出來。

　　如果你基本上討厭你的母親，或者覺得自己是家中的受害者且不被愛，那麼這種感覺很可能會在個案述說其經歷時跑出來。從系統的角度來看，我們知道我們很有可能會再次被觸發，就像我們早年生活被觸發一樣，雖然這樣的情況不一定會發生在每個個案身上，卻會發生在那些具相似動力的人身上。如果成長過程中，我們被拉進母親對抗父親的主要三角關係中，我們最後很可能對這樣的互動模式感到很自在——與母親共謀，切斷父親。無論你的家庭中有什麼觸發因子，遲早你都會遇到一個個案，將這些帶出來。

　　你終究必須處理每一個燙手的議題。有一句古諺：「怕熱就別進廚房裡。」也就是說，如果你在提出困難問題時會感到緊張，那麼你不該和家庭一起工作，因為家庭會需要你的勇氣來幫助他們看到所經歷的困境。如果個案受過父母的虐待，他／她不得不處理自身對虐待者的憤怒，以及對允許虐待發生的非施虐家長的憤怒。這樣的工作可能需要花上幾年，而且最佳的起始處就是個案此時此刻所處的位置：任何你能運用槓桿原理使其動作的地

方，就是你可以幫助個案開始探索他／她的經驗的地方。所以當你隨著時間增長臨床實務經驗時，你自身的議題必定會被觸發。

在我們的培訓中，我們讓大家繪製自己的家系圖，辨識自己的家庭模式，來教育系統理論和家系圖，就像他們學習辨識個案家庭模式一樣。我們的假設正如鮑文所說，在自己的家庭上做工是學習「思考系統」最好的方式之一，因為它迫使你超越個人心理學去思考，並注意到你生活中最核心的這些人是如何在系統層次上相連的。

許多年前，我寫過一篇關於這個話題的文章（McGoldrick, 1982）。文章中，我討論了一個受督者在接受督導過程中卡住的情況。實際上，我的受督者彼得稱這個讓他卡住的家庭為「觸發」家庭（圖11.1），而我一直沿用這個用來描述那些碰觸到我們核心的詞至今。

一些學生（和理論家）拒絕檢視自己的家庭，通常會有一個很好的理由，但我們認為，其實那是他們想逃避自己歷史中一些非常痛苦和有毒害的東西。彼得就是這些學生之一。他聰明、熱情，總在尋找最新的手法來幫助家庭解決問題。

然而，在訓練過半後的某個時間點，他表示他想在受督時呈現自己的家系圖。原因：因為他決定要克服他與父親的遠距對峙。他說他的訓練使他意識到，他認為他在幫助個案家庭時所感受到的壓力，可能來自於他自己的沒有家庭感。他說：「我覺得最後唯一能起最大效用的方法，就是我不再為其他家庭尋找解決方案，而是我先找到我和自己家人之間的和平」。

彼得的父母是大屠殺的倖存者，他們各自的前伴侶和家人都死在集中營。彼得和姊姊珍妮特差六歲。當他還在襁褓時，母親被診斷出罹患癌症。母親經過長時間和癌症戰鬥，最後在彼得八歲時過世。家人從未公開面對彼得母親的癌症或過世。不久後，姊姊珍妮特離家、父親再婚，並接受兩名繼子女，頓時，彼得覺得他沒有家人了。幾年後的現在，他想多認識他的父親，且一直做得很好。直到我們提議，認識父親也意指他要和繼母當朋友，他遲疑了，並說：「還沒。」

圖11.1　治療師的觸發家庭

治療師彼得的家庭

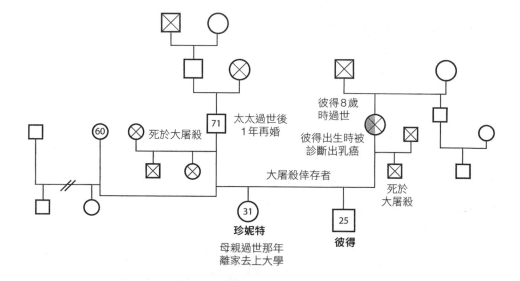

臨床個案：亞瑟家庭

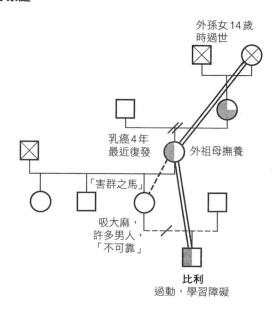

同時，他開始跟一個家庭會談，但他無法切入重點。通常，他的個案書面報告清楚簡明扼要，但這個案子，他卻只能說他注意到家庭有非常大的議題，且他們一直改變主題。這是個三代糾結（enmeshed）的家庭。八歲的男孩比利因過動和學習問題被學校轉介來。比利的母親，是一個被家人認定是「害群之馬」的單親媽媽，經常把比利留給她母親去照顧，即使她未盡照顧兒子的責任，她都還會跟家人爭論比利是屬於她一個人的。

彼得帶來了會談中家庭正在爭吵的影片來接受督導。影片中的彼得，不像平時治療室中的那樣，他的表現超乎他尋常的性格，他竟然對所見的爭吵一句話都沒說。我建議我們進行現場督導。後來，彼得說我們必須延後，因為外祖母生病了。我詢問病情，他說是癌症復發。彼得在之前的幾次督導會談中從未提及外祖母的病，也從未想過家庭的問題和他童年的經歷平行走著。

外祖母一復原，我們立即安排了現場會談。當我們規劃會談時，我問彼得，他是怎麼和家人談外祖母生病這件事，他回答道：「從沒有談過。」所以，現場會談進行前，我鼓勵彼得直接與家屬談疾病一事，但當他進去會談時，他還是什麼也沒說。

於是我非常直接地用耳麥系統（這使我能夠對彼得說話，但不被他人聽到）打斷他的談話，並要他詢問外祖母是否擔心她的癌症。彼得沒有遵照我要他問的，他反而改問：「若你發生了什麼事，你會擔心比利嗎？」外祖母尚未回答前，另個家庭成員則改變話題。我督促彼得再試一次，他於是問：「亞瑟太太，你會擔心死亡嗎？以及比利以後會怎麼辦嗎？」

外祖母立即清楚回答：「不，我不怕死。我從來沒有害怕死。我不會去想它。我只想確保比利會被好好照顧。」彼得轉去問比利，他是否擔心外祖母會死，答案是「是的」。然後彼得問比利，當他擔心時，他做什麼。他說他會去找外祖母，確保她沒事。

這是大家第一次平靜下來談話。隨著會談繼續進行，他們每一個都談到外祖母的病的嚴重性，以及如果她過世了，接下來會發生什麼事。比利從第一次治療到現在的躁動停止了，他專心聽著母親、外祖母、外祖父和阿姨的

討論。

治療師家庭與臨床實務家庭間的對應

這次會談後，彼得有了動力，他想和父親探索自己家庭對談論死亡的害怕。他與父親進行了幾次對話。對話中，他理解到家裡有許多其他父母早逝的情況。而這些失落無疑加劇家庭不想談論死亡或任何失落的意念。我們鼓勵他和父親真正連結，而唯一辦法就是改變他與繼母的關係。繼母是當時他父親的主要照顧者。現在他願意做這個嘗試。他努力連結繼母幾次，感謝她進家門後對他和姊姊很好，雖然他當時並不太受教。他也誇讚父親是多麼幸運，能在母親過世後找到繼母。

然後，我們談到彼得和母親家庭的連結。自他小時候這個連結就截斷了。他提議去加州拜訪姊姊珍妮特。他五年未見過珍妮特，他們兩人也從未討論過母親的過世。我們接著討論他的拜訪計劃，他又要如何跟珍妮特提到繼母？他無法想像稱她為「母親」。我們也討論過我的一些假設，即他的疏離可能和他拒絕姊姊的照顧和付出有關。他說他從未這樣想過，但是他確實恨她企圖扮演他「母親」的角色。當我們從她的角度來看，他變得好奇，想跟她談談他們各自在家裡的位置，並看看他的疏離是否傷了她。

拜訪回來後，他非常激動，他第一次意識到他「真的有個姊姊」。

他們整整聊了兩天，聊他們的回憶和經歷。唯一遺憾的是他離開前想抱她，但做不到。

同時，彼得和亞瑟家族會談。會談中他和他們分享自己家族歷史上發生的一些事情，並鼓勵他們藉此機會討論他們即將面臨的可能的失落。最初，這似乎特別緩解了外祖母的焦慮。但是，不久後，家庭的焦慮回到高張的狀態，因母親和外祖母針對一些事情爭吵，如：母親是否應該帶比利去搖滾音樂會。我們認為要和母親、外祖母會談一次，幫助他們重新聚焦在他們目前的問題上，何嘗不是件好事。經過許多的逃避，彼得終能幫助他們兩個聚焦在彼此的關係上。母親和外祖母開始大幅度敞開，談彼此的困境、失落

和愛。外祖母分享她和她外祖母的關係，外祖母扶養她長大，而她十四歲那年，外祖母在她的懷裡過世時，她毫無心理準備。然後彼得幫助母親面對她的擔心，承認她其實擔心是不是自己的行為導致她母親的癌症。能夠做到此，是他的功勞，他並沒有我這個身為他督導的幫助。他後來告訴我，他早在我之前便理解到這可能是個議題，因為他自己在和母親的一次爭吵中曾說希望母親死，而不久後母親真的就過世了。多年來，他對這樣的陳述感到愧疚。在亞瑟家中，母親和外祖母一旦相互開放坦誠，兩人就放鬆了。彼得的問題和直接正中目標。

不久後，家庭和治療師合議終止治療。六個月後的追蹤，母親和比利搬到自己的公寓，事情進展順利。外祖母漸漸虛弱但過程平靜，母親和她兩個兄姊一同協助外祖母的需求。

彼得持續自己的家庭工作。就在他決定聯繫母親唯一在世的弟弟的那周，他也收到這位舅舅的邀請函，請他去參加他兒子的受戒禮，而受戒禮舉行的那個周末，剛好彼得的姊姊自加州來拜訪他。所以彼得邀請她一起先去母親的墓前悼念，然後再去受戒禮，姊姊同意了。他們也邀請父親一起去。但是活動當天早上，姊姊打電話來說父親決定不去，彼得對此感到相當憤怒，並對姊姊說：「這是他逃避感受的典型作為！」但他隨即控制了自己，說：「沒關係，我們自己去吧。」當他去接姊姊時，父親又改變主意，決定跟著他們一起去。那一天過得特別順利，直到回家路上，三個人因討論隔天要做什麼而爭了起來。突然間，彼得大笑說：「太棒了！我們的關係夠堅固，所以我們可以爭論，而不用擔心再次失去對方。」

這是一個治療師為自己家庭努力和其臨床實務工作間之關聯的例子，希望提供治療師一個重要的觀點，讓其在臨床實務工作以及自身家庭狀態間，來來回回檢視。

治療師家庭探索的原則

本書所強調之探索自己家系圖模式的首要任務，是去理解你在家庭系統

中所扮演的角色（和可能會的改變），而不是任何其他人。理解系統的目標是讓我們能夠在家人面前做自己——永遠與他人保持尊敬和連結的關係。我們可能會說這個目標就像魯德爾德・吉卜林（Rudyard Kipling, 1909）對他兒子提議的：

> 若所有人都失去理智埋怨你，你仍冷靜如斯。
>
> 若所有人都壞疑你，你仍自信如斯，
>
> 但檢視這些疑慮…
>
> 即使受萬般抵毀也不施以還擊，
>
> 即使受萬般憎恨也不懷半點怨悔……
>
> 世界及所有的一切都將屬於你，
>
> 而且——更重要的是——我兒，你將成為人上之人（2007, p.170）。

　　這是個非常高的渴求，無論什麼樣的情況，均為自己定義自己，依照自己的價值觀過活。吉卜林闡述挑戰分化的方法：無論別人對你的看法如何，堅持自己的價值觀、目標和自我感。這是一個對成熟個體的定義。

　　一般來說，就像我們的個案一樣，我們第一時間比較會注意到問題，便是當我們被家裡的其他人惱怒時。我們可能會覺得陷入三角關係、被錯待或氣某人。什麼地方開始沒關係，但重要的是要體悟到探索家系圖是為了瞭解家庭模式，然後思考自己想如何修改自己的行為，但不是他人的行為。

　　如果你決定努力探索家庭模式，並試圖瞭解你在你家所扮演的角色並進行修改，你的第一步是要先繪製包含至少祖父母、外祖父母訊息的家系圖；第二步則是注意缺什麼，想想如何填補這些缺漏。我在自己生命的不同時間點，寫了幾次關於自己的旅程和文化背景（McGoldrick, 1987, 1989a, 1994, 2004b, 2005, 2008, 2011）。

　　如今，即使你不能從自己的家庭得到家庭訊息，你可以很容易在Ancestry.com這個網頁上找到任何關於1940年代前美國家庭的資訊。你也可

從1950年的人口普查資料中取得資訊。美國每十年進行一次人口普查，獨缺1890年。還有很多其他記錄可供搜尋，如社會安全死亡記錄、軍事記錄、移民記錄、選民登記記錄等。

就我的經驗，能實際看到我們祖先的記錄是件意義多麼重大的事，尤其當我們對這些祖先知之甚少時。舉例來說，我記得我從不在乎我奶奶洛蕾塔·庫薩克（圖11.2）的資訊。她不是個特別溫暖或友善的人，和我們這些孩子也沒有太多的連結。

有一天，我發現記錄顯示，我奶奶在1900年失去她六十三歲的寡婦母親和她三十七歲的大哥威廉，同年她嫁給爺爺。奶奶有五個兄姊，其中三個在她出生前就過世；她六歲時，父親過世。

家中僅剩她和大她九歲的哥哥「塔」。她結婚時，便將塔帶入她夫家裡。我從來沒有想過她的生活景況。突然之間，我覺得她的經歷是多麼地悲慘哪！就在她要開始婚姻生活時，她已經失去了所有的家人，只剩下塔。我結婚時的年紀跟她相仿，約二十五歲，我想著若我是那個結婚前幾乎失去所有家人，僅剩一個家人的人呢？我對此感到震驚。

我開始盯著她的結婚照片。照片裡的她沒有微笑，且現在看起來是很傷心的。我想像著她當時的經歷。我知道，在老照片中，人們經常不得不維持一個姿勢，所以他們不能笑，但是我一直從她的樣子中感受到傷痛。一年內經歷這麼多的失落，是件多麼糟的事啊！她母親和大哥的過世似乎都是突然的，且她大哥過世時只有三十七歲，多麼年輕！

我的爺爺丹尼爾·麥戈德里克二十歲時失去父親尼爾，十三年後他結婚。他家裡的八個小孩，只有三個活過童年。我近幾個月才知道，尼爾中風過世前的幾個月，被迫負起家裡經商失敗的責任，然後失去了一切。他眾多的親戚都截斷和他家庭的關係。他的餘生、他的妻子寡婦和女兒都須獨自生活、面臨經濟困窘景況。成長過程中，我對此也一無所知。

所有的這一切改變了我對我奶奶的想法。我一開始以為她一直緊抓著我父親，且憎惡我母親把他帶走，或許她也憎惡我們。但現在，明白她苦痛的

歷史，這一切都有其道理了。

　　然後，我想到了塔，他在三十七歲過世前，都和奶奶家人同住。他雖然從未結婚，但就像是我父親和他手足的聖誕老公公一樣。所有關於他的故事和幾張照片——總是帶著微笑——顯示他是個多麼熱愛生命的人。

　　我思索著，塔十五歲前都享有他父親的陪伴，很明顯直到苦痛時代來臨前過了很多年美好家庭時光。反觀我奶奶，她是家裡失去三名子女後第一個倖存的孩子。她的母親可能很掙扎、且非常努力照顧她。她父親去世時，她才六歲，而她母親再也沒有任何家人的支持，他們的生活定是非常艱難的。塔一直是個「好」舅舅，成年後的他總有錢買玩具和禮物給他的外甥和外甥女。雖然我的爺爺奶奶總是在想辦法支付帳單，但塔總能用他的錢來寵孩子。

　　事實上，我父親成年後深感遺憾的是，他對自己脾氣暴躁的父親很苛刻，而相對地，舅舅塔就比較討人喜歡。以上這些都是在家庭歷史之較大脈絡下進展的所有模式。所以當我們在探索自己的家系圖時，所會發現的第一件事便是現狀不再僅是個人的「心理問題」。隨著時間，你可以開始系統化理解家庭軌跡，並注意事情並不總是它們看起來的樣子。

　　這些想法在我成長過程中從未出現在我腦海中。我認為我們很常因他人的行為影響到我們而去評價他們，反倒不是好奇他們在這經驗之外和之前發生了什麼事。我現在會想知道，若我曾對外祖母的家庭感興趣，並試圖認識她，她是否可能對我會有不同的回應。

　　這個故事的寓意是，當你畫你的家系圖時，你必須對你祖先和現在家庭的經驗進行大量的思考，並試圖將自己放在他們的位置上去想，然後才能真正開始規劃如何進行有意義的系統性改變。這樣的探索肯定會幫助你在臨床實務工作上，更能想像你的個案或其家人和其他家庭成員間的掙扎。

　　你需要思考很多，每一個人和其他人的關係中扮演什麼樣的角色，即使是那些你幾乎沒有互動的人，就像我奶奶的情況一樣。

　　這些議題中，你所要問的問題是：家裡的誰給了你關於其他家庭成員的資訊？發出問題的訊息呢？如：「你姑姑蒂莉不值得大家跟她講話」，你要問

圖11.2　麥戈德里克．庫薩克的家系圖

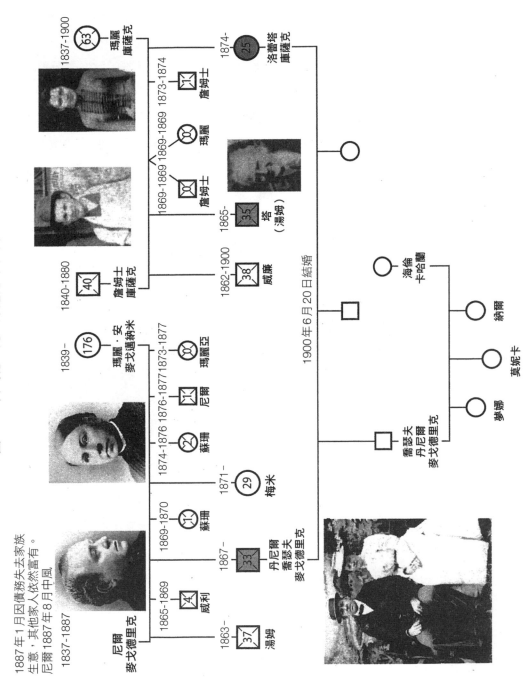

的是這個想法是如何傳出來的？一旦你有這個想法，那你就需要考量到，若你開始和他們有不同的對話，那麼其他家庭成員的反應會是如何？誰會不高興？你會如何處理他們的不高興？無論你做了多少的計劃，總是會有驚喜。

在我的家庭裡，我那非常高的母親有一項規條：「永遠不要相信一個矮個子的女人。」我的奶奶洛蕾塔就比我那已經個矮的父親還矮，身高不到五英尺。所以我想像，若我對奶奶感興趣，對我母親而言，可能是件難以忍受的事。畢竟很顯見的是，奶奶認為我母親「偷走」我父親，所以即使我想接觸我奶奶，我也需要花功夫和母親保持連結，否則我可能會遇到嚴重的干擾、阻礙。

關於治療師自己家庭的實務問話

▶在你自己的家庭中，你認為什麼模式或主題是你作為臨床實務工作者的最佳資源？

▶在你自己的家庭中，你認為什麼模式或主題最有可能觸發你臨床實務工作的議題？

▶對於你的原生家庭經驗可能影響你對暴力男人的連結，你的看法如何？對嗚咽的女人？非常活潑的幼兒呢？傾向採取受害者姿態或對改變生活非常被動的人？對採取粗暴、強制要求的姿態，要治療師幫助他們達到其所想要的人？（這個問題可以衍伸到包含你覺得難以處理的任何特定個性類型。）

▶在你自己的家庭中，當面對那些不同文化群體的人，你所獲得的訊息是什麼？這些訊息又是誰給的？你如何談論關於種族歧視、性別歧視、宗教信仰、社會地位、性別認同、殘疾障礙或其他家中所發生之議題的偏見？

▶你的家人如何因應衝突、強烈情感、悲傷、憤怒或其他感受？什麼模式「伴隨」你所吸取的家庭模式？

▶你自己的各種身分認同——個人、專業、社會、文化——如何和你家中其他人的模式交織著？你會想如何修改自己的行為，以讓自己與家人一起時更能做自己？

▶在你自己的家庭中，主要的三角關係是什麼？對於仍在進行式的三角關係，你可以採取什麼措施來去三角化？

致謝
....

　　本書家系圖之概念化的系統架構是立基於莫瑞・鮑文博士的架構，然後結合那些跟隨他的後進的想法，包括愛德溫・傅利曼、菲利普・格林、湯姆・福加蒂、貝蒂・卡特、哈里特・萊納、卡羅琳・莫伊尼・布拉特、喬安・吉爾斯・多諾萬、寶琳娜・麥庫洛（Paulina McCullough）、妮蒂亞・嘉西亞・普托、芙瑪・華許和伊蓮・平德休斯（Elaine Pinderhughes），我不僅認識這些人多年，還共事過。其中，不乏許多和我一起在喬治城家庭中心（Georgetown Family Center）和美國各地之鮑文取向培訓中心工作的人。我們過去這五十年不斷持續發展這些系統化概念。在我的工作和生活中，我非常感謝這些想法的力量，所以我將本書獻給鮑文博士和那些進一步闡述他概念的人。我由衷感謝所有發揚此強大思想的人。

　　我自己多年的家庭系統工作，以及這些創意治療師工作所給我的大啟發和督促，成就了本書。我特別感謝我親愛的朋友和同事貝蒂・卡特，與我共同寫作、教學、工作和生活超過三十多年，以及那些我希望我在本書中準確吸取其見解和臨床實務工作之具創造力的先進們。我也感謝與貝蒂工作多年的約翰・雅各斯博士，他與我分享了很多他淵博的想法和見解，而我也慶幸能跟他共事多年。約翰和我談了很多關於貝蒂對鮑文理論的見解，我也從三十多年和貝蒂討論案例中寫了許多筆記。

　　我非常感謝我親愛的朋友卡羅爾・安德森（Carol Anderson）的臨床智慧，多年來我很幸運可以跟他分享許多臨床對話，特別是我們在製作治療接觸上的文字內容時，有了許多豐富的臨床對話。即使這些對話文字錄沒能完成，但是它挑戰了我的臨床思維，我深信此過程大大豐富本書的內容。我感謝我們機構負責管理辦公室的行政主管，讓我能專心完成此書。我感謝

班‧佛瑞斯特（Ben Forest）這一路以來針對蘋果電腦的支持。許多過去這三十年在紐頓出版社（W.W. Norton）支持我這本書的人，以及其他出版我文章的公司。我感謝擔任我多年主編的安德莉亞‧寇斯特拉‧道森（Andrea Costella Dawson），鼓勵我寫本書，並大力促成本書的成形。班‧亞倫（Ben Yarling）接手安德莉亞的工作後，給了我許多他為了這本書多走一哩路的善意、支持和意願。我感謝黛博拉‧馬拉末（Deborah Malmud），我認識她多久，她就在紐頓出版社支持我多久。

百樂威出版（Bytheway Publishing Services）的雪兒‧羅（Sheryl Rowe）、紐頓出版社的約翰‧奧斯蘭（John Ausland）和克里斯‧克里特利（Chris Critelli）均具非常銳利的眼睛，幫我生產出這最終產品。我非常感謝紐頓出版社的支持，以及成就其他作者之幕後功臣的公司。

我也感謝我的父母親，多年過後，我更加感激他們的智慧、對知識的渴求、對我的支持。我感謝瑪格麗特‧布希（Margaret Bush），從我出生、離家到她過世，都是這麼相信我和關照我，她養育了五個世代的瑪格麗特、我父母親和梅米姑姑，至今依然在我的心裡保護和鼓勵著我。我也感謝我的祖父母、外祖父母，以及那些在我之前而我無緣認識，卻希望見到的祖先們。我體認到他們一直以來對我的支持和鼓勵。他們確實是我此時此刻在此，以及我們後代存在的原因。

我的姊姊夢娜‧利文斯頓（Morna Livingston）和妹妹納爾‧麥戈德里克（Neale McGoldrick）是我一生中非常重要的支持，她們對我的相信支撐著我，還有我的姪子修（Hugh）和蓋‧利文斯頓（Guy Livingston）、蓋的太太瑪麗亞‧斯珀林（Maria Sperling），他們是我們下一代的第一批成員，現已成為我的朋友和繆思。沒有言語可以表達我對我先生索福柯‧歐爾芬尼德斯（Sophocles Orfanidis）四十九年來的感謝，謝謝他的寬厚、忠誠和支持，即使他希望我可以改變我的職位。

最後，我極度感謝我們代表希望的下一代。我非常幸運有我的兒子約翰，我傾慕他所帶給我生命中的所有一切，現在他和他美好的太太安娜擴展

了我們的家庭，親家芮妮‧斯亞基斯（Renee Psiakis）和比爾‧德‧帕爾瑪（Bill De Palma）的加入豐富了我們的生命。

我深深地感激我們下一代的第一位成員倫佐‧羅伯特‧利文斯頓（Renzo Robert Livingston），他從出生直到他開始念書這些年，伴隨著本書的產出過程。

我很感謝我先生索福柯的堂兄弟托利斯（Tolis）和克里斯托‧薩諾斯（Christos Thanos），以及他們的家人，不僅擴展我們的家庭，也更加豐富我們的生命。我特別將我的希望和祝福送給我的教子們和他們的家人：克里斯蒂安娜（Christiana），帕蒂（Patti），吉娜（Gina），瑞恩（Ryan）、泰瑞（Terry）、阿麗亞娜‧哈珀（Ariane Harper）、娜塔莉‧貢德（Natalie Gond）、斯蒂芬‧貝爾（Stefan Baer）、伊利‧西爾科斯（Irini Syrkos）、克萊爾‧惠特尼（Claire Whitney）、伊娃‧葛林－李（Ava Green-Lee）和他們的家人。

參考文獻

Adams, B. N. (1968). *Kinship in an urban setting.* Chicago: Markham.

Anderson, R. (1968). *I never sang for my father.* New York: Dramatists Play Service.

Angelou, M. (1981). *The heart of a woman.* New York: Random House.

Borges, J. L. (1972). "Inscription on any tomb." In Norman Thomas di Giovanni (Ed.), *Jorge Luis Borges: Selected poetry: 1923–1967* (p. 21). London: Alan Lane The Penguin Press.

Bowen, M. (1978). *Family therapy in clinical practice.* New York: Jason Aronson.

Burton, L. M. (2010). Uncovering hidden facts that matter in interpreting individuals' behaviors: An ethnographic lens. In B. J. Risman (Ed.), *Families as they really are* (pp. 20–23). New York: W. W. Norton.

Burton, L. M., Hurt, T. R., Eline, C., & Matthews, S. (2001, October). *The yellow brick road: Neighborhoods, the homeplace, and life course development in economically disadvantaged families.* Keynote address presented at the second biennial meeting of the Society for the Study of Human Development, Ann Arbor, MI.

Burton, L. M., Purvin, D., & Garrett-Peters, R. (2009). Longitudinal ethnography: Uncovering domestic abuse in low-income women's lives. In G. H. Elder Jr., & J. Z. Giele (Eds), *The craft of life course research.* New York: Guilford Press.

Burton, L. M., Winn, D. M., Stevenson, H., & Clark, S. L. (2004). Working with African American clients: Considering the "homeplace" in marriage and family therapy practices. *Journal of Marital and Family Therapy, 30*(4), 397–410.

Carter, B., & McGoldrick, M. (2001). Family therapy with one person and the family therapist's own family. *Journal of Marital and Family Therapy, 27*(3), 281–300.

Carter, B., & Peters, J. K. (1996). *Love honor and negotiate: Making your marriage work.* New York: Pocket Books.

Carter, B. C. (1991). Unpublished notes, edited by John Jacobs.

Carter, B. C., & McGoldrick, M. (1976). Family therapy with one person and the therapist's own family. In P. J. Guerin (Ed.), *Family Therapy.* New York: Gardner Press.

Cicirelli, V. G. (1982). Sibling influence throughout the life span. In M. E. Lamb & B. Sutton-Smith (Eds.), *Sibling relationships: Their nature and significance across the lifespan* (pp. 267–284). Hillsdale, NJ: Lawrence Erlbaum Associates.

Cicirelli, V. G. (1985). Sibling relationships throughout the life cycle. In L. L'Abate (Ed.),

The handbook of family psychology and therapy (pp. 177–214). Homewood, IL: Dorsey Press.

Cicirelli, V. G. (1995). *Sibling relationships across the life span.* New York: Plenum Press.

Connidis, I. A., & Kemp, C. (2008). Negotiating actual and anticipated parental support: Multiple sibling voices in three-generation families. *Journal of Aging Studies, 22*(3), 220–238.

Dunn, E. W., & Norton, M. (2014, April 25). Hello, stranger. *New York Times.* Retrieved from http://www.nytimes.com/2014/04/26/opinion/sunday/hello-stranger.html.

Freire, P. (1994). *Pedagogy of hope.* New York: Continuum.

Friedman, F. B. (2003). Siblings of a certain age: The impact of aging parents on adult sibling relationships. *Dissertation Abstracts: 2003-95007-127. International Section A: Humanities & Social Sciences, 63*(10-A), 3727.

Gil, E. (2014). *Play in family therapy* (2nd ed.). New York: Guilford Press.

Green, R. J., & Werner, P. D. (1996). Intrusiveness and closeness-caregiving: Rethinking the concept of family "enmeshment." *Family Process, 35,* 115–136.

hooks, b. (1999). *Yearning: Race, gender, and cultural politics.* Boston: South End Press.

Imber Black, E. (2003*). Ritual themes in families and family therapy.* In E. Imber Black, J. Roberts, & R. A. Whiting (Eds.), *Rituals in families and family therapy* (rev. ed.). New York: W. W. Norton.

Imber Black, E. (2016). Creating meaningful life cycle rituals for new life cycle transitions. In M. McGoldrick, N. Garcia Preto, & B. Carter (Eds.), *The expanding family life cycle: Social, family, and individual perspectives* (5th ed.). Boston: Pearson.

Kipling, R. (2007). *Kipling poems, everyman's library pocket poets.* New York: Alfred A. Knopf.

Klainer, P. (n.d.). *Good daughter; good mother.* Unpublished draft of manuscript.

Lerner, H. (1997). *The dance of intimacy: A woman's guide to courageous acts of change in key relationships.* New York: Harper Perennial.

Lerner, H. (2002). *The dance of connection.* New York: William Morrow.

Lerner, H. (2013). *Marriage rules: A manual for the married and the coupled up.* New York: Gotham.

Lerner, H. (2014). *The dance of anger: A woman's guide to changing the patterns of intimate relationships.* New York: William Morrow.

Lerner, S. (2016). The therapist and the family: The intersection of life cycles. In M. McGoldrick, N. Garcia-Preto, & B. Carter (Eds.), *The expanding family life cycle: Individual, family, and social perspectives* (5th ed.). Boston: Pearson.

McCarthy, I. C. (1995). Abusing norms: Welfare families and a Fifth Province stance. In I. C. McCarthy (Ed.), *Human Systems, 5*(4).

McCarthy, I. C., & Byrne, N. O. (1988). Mis-taken love: Conversations on the problem of incest in an Irish context. *Family Process, 27*(2), 181–199.

McDermott, A. (1998). *Charming Billy.* New York: Random House.

McGoldrick, M. (1982). Through the looking glass: Supervision of a trainee's "trigger" family. In R. Whiffen & J. Byng-Hall (Eds.), *Family Therapy Supervision*. New York: Grune & Stratton.

McGoldrick, M. (1987). On reaching mid-career without a wife. *The Family Therapy Networker, 11*(3), 32–39.

McGoldrick, M. (1989a) Irish women. In M. McGoldrick, C. Anderson, & F. Walsh (Eds.), *Women in families* (pp. 169–200). Norton: New York.

McGoldrick, M. (1989b). Sisters. In M. McGoldrick, C. Anderson, & F. Walsh (Eds.), *Women in families* (pp. 244–266). Norton: New York.

McGoldrick, M. (1994). "The ache for home." *The Family Therapy Networker,* July/August.

McGoldrick, M. (1996). *The legacy of unresolved loss: A family systems approach* [Video]. New York: Newbridge Communications, available through www.psychotherapy.net.

McGoldrick, M. (2004a). Gender and mourning. In F. Walsh & M. McGoldrick (Eds.), *Living beyond loss* (2nd ed.). New York: W. W. Norton.

McGoldrick, M. (2004b). Transformation through loss. In F. Walsh, & M. McGoldrick, (Eds.). *Living beyond loss*. New York: W. W. Norton.

McGoldrick, M. (2005). Irish Families. In M. McGoldrick, J. Giordano & N. Garcia Preto (Eds.), *Ethnicity and family therapy* (3rd ed.). New York: Guilford Press.

McGoldrick, M. (2008). Finding a place called home. In M. McGoldrick, & K. V. Hardy (Eds.), *Re-visioning family therapy: Race, culture, and gender in clinical practice* (2nd ed.). New York: Guilford Press.

McGoldrick, M. (2011). *The genogram journey: Reconnecting with your family*. New York: Norton.

McGoldrick, M. (2016). *Getting started in family therapy* [Video]. Available through www .psychotherapy.net.

McGoldrick, M., Garcia Preto, N., & Carter, B. (Eds). (2016). *The expanding family life cycle: individual, family and social perspectives* (5th ed.). Cranbury, NJ: Pearson.

McGoldrick, M., Gerson, R., & Petry, S. (2008). *Genograms: Assessment and intervention* (3rd ed.). New York: W. W. Norton.

McGoldrick, M., Giordano, J., & Garcia Preto, N. (2005). *Ethnicity and family therapy* (3rd ed.). New York: Guilford Press.

McGoldrick, M., & Watson, M. (2016). Siblings through the life cycle. In M. McGoldrick, N. Garcia Preto, & B. Carter (Eds), *The expanding family life cycle: Individual, family, and social perspectives* (5th ed.). Cranbury, NJ: Pearson.

McHale, S. M., & Crouter, C. A. (2005). Sibling relationships in childhood: Implications for life-course study. In V. L. Bengston, A. C. Acock, K. R. Allen, P. Dilworth-Anderson, & D. M. Klein (Eds.), *Sourcebook of family theory and research* (pp. 184–190). Thousand Oaks, CA: Sage Publications.

Myers, S. A. (2011). "I have to love her, even if sometimes I may not like her": The reasons why adults maintain their sibling relationships. *North American Journal of Psychology,* *13*, 51–62.

Native American Indian Code of Ethics (2012). Retrieved from http://2012.tribe.net/ thread/351e15bc-a355-4b88-b54f-749b7d115aac.

Norris, J. E., & Tindale, J. A. (1994). *Among generations: The cycle of adult relationships.* New York: W. H. Freeman & Company.

O'Faolain, N. (1998). *Are you somebody? An accidental memoir of a Dublin woman.* New York: Henry Holt & Company.

Paul, N. (1976). Cross-confrontation. In P. J. Guerin (Ed.), *Family therapy.* New York: Gardner.

Paul, N. L. (1980). Now and the past: Transgenerational analysis. *International Journal of Family Psychiatry, 1*, 235–248.

Paul, N. L. (1986). The paradoxical nature of grief. In H. Stierlin (Ed.), *Familiar realities.* New York: Bruner Mazel.

Paul, N., & Grosser, G. (1965). Operational mourning and its role in conjoint family therapy. *Community Mental Health Journal, 1*, 339–345.

Paul, N., & Paul, B. B. (1982). Death and changes in sexual behavior. In F. Walsh (Ed.), *Normal family processes.* New York: Guilford.

Paul, N., & Paul, B. (1989). *A marital puzzle.* Boston: Allyn & Bacon.

Robbins, R. (2015). *Closing the circle in challenging conversations: Can we still talk tomorrow?* Video available from www.multiculturalfamily.org.

Ryan, C. (2015). Family Acceptance Project. Retrieved from http://familyproject.sfsu. edu.

Scharmer, O., & Kaufer, K. (2013). *Leading from the emerging future.* San Francisco: Berrett-Koehler Publishers.

Senge, P. (2006). *The fifth discipline: The art and practice of learning organizations.* New York: Doubleday.

Stevenson, H., Winn, D-M., Coard, S., & Walker-Barnes, C. (2003, May). Towards a culturally relevant framework for interventions with African-American families. Presentation made at the Emerging Issues in African-American Family Life: Context, Adaptation, and Policy Conference, Duke University, Durham, NC.

Vaillant, G. (2012). *Triumphs of experience: The men of the Harvard study.* Cambridge, MA: Belknap.

Vaillant, G. E. (1977). *Adaptation to life.* Boston: Little, Brown and Company.

Walsh, F., & McGoldrick, M. (2004). *Living beyond loss: Death in the family* (2nd ed.). New York: Norton.

Yalom, I. D. (2012). *Love's executioner and other tales of psychotherapy.* New York: Basic Books.

國家圖書館出版品預行編目資料

家庭評估與會談案例：家系圖實務操作必備指南 / 莫妮卡‧麥戈德里
克（Monica McGoldrick）作；楊東蓉譯. -- 初版. -- 臺北市：啟示出
版：家庭傳媒城邦分公司發行, 2018.01
面；　公分. -- (Knowledge系列；19)
譯自：The Genogram Casebook: A Clinical Companion to Genograms:
　　　Assessment and Intervention

ISBN 978-986-95070-4-2(平裝)

1. 家族治療　2.心理治療

178.8　　　　　　　　　　　　　　　　106021855

Knowledge系列019

家庭評估與會談案例：家系圖實務操作必備指南

作　　　者／莫妮卡‧麥戈德里克 Monica McGoldrick
譯　　　者／楊東蓉
企畫選書人／彭之琬
總　編　輯／彭之琬
責 任 編 輯／李詠璇

版　　　權／吳亭儀
行 銷 業 務／王　瑜、張媖茜
總　經　理／彭之琬
發　行　人／何飛鵬
法 律 顧 問／元禾法律事務所王子文律師
出　　　版／啟示出版
　　　　　　臺北市 104 民生東路二段 141 號 9 樓
　　　　　　電話：(02) 25007008　傳真：(02)25007759
　　　　　　E-mail:bwp.service@cite.com.tw
發　　　行／英屬蓋曼群島商家庭傳媒股份有限公司城邦分公司
　　　　　　台北市中山區民生東路二段141號2樓
　　　　　　書虫客服服務專線：02-25007718；25007719
　　　　　　服務時間：週一至週五上午09:30-12:00；下午13:30-17:00
　　　　　　24小時傳真專線：02-25001990；25001991
　　　　　　劃撥帳號：19863813；戶名：書虫股份有限公司
　　　　　　讀者服務信箱：service@readingclub.com.tw
　　　　　　城邦讀書花園：www.cite.com.tw
香港發行所／城邦（香港）出版集團
　　　　　　香港灣仔駱克道193號東超商業中心1F E-mail: hkcite@biznetvigator.com
　　　　　　電話：(852) 25086231　傳真：(852) 25789337
馬新發行所／城邦（馬新）出版集團【Cite (M) Sdn Bhd】
　　　　　　41, Jalan Radin Anum, Bandar Baru Sri Petaling, 57000 Kuala Lumpur, Malaysia.
　　　　　　電話：(603) 90578822　傳真：(603) 90576622
　　　　　　Email: cite@cite.com.my

封 面 設 計／李東記
排　　　版／極翔企業有限公司
印　　　刷／韋懋實業有限公司

■ 2018 年 1 月 2 日初版　　　　　　　　　　　　Printed in Taiwan
■ 2023 年 3 月 8 日初版 3.5 刷
定價 480 元

城邦讀書花園
www.cite.com.tw